Gerald Sittser

Trotzdem will ich das Leben lieben

Wie ein großer Verlust zum Segen werden kann

Eine Lebensgeschichte

VERLAG GIESSEN · BASEL

Titel der amerikanischen Originalausgabe:
A Grace Disguised. How the Soul Grows Through Loss.
Copyright © 1995, 2004 by Gerald L. Sittser
Originalausgabe: Zondervan Publishing, Grand Rapids Michigan,
USA. All rights reserved.

Übersetzung aus dem Amerikanischen:
Ulrike Becker
Lektorat: Renate Hübsch

Bibelzitate erfolgen i.d.R. nach der Übersetzung: Hoffnung für alle.
© 1986, 1996, 2002 by International Bible Society. Übersetzung:
Brunnen Verlag Basel und Gießen.

© 2006 Brunnen Verlag Gießen
www.brunnen-verlag.de
Umschlagfoto: Getty Images, München
Umschlaggestaltung: Ralf Simon
Satz: DTP Brunnen
Herstellung: GGP Media GmbH, Pößneck
ISBN 3-7655-1922-7

*Für Diane und Jack:
Blut ist dicker als Wasser
und der Glaube ist
das dickste Band, das es gibt.*

Inhalt

Vorwort zur erweiterten Ausgabe		7
Vorwort zur Erstausgabe		11
Kapitel 1	Das Ende und ein neuer Anfang	17
Kapitel 2	Leid lässt sich nicht vergleichen	25
Kapitel 3	Einbruch der Dunkelheit	35
Kapitel 4	Der stumme Schrei des Schmerzes	51
Kapitel 5	Unterwegs auf einem Meer voller Nichts	65
Kapitel 6	Wenn das vertraute Selbst verloren geht	83
Kapitel 7	Wenn das Leben plötzlich zum Schnappschuss erstarrt	97
Kapitel 8	Das Entsetzen angesichts der Willkür	115
Kapitel 9	Warum *nicht* ich?	129
Kapitel 10	Vergeben – und erinnern	141
Kapitel 11	Die Abwesenheit Gottes	161
Kapitel 12	Das Leben hat das letzte Wort	177
Kapitel 13	Gemeinschaft der Zerbrochenen	185
Kapitel 14	Eine Wolke von Zeugen	203
Kapitel 15	Vermächtnis auf dem Friedhof	211
Nachwort		221

Vorwort zur erweiterten Ausgabe

Es ist nun fast acht Jahre her, seit die erste Ausgabe dieses Buches erschienen ist. Ende 2003 rief mich Sandra Vander Zicht, meine Lektorin, an, um mir zu sagen, dass eine neue Ausgabe des Buches herausgebracht werden soll. Das Buch hatte sich seit seinem Erscheinen stetig verkauft. Sie bat mich, ein Vor- und ein Nachwort zur Neuausgabe zu schreiben. Außerdem schlug sie vor, Auszüge aus den vielen Briefen, die ich auf das Buch hin erhalten hatte, einzubeziehen, vorausgesetzt, die Verfasser stimmten zu.

Bevor ich mir Gedanken um die Ergänzungen machen konnte, musste ich zunächst die alte Ausgabe noch einmal lesen, die ich seit ihrem Erscheinen 1996 nicht mehr durchgelesen hatte. Ich hatte dies mit Absicht vermieden. Nachdem das Buch fertig gewesen war, wollte ich – und musste ich vielleicht auch – Abstand zu dem Buch gewinnen. Mir graute vor dem Gedanken, das Buch könne mein Leben völlig beherrschen und das Leid, das ich erfahren habe, zu meinem Lebensinhalt werden lassen. Ich sehnte mich nach Normalität, auch wenn ich schon bald gelernt hatte, dass ich den Begriff Normalität völlig neu definieren musste.

Ich war angespannt, als ich das Buch zum ersten Mal wieder aufschlug. Die Aufgabe, es noch einmal zu lesen, kam mich schwer an, so als müsste ich einen Horrorfilm noch einmal ansehen, von dem ich als Kind Albträume bekommen hatte. Ich war mir nicht sicher, ob ich Erinnerungen wecken wollte, die man vielleicht besser ruhen lassen sollte. Doch das erneute Lesen des Buches erwies sich als heilsamer, als ich erwartet hatte. Es half mir zu erkennen, wie weit ich mit meinen Kindern inzwischen gekommen war. Die offene Wunde und das völlige Durcheinander meiner Gedanken, das ich beim Schreiben meines Buches empfunden hatte, waren einem Gefühl von Zufriedenheit und einer tiefen Dankbarkeit gewichen.

Wie ich überhaupt dazu kam, dieses Buch zu schreiben, ist

eine Geschichte für sich. Einige Jahre nach dem Unfall hatten Freunde mich ermutigt, ein Buch über Verlusterfahrungen zu schreiben. Sie hielten es für meine Pflicht, die Gedanken, die ich mir zu dem Thema gemacht hatte, auch anderen zugänglich zu machen. Ironischerweise war meine erste Fassung nur achtzig Seiten lang und enthielt kaum mehr als ein paar theologische Abstraktionen über das Leid – viel Kopf und wenig Herz. Meinen Freunden gefiel es zwar, aber sie meinten auch, sie hätten gegenüber den meisten Lesern den Vorteil, mich und meine Geschichte gut zu kennen. Sie meinten, die Leser sollten diese Geschichte auch erfahren. Wer einen schweren Verlust erleidet, tut das schließlich nicht rein abstrakt, im luftleeren Raum. Verlust ist kein philosophisches Konzept, sondern eine Erfahrung, die jeder von uns gerne vermeiden würde.

Seit 1996 ist viel geschehen. Im Nachwort bringe ich die Geschichte auf den aktuellen Stand. Wie mein Leben in den letzten acht Jahren verlaufen ist, hat das, was ich in der ersten Ausgabe geschrieben habe, nur bestätigt. Ich würde nichts an diesem Buch ändern wollen, selbst nach all den Jahren. Meine Überzeugungen und Glaubensinhalte sind nahezu gleich geblieben. Sie haben sich bewährt und sind zu einem tragfähigen Fundament für mein Leben geworden. Unsere Geschichte hat sich als heilsam erwiesen – nicht nur für mich und meine Kinder, sondern auch für viele andere Menschen. Darum habe ich mich entschlossen, die erste Ausgabe so zu lassen, wie sie war. Das Nachwort liefert weitere Informationen, aber es verändert oder korrigiert nichts von dem, was ich damals geschrieben habe.

Vor acht Jahren befand ich mich sozusagen in den Geburtswehen: Ich musste drei traumatisierte Kinder großziehen, die etwas erlebt hatten, was keinem Kind widerfahren sollte. Ich wusste, dass die Art, wie ich auf den Unfall reagierte und wie ich mich als Vater bewährte, für sie eine entscheidende Bedeutung haben würde. Sie waren mein „Lebensprojekt". Und wie sich herausstellen sollte, waren sie auch meine Rettung – auch wenn ich das damals noch nicht wusste. Catherine und David studieren inzwischen; John geht auf die High School. Sie sind außergewöhnliche Menschen geworden – voller Elan, Talent, ernsthaft und von einem tiefen Glauben getragen. Ihnen gehört meine ganze Hochachtung. Worte können nicht ausdrücken, wie viel sie mir bedeuten. So merkwürdig das klingen mag, ich wünschte, jeder Mann könnte erleben, was ich erlebt habe – nur ohne dieses Leid. Das Einzige, was ich mir noch wünschen würde, wäre, dass drei weitere Mitglieder meiner Familie hier sein könnten, um dies alles mit uns zu genießen.

Vorwort zur Erstausgabe

In diesem Buch geht es um katastrophale Verlusterfahrungen und die prägenden Veränderungen der eigenen Person, die solche Erfahrungen mit sich bringen können. Was ich geschrieben habe, ist aus meinen eigenen Erfahrungen erwachsen. Es ist jedoch nicht auf diese begrenzt. Das Buch ist wie ein Gemälde, in das viel mehr eingeflossen ist als nur die Szene, die mich zu diesem Bild inspirierte. Als ich anfing, über meinen persönlichen Verlust nachzudenken, eröffnete sich mir auf einmal eine völlig neue Bedeutungswelt. Ich begann, Fragen zu stellen, und fand schließlich Antworten, die befriedigend und aufrüttelnd zugleich waren.

Der Verlust, den ich erfahren habe und von dem ich in Kürze berichten werde, war ein ganz persönliches, einzigartiges Erleben (wie jede Verlusterfahrung). Und er war zugleich auch Ausdruck einer universellen Erfahrung. Früher oder später erfährt jeder Mensch einen Verlust, einen großen oder kleinen, einen plötzlichen oder einen absehbaren, im ganz privaten Umfeld oder in aller Öffentlichkeit. Verluste gehören genauso zum Leben wie die Geburt. Denn ebenso wie feststeht, dass wir in diese Welt hineingeboren werden, steht fest, dass wir irgendetwas oder irgendjemanden verlieren werden, bevor wir wieder aus diesem Leben scheiden.

Insofern ist nicht die Verlust*erfahrung* an sich lebensentscheidend, denn sie ist so unvermeidlich wie der Tod – jener letzte Verlust, den jeder Mensch erleidet. Entscheidend ist, wie wir auf den Verlust *reagieren*. Von dieser Reaktion wird es abhängen, welche Qualität, welche Richtung und welche Bedeutung unser Leben haben wird.

In diesem Buch geht es nicht darum, Menschen zu helfen, mit einem Verlust fertig zu werden oder sie in diesem Prozess zu begleiten. Ich halte es für unrealistisch, ja sogar gefährlich zu meinen, dass man einen gravierenden Verlust jemals „überwinden" kann – wenn mit „überwinden" oder auch „verarbeiten" gemeint ist, dass man sein altes Leben wieder aufnimmt. Dieses Buch will vielmehr zeigen, wie es möglich ist, *mit* dem Verlust zu leben, ja sogar *durch ihn* einen weiteren Lebenshorizont zu finden, selbst wenn der Verlust auch weiterhin als solcher erfahren wird. Darum möchte ich betonen, dass unsere Antwort auf Verluste Macht besitzt. Zu dieser Antwort gehören die Entscheidungen, die wir treffen, die Gnade, die wir empfangen und letztlich die Art und Weise, wie der Verlust unsere Persönlichkeit prägt und verändert. Ich werde keine schnellen und schmerzfreien Lösungen bieten. Ich möchte einen Weg weisen für ein lebenslanges inneres Wachsen.

> *Wir werden erfahren, dass unsere Seele auf eine Art und Weise heil wird, wie es nur durch Leid geschehen kann.*

Ein Verlust ist wie eine tödliche Krankheit. Wir können nichts tun, um eine solche Krankheit loszuwerden, wir können sie höchstens eine Weile aufschieben. Doch es gibt eine Krankheit, die wir heilen können – die Krankheit unserer Seele. Wenn es um die Seele geht, möchte ich nicht nur Symptome bekämpfen, sondern die Krankheit selbst heilen. Wenn wir uns dem Verlust stellen und klug darauf reagieren, wird unsere Seele sogar gesünder und stärker sein als zuvor, selbst wenn wir körperlich dem Tod entgegengehen. Wir werden erfahren, dass unsere Seele auf eine Art und Weise heil wird, wie es nur durch Leid geschehen kann.

Freunde haben mich nach vielen Gesprächen gedrängt, dieses Buch zu schreiben. Ich hatte nach dem Verlust, der mich getroffen hatte, keinerlei Ambitionen, überhaupt irgendetwas zu schreiben, obwohl ich aus ganz privaten Motiven heraus ein Tagebuch über meine Erfahrungen führte. Ich schreckte eher vor dem Gedanken zurück, meine Geschichte in aller Öffentlichkeit zu schildern. Doch viele meiner Freunde meinten, es ginge gar nicht so sehr um meine Geschichte, sondern um die Gedanken, die ich mir dadurch gemacht hatte. Die waren ihnen kostbar geworden, weil sie ihrer Ansicht nach mein persönliches Erleben überstiegen und die Chance in sich trugen, auch für andere eine Hilfe zu sein. Ihre Ansichten haben mich überzeugt.

Obwohl ich im Verlauf des Buches immer wieder Skizzen meiner Geschichte weitergebe, habe ich mich entschlossen, ein Buch über den Verlust als allgemeine Lebenserfahrung zu schreiben und nicht allein über mein persönliches Erleben. Ich wollte auch zum Schutz meiner Privatsphäre nur zurückhaltend über meine Geschichte berichten. Auch wollte ich nicht so viel Aufmerksamkeit auf mein Schicksal lenken, dass die uns alle betreffende Frage, auf die all unsere Verluste hinweisen, in den Hintergrund gedrängt wird. Außerdem bin ich mir nicht sicher, ob man überhaupt vermitteln kann, wie niederschmetternd das eigene Leid tatsächlich ist. Manche Erfahrungen sind so schrecklich, dass sie sich jeglicher Beschreibung entziehen.

Trotzdem muss ich gleich zu Beginn bekennen, dass das Vorgefallene mich an meine Grenzen gebracht hat. Ich musste der dunklen Seite des Lebens ins Auge sehen und mich der Schwachheit meiner menschlichen Natur stellen. So verletzlich, wie ich mich die meiste Zeit über fühle, kann ich mich wohl kaum als jemanden bezeichnen, der das Leid bezwungen hat. Sollte ich den Eindruck erwecken, ich sei ein Held oder vollkommen oder besonders stark, so ist das falsch. Meine Erfahrung hat mir nur bestätigt, dass es ungeheuer schwer ist, sich seinem Verlust zu stellen, und dass es lange braucht, bis man daran wächst. Aber sie hat mir auch bewusst gemacht, wie bedeutsam und wunderbar das Leben sein kann, selbst und gerade im Leiden.

Dieses Buch zu schreiben, hat sich für mich als wichtig erwiesen. Aber es war nicht erlösend. Es hat das Trauma nicht verschlimmert, aber es hat es auch nicht geheilt. Heilung fand ich dadurch, dass ich in

Mein Leid ist für mich noch ebenso rätselhaft und schrecklich wie am ersten Tag. Das Gute, das dieser Verlust mit sich bringen mag, löscht das Schlechte daran nicht aus; auch entschuldigt es nicht das begangene Unrecht.

den vergangenen drei Jahren ein Tagebuch schrieb. Aber ich stellte fest, dass es eine Bereicherung war, die Tagebücher der letzten drei Jahre wieder zu lesen und darüber nachzudenken, was geworden ist und inwieweit es mich verändert hat. Dieses Buch ist das Ergebnis dieser Überlegungen. Es ist das glückliche Resultat einer schlimmen Erfahrung.

Dieses Buch zu schreiben hat auch mein Gefühl von Fassungslosigkeit und Trauer nicht gemildert. Auch die Möglichkeit, dass es für andere eine Hilfe sein mag, kann die Tragödie weder rechtfertigen noch erklären. Mein Leid ist für mich noch ebenso rätselhaft und schrecklich wie am ersten Tag. Das Gute, das dieser Verlust mit sich bringen mag, löscht das Schlechte daran nicht aus; auch entschuldigt es nicht das begangene Unrecht. Nichts vermag das zu erreichen.

Viele Menschen haben zu der Veröffentlichung dieses Buches beigetragen. Der Dank, den ich ihnen hier in aller Kürze erweise, ist wie der Applaus am Ende einer brillanten Aufführung einer Mozart-Oper. Mein Lob wird dem Dienst, den sie mir erwiesen haben, nicht gerecht. Diese Menschen sind teure Freunde, die weit mehr getan haben, als ein paar Auszüge der verschiedenen Manuskriptfassungen zu lesen. Sie haben sich in mein Leben investiert. Nicht allein, was ich geschrieben habe, sondern auch, wer ich bin, ist ein Ergebnis ihrer Liebe und Sorge. Es ist mir eine Ehre darauf hinzuweisen, wie viel ich ihnen schulde.

Ich habe in den letzten drei Jahren viele bewegende Geschichten über Verlusterfahrungen gehört, aber ich habe mich entschlossen, nur einige wenige dieser Geschichten in das Buch einzubringen. Ich danke Leanna, Steve, Joanne, Andy und Mary und Jeff für ihre Bereitschaft, mir ihre Geschichten zu erzählen und mir zu gestatten, sie für dieses Buch zu verwenden. Ihr Mut, ihre Geduld und ihre Weisheit haben mir mehr geholfen, als ich ausdrücken kann.

Ron und Julie Pyle, Todd und Monica Holdridge, Dale Soden und Steve und Richelle Mills – alle gute Freunde – haben mir in vielen langen Gesprächen geholfen, als die Gedanken zu diesem Buch Gestalt annahmen. Meine Schwiegermutter, Minnie Dethmers und meine Schwägerin, Judie Koerselman, sowie andere Angehörige meiner Frau wurden mir aus der Ferne zu Partnern in unserem gemeinsamen Ringen, mit Umständen zu leben, die sich keiner von uns gewünscht hatte. Mein Vater hat mich treu und regelmäßig angerufen oder mir geschrieben, obwohl er weit weg wohnt. Meine drei Kinder, Catherine, David und John, haben nicht einen einzigen Blick in das Manuskript geworfen, doch sie haben meinem Leben viel Vitalität geschenkt, als ich es am dringendsten brauchte. Eine Zeit lang, so denke ich, haben sie mich am Leben gehalten; und heute halten sie mich in Bewegung.

Niemand hat mehr zu diesem Buch beigetragen als meine Schwester Diane und mein Schwager Jack, die endlose Stunden investierten, um mit mir über die Gedanken, die in diesem Buch enthalten sind, zu sprechen; die jeden Entwurf meines Manuskriptes gelesen haben und so viel von sich in mich und meine Kinder investiert haben. Es ist eine seltene und wunderbare Erfahrung, wenn Angehörige auch besonders gute Freunde sind. Das habe ich bei Diane und Jack erlebt. Ihnen widme ich dieses Buch aus Dankbarkeit und Zuneigung.

Kapitel 1

Das Ende und ein neuer Anfang

Du weißt so gut wie ich, es kommt noch etwas ...
Die nächste Szene gibt es immer, egal wie.

ARCHIBALD MCLEISH

Katastrophale Verluste bringen Zerstörungen von einem Ausmaß wie eine massive Flutwelle. Sie kennen keine Gnade und keine Vergebung. Sie sind unkontrollierbar und ziehen Körper, Geist und Seele in Mitleidenschaft. Manchmal tritt der Schaden augenblicklich zutage, so wie ein gebrochener Damm ungeheure Wasserfluten freisetzt, die alles mit sich reißen, was ihnen ihm Weg steht. Manchmal werden die Schäden erst mit der Zeit sichtbar, so wie anhaltender Regen Flüsse und Seen über die Ufer treten lässt, bis das Wasser nach und nach alles durchdringt und zersetzt. In beiden Fällen hinterlässt ein traumatischer Verlust eine völlig veränderte Lebenslandschaft.

Ich erlebte den Verlust wie einen berstenden Damm. Ich wurde von einem Augenblick zum andern von einer wahren Flut von Leid überrollt. Sie traf mich völlig unerwartet.

Meine Frau Lynda, mit der ich beinahe zwanzig Jahren verheiratet war, war gern bei ihren Kindern. Jedes von ihnen war für sie eine Gabe Gottes, weil sie nach elf Jahren Kinderlosigkeit nicht mehr erwartet hatte, eigene Kinder zu bekommen. Obwohl sie ein Studium abgeschlossen und als Sängerin, Chorleiterin und Gesangslehrerin Karriere gemacht hatte und in der Kirchengemeinde und im kommunalen Leben aktiv war, hatte sie ihren Kinderwunsch nie ganz aufgeben können. Als sie dann in sechs Jahren vier gesunde Kinder zur Welt brachte, konnte sie ihr Glück kaum fassen. Sie genoss das Wunder ihrer Mutterschaft.

Lynda unterrichtete unsere beiden ältesten Kinder, Catherine und David, im Heimunterricht. Im Herbst 1991 stand die Kultur der nordamerikanischen Indianer auf dem Lehrplan. Sie beschloss, diese Unterrichtseinheit mit dem Besuch eines Powwows, eines indianischen Festes, in einem Indianerreservat in Idaho abzuschließen. So packten wir an einem Freitagnachmittag die Kinder in unseren Minivan, um ins Reservat zu fahren, wo ein Abendessen bei einem Indianerstamm und das Powwow auf dem Programm standen. Meine Mutter Grace war übers Wochenende zu Besuch gekommen und schloss sich uns an. Beim Abendessen sprachen wir mit den Stammesführern über ihre Zukunftspläne und Sorgen – und auch darüber, dass der verbreitete Alkoholmissbrauch vieles zunichte machte, was sie zu erreichen versuchten.

Ich erlebte den Verlust wie einen berstenden Damm. Ich wurde von einem Augenblick zum andern von einer wahren Flut von Leid überrollt.

Nach dem Essen schlenderten wir zu einer kleinen Turnhalle, in der das Powwow bereits in vollem Gange war. Wieder saßen wir mit Stammesführern zusammen, die uns die Tänze und die Trachten der Tänzer erläuterten. Ein Tanz berührte mich ganz besonders – es war ein Tanz, in dem um ein Stammesmitglied getrauert wurde, das vor kurzem gestorben war. Ich war gefesselt von den langsamen, betont zurückhaltenden Bewegungen der wenigen Tänzer vor uns. Der Tanz, der Gesang und der Trommelklang spiegelten den Schmerz wider, den damals sie – und heute auch wir – empfanden.

Nachdem wir dem Treiben etwa eine Stunde lang zugeschaut hatten, kamen einige Kinder aus dem Stamm auf uns zu und luden unsere beiden Töchter, Catherine und Diana Jane, ein, sich ihrem Tanz anzuschließen. Die Jungs machten sich daran, die Turnhalle zu erkunden. Das gab Lynda und mir Gelegenheit, noch mehr über das Stammesleben zu erfahren.

Etwa um Viertel nach acht hatten die Kinder jedoch genug. Und so kehrten wir zu unserem Wagen zurück, sorgten dafür, dass alle angeschnallt waren, und machten uns auf die Heimreise. Es war inzwischen dunkel geworden. Nach etwa zehn Minuten Fahrt bemerkte ich ein entgegenkommendes Fahrzeug auf dem einsamen Highway, das extrem schnell fuhr. Ich verlangsamte vor einer Kurve, doch der andere reduzierte sein Tempo nicht. Er kam von der Fahrbahn ab und krachte frontal in unseren Minivan. Später erfuhr ich, dass der vermeintliche Unfallverursacher indianischer Abstammung war und uns in betrunkenem Zustand mit einem Tempo von beinahe 140 Stundenkilometern entgegengekommen war. Er befand sich in Begleitung seiner ebenfalls betrunkenen, schwangeren Frau, die bei dem Unfall getötet wurde.

> Bald würde ich in eine Dunkelheit stürzen, aus der ich möglicherweise nicht wieder als geistig gesunder, normaler und glaubender Mensch herauskommen würde.

Ich erinnere mich an die Augenblicke unmittelbar nach dem Zusammenstoß, als liefe ein Film in Zeitlupe vor meinen Augen ab. Mit erschreckender Lebendigkeit haben sich diese Bilder in mein Gedächtnis gebrannt. Als ich nach dem ersten Schreck wieder Luft holen konnte, schaute ich nach hinten, um zu sehen, wie schlimm der Schaden war. Es war ein chaotischer Anblick. Ich erinnere mich an den Todesschrecken, der meinen Kindern ins Gesicht geschrieben stand, und an das Grauen, das mich packte, als ich die bewusstlosen, schwer verletzten Körper von Lynda, der vierjährigen Diana Jane und meiner Mutter erblickte. Ich erinnere mich auch, wie ich Catherine (damals acht), David (sieben) und John (zwei) durch die Fahrertür aus dem Wagen schaffte, weil alle anderen Türen klemmten. Ich erinnere mich, wie ich den Verletzten den Puls fühlte und sie beatmete; wie ich versuchte, die Sterbenden zu retten und die Lebenden zu beruhigen. Ich erinnere mich an die Panik, die sich meiner bemächtigte, als ich mit ansehen musste, wie Lynda, meine Mutter und Diana Jane vor meinen Augen wegstarben. Ich erinnere mich an das Durcheinander, das darauf folgte – Menschen gafften, die Lichter der Rettungsfahrzeuge blinkten, ein Helikopter kreiste über der Unfallstelle, Autos stauten sich und Ärzte gaben ihr Möglichstes, um zu helfen. Ich erinnere mich daran, wie mir bewusst wurde, dass ich bald in eine Dunkelheit stürzen würde, aus der ich möglicherweise nicht wieder als geistig gesunder, normaler und glaubender Mensch herauskommen würde.

In den Stunden nach dem Unfall wich der anfängliche Schock einem unaussprechlichen Schmerz. Ich war von diesem Schmerz wie benommen, wie abgeschnitten von meinen Freunden und Verwandten; der Schmerz betäubte meine Sinne. Nach unserer Ankunft im Krankenhaus lief ich die Gänge auf und ab wie ein Tier in einem Käfig, das man erst kürzlich eingefangen hatte. Ich war so verstört, dass ich keine Fragen formulieren oder vernünftig denken konnte. Ich war aufgewühlt von der Angst und der Aufregung, als würde ich von einem geistesgestörten Killer verfolgt, dem ich nicht entrinnen konnte. Ich konnte nicht aufhören zu weinen. Ich konnte die Geräusche in mir von berstendem Metall, heulenden Sirenen und kläglich jammernden Kindern nicht zum Schweigen bringen. Ich konnte die Bilder der Zerstörung, der zersplitterten Scheiben und der zerschmetterten Körper nicht aus meinem Gedächtnis verbannen. Ich wollte nur noch tot sein. Allein die Verantwortung für meine drei überlebenden Kinder sowie das seit vierzig Jahren zur Gewohnheit gewordene Gefühl zu atmen hielten mich am Leben.

Die Flut von Gefühlen spülte mein ganzes bisheriges, mir lieb gewordenes Leben mit sich fort.

Diese Flut von Gefühlen spülte mein ganzes bisheriges, mir lieb gewordenes Leben mit sich fort. Von einem Augenblick zum andern war die Familie, die mir so viel bedeutet hatte, vernichtet worden. Die Frau, die ich zwei Jahrzehnte zuvor geheiratet hatte, war tot; meine geliebte Diana Jane, unser drittes Kind, war tot; meine Mutter, die mich zur Welt gebracht und großgezogen hatte, war tot. Drei Generationen – in einem einzigen Augenblick ausgelöscht!

Diese Flutwelle des Verlustes wich in den nächsten Monaten nach und nach einem stetig dahinsickernden Schmerz, der sich dort einstellt, wo die Trauer in jede Ritze der menschlichen Seele eindringt und alles zersetzt – wie eine Überschwemmung, die einfach nicht abfließen will. Ich hatte das Gefühl, den Verstand zu verlieren. Eine Depression überkam mich. Beinahe hätte das Fundament meines Lebens nachgegeben.

Mein Leben war ein Chaos. Auch die Kinder erlebten intensive Gefühle von Schmerz und Angst. John war schwer verletzt; er brach sich beim Unfall den Oberschenkelknochen und musste drei Wochen im Streckverband liegen und weitere acht Wochen einen Gips tragen. Von überall riefen Menschen bei uns an, schickten Briefe und boten ihre Hilfe und ihr Mitgefühl an. Zu Hause und im Büro stapelte sich die Arbeit wie Müll auf einem unbewohnten Grundstück – und brachte mich dem endgültigen Zusammenbruch immer näher. Abend für Abend sank ich in meinen Lieblingssessel und fühlte mich so erschöpft und verzweifelt, dass ich mich fragte, wie ich den nächsten Tag überstehen sollte – und ob ich das überhaupt wollte. Ich erlebte es als Strafe, überhaupt am Leben zu sein, und hätte den Tod als willkommene Erlösung empfunden.

Es gab Momente, in denen ich diese ersten Wochen zurücksehnte, in denen der Schmerz noch frisch und das Weinen so leicht gewesen waren.

Ich erinnere mich daran, dass ich die Tage zählte, die ich nicht aufhören konnte zu weinen. Vierzig Tage lang kamen die Tränen, dann versiegten sie für zwei Tage. Ich staunte über die Klugheit der alten Hebräer, die eine Trauerzeit von vierzig Tagen eingerichtet hatten; als ob vierzig Tage ausreichend wären. Ich erfuhr später, wie dumm ich war. Es war einfach so gewesen, dass nach diesen vierzig Tagen mein Schmerz so tief reichte, dass ich ihn nicht mehr herausweinen konnte. So verwandelten sich meine Tränen in eine Sole, in ein bitteres verzehrendes Bewusstsein dessen, was ich verloren hatte und was sich mit Tränen nicht mehr ausdrücken ließ. In den darauf folgenden Monaten gab es Momente, in denen ich diese ersten Wochen zurücksehnte, in denen der Schmerz noch frisch und das Weinen so leicht gewesen waren. Dieses Ventil für meine Emotionen hätte mir die Last leichter gemacht, wenn auch nur für eine Weile.

Ich hatte natürlich keine Ahnung vom Ausmaß des Schmerzes und der Veränderungen, die mir der Verlust in den Monaten und Jahren, die vor mir lagen, noch abverlangen sollte. Doch in der Nacht des Unglücks öffnete sich mir ein Zeitfenster zwischen dem Unfall und der Ankunft im Krankenhaus, das mich vorausahnen ließ, was noch kommen sollte. Da sich der Unfall auf dem Land zugetragen hatte, knapp außerhalb der Grenzen des Reservats in Idaho, waren wir vier noch gut eine Stunde am Unfallort, bevor wir von einer Ambulanz ins Krankenhaus gefahren wurden; und das war wiederum eine Stunde Fahrtzeit entfernt. Diese zwei Stunden zwischen dem Unfall und unserer Ankunft im Krankenhaus gehören zu den lebhaftesten, ernüchterndsten und denkwürdigsten Momenten des Nachsinnens, die ich je hatte und jemals haben werde. Ich wurde für einen Augenblick aus Zeit und Raum herausgehoben und hing irgendwie zwischen zwei Welten.

Die eine Welt war meine Vergangenheit, die mir so kostbar gewesen war und die nun in einem Knäuel aus Blech am Straßenrand lag; die andere Welt war meine Zukunft, die am Ende dieser endlosen Fahrt ins Krankenhaus auf mich wartete – ein unermessliches und Furcht einflößendes unbekanntes Land. Mir wurde klar, dass gerade etwas Unbegreifliches und ganz Außergewöhnliches geschehen war. Durch irgendeinen merkwürdigen Schlenker des Schicksals oder durch das Wirken einer rätselhaften göttlichen Fügung fand ich mich plötzlich in einer Situation vor, die ich nicht gewählt hatte und die ich mir niemals hätte ausmalen können.

> *Es gab nur einen Weg und der führte nach vorne – direkt in den Abgrund.*

Ich war das Opfer einer schrecklichen Tragödie geworden. Ich sann nach Möglichkeiten, um diesem Schmerz zu entgehen, der sich über mir und meiner Familie zusammenbraute. In diesem kurzen Zeitfenster verwarf ich alle Optionen bis auf eine. Ich erkannte, dass ich dieses Leid durchstehen und mich darauf einstellen musste; ich konnte es weder umgehen noch vor ihm davonlaufen. Es gab nur einen Weg und der führte nach vorne – direkt in den Abgrund. Der Verlust, den mir der Unfall beigebracht hatte, hatte mein Leben verändert und einen Lebensweg für mich vorgezeichnet, den ich nun gehen musste, ob ich es wollte oder nicht. Vor mir lagen eine gewaltige Last und eine schreckliche Herausforderung. Ich musste mich der größten Prüfung meines Lebens stellen. Eine Phase meines Lebens war zu Ende gegangen; eine andere – die schwierigste Phase meines Lebens überhaupt – sollte nun beginnen. Als der Rettungswagen vor dem Krankenhaus hielt, setzte ich den Fuß in eine völlig neue Welt.

Kapitel 2

Leid lässt sich nicht vergleichen

> *Letzten Endes ist es sehr unwahrscheinlich,*
> *dass es jemals eine Therapie geben wird,*
> *mit der man alle Schwierigkeiten loswird.*
> *Der Mensch braucht Schwierigkeiten;*
> *sie sind unerlässlich für die Gesundheit.*
>
> CARL G. JUNG

Alle Menschen erleiden Verluste. Zu leben bedeutet, Dinge oder Menschen zu verlieren.

Manchmal ist ein Verlust natürlich, vorhersehbar oder gar umkehrbar. Verluste treten mit steter Regelmäßigkeit auf, wie die Jahreszeiten. Wir erfahren einen Verlust, aber nach einigen leidvollen Tagen oder Monaten geht das Leben weiter wie bisher – ein Leben, so wie wir es uns gewünscht und erwartet haben. Geht der Winter dahin, macht er Platz für den anbrechenden Frühling. Solche Verluste gehören zu unserem Leben als Menschen. Leben bedeutet Veränderung und Veränderungen setzen voraus, dass wir etwas verlieren, bevor wir etwas Neues gewinnen können.

> *Leben bedeutet Veränderung und Veränderungen setzen voraus, dass wir etwas verlieren, bevor wir etwas Neues gewinnen können.*

So verlieren wir unsere Jugend, gewinnen aber dafür das Erwachsensein. Wir verlieren die Sicherheit, die wir im Elternhaus besaßen, gewinnen aber die Unabhängigkeit eines selbstständigen Lebens. Wir verlieren die Freiheit unseres Single-Daseins, gewinnen aber die Intimität der Ehe. Wir verlieren eine Tochter und gewinnen einen Schwiegersohn. Das Leben ist eine ständige Abfolge von Verlieren und Gewinnen. In diesem Prozess liegt eine Kontinuität, ja sogar eine Sicherheit. Wir erinnern uns an die Verluste, die hinter uns liegen, und freuen uns auf das, was die Zukunft uns bringen wird. Wir leben in der Spannung zwischen einer uns vertrauten Vergangenheit und der Zukunft, so wie wir sie erwarten. Das Szenario unseres Lebens, so wie wir es heute genießen, tritt allmählich in den Hintergrund, bis wir es schließlich aus den Augen verlieren. Doch was in der Zukunft auf uns wartet, tritt näher und zeichnet sich immer klarer ab, bis es das Szenario unserer Gegenwart ausfüllt.

Doch es gibt eine andere Art von Verlusten, die unvermeidlich in jedes Leben treten – wenn auch seltener und mit Sicherheit weniger vorhersehbar. Diese Verluste haben verheerendere Folgen und sind unumkehrbar. Tödliche Krankheiten, Behinderungen, Scheidung, Vergewaltigung, emotionaler, körperlicher oder sexueller Missbrauch, Langzeitarbeitslosigkeit, niederschmetternde Enttäuschungen, psychische Erkrankungen und schließlich der Tod gehören dazu. Fühlt sich der normale, natürliche, umkehrbare Verlust an wie ein gebrochenes Bein, so sind katastrophale Verluste wie eine Amputation. Ihre Folgen sind dauerhaft, die Auswirkungen nicht zu kalkulieren und ihre Langzeitfolgen zeigen sich erst allmählich in ihrem ganzen Ausmaß. Jeder neue Tag zwingt die Betroffenen, eine neue und verheerende Dimension dieses Verlustes ins Auge zu fassen. Der gesamte Lebenskontext wird dadurch vollständig umgestaltet.

Geschichten von Menschen, die solche Verluste hinnehmen mussten, fesseln unsere Aufmerksamkeit und wir erinnern uns in der Regel an die spektakulärsten dieser Berichte. Vor vielen Jahren fuhr ich mit meiner Mutter mit dem Auto von Grand Rapids, wo wir lebten, in den Heimatort meiner Mutter, wo immer noch viele unserer Verwandten wohnten. Wir wollten

Ein katastrophaler Verlust ist wie eine Amputation. Der gesamte Lebenskontext wird völlig verändert.

dort die Ferien verbringen. Irgendwo unterwegs hielten wir an, um zu tanken. Während der Tankwart den Tank füllte (das war noch in den Tagen vor der Selbstbedienung), stiegen wir aus, um uns ein wenig zu strecken. Zwei Fahrzeuge in einer Ecke des Parkplatzes fielen uns sofort ins Auge; beide waren derart zerstört, dass man nicht einmal mehr sagen konnte, um welches Modell oder welche Farbe es sich handelte.

Meine Mutter fragte den Tankwart, was denn passiert sei. Er erzählte, dass sich in der Nacht zuvor zwei Autos voller Jugendlicher auf einer einsamen Landstraße eine Mutprobe geliefert hatten. Und da keiner der beiden Fahrer als Feigling dastehen wollte, wich keiner dem anderen aus. In dem darauf folgenden Frontalzusammenstoß kamen neun Menschen ums Leben; nicht ein Einziger überlebte den Unfall. Ich war damals auch gerade im Teenie-Alter. Die Dummheit dieser jungen Leute hinterließ einen tiefen Eindruck in mir. Ich ging hinüber zu den beiden Wracks und betrachtete das Innere, das für diese neun Menschen zu einer Todeszelle geworden war. Ich fragte mich, wie sie nur so etwas Wahnsinniges hatten machen können und wie ihre Freunde und Familien wohl mit diesem Verlust fertig werden würden. Angesichts dieser Tragödie lief mir ein kalter Schauer über den Rücken. Noch nie hatte ich von einem so schrecklichen und grausamen Unfall gehört.

Wir neigen dazu, das Ausmaß von Verlusten und schmerzhaften Erfahrungen zu messen und zu vergleichen, wie viele zu Tode kamen, wie lange wer im Krankenhaus war, wie schlimm der Missbrauch und wie kaputt die Familie war, wie schwer und hinderlich eine Krankheit ist, wie kompliziert die Umstände einer Scheidung oder wie lang die Kette von Unglücksfällen. Ich selbst habe das auch gemacht. Nach dem Unfall fand ich mich zum ersten Mal in der Rolle dessen wieder, dem solche Überlegungen galten. Die Zeitungen berichteten mehrere Tage lang von dem Unglück. Ich erhielt Hunderte von Anrufen und unzählige Karten und Briefe. Ich wurde von einem Tag auf den anderen berühmt – einer, der den denkbar größten Verlust erlitten hatte. Folglich hörte ich oft Bemerkungen wie: „Drei Generationen in einem einzigen Unfall getötet!" Oder: „Alle Frauen, die in deinem Leben Bedeutung hatten, außer der armen Catherine, wurden dir genommen!" Und am häufigsten hörte ich: „Ich kenne Menschen, die Schweres erleiden mussten, aber niemand hat so Schlimmes erlitten wie du. Das ist das Schlimmste, was ich je gehört habe."

Doch ich bezweifle, dass Verluste dieser Art gegeneinander

aufgerechnet werden können. Ein Verlust ist ein Verlust, egal unter welchen Umständen er den oder die Betroffene trifft. Und jeder Verlust ist schlimm – auf seine ganz eigene Weise. Kein Leid gleicht dem anderen. Jedes steht für sich.

Welchen Sinn macht es, Verluste gegeneinander aufzurechnen? Der Verlust, der mich traf, trat plötzlich und traumatisch in mein Leben, als wäre eine Atombombe explodiert und hätte die Landschaft meines Lebens in Ödland verwandelt. Entsprechend war mein Leid unmittelbar und intensiv und ich stürzte kopfüber hinein, als wäre ich von einer Klippe gefallen. Doch die Folgen der Tragödie zeichneten sich deutlich ab. Es war völlig klar, was geschehen war und womit ich zu rechnen hatte. So konnte ich schnell einen Aktionsplan für mich und meine Familie entwickeln. Nur wenige Tage nach dem Unfall setzte ich mich mit Angehörigen und Freunden zusammen, um gemeinsam zu überlegen, wie ich mit meinem Schmerz fertig werden, meinen Haushalt regeln und meine Kinder großziehen konnte.

Jeder Verlust ist schlimm – auf seine ganz eigene Weise. Kein Leid gleicht dem anderen. Jedes steht für sich.

Es gibt auch andere Formen. Ich habe eine Cousine, Leanna, die unter einer unheilbaren Form von Leukämie leidet. Ihr Verlust ereignet sich schleichend. Die Landschaft ihres Lebens wird langsam zerstört, Quadratzentimeter für Quadratzentimeter. Ihr Leid zieht sich dahin und der Schmerz zehrt sie auf wie der Abrieb auf einem Stück Metall. Kleine Unannehmlichkeiten, etwa dass sie zum Gehen einen Stock braucht, erinnern sie unentwegt daran, dass sie krank ist. Sie weiß nicht, was in drei Jahren mit ihr sein wird – ja, noch nicht einmal, was in drei Monaten sein wird. Sie macht sich Sorgen um ihre zwei jugendlichen Kinder und um ihren Mann, der an Parkinson erkrankt ist. Die Krebserkrankung liegt wie eine drohende Wolke über ihrem Leben und überschattet alles.

Wessen Leid und Verlust ist nun schlimmer – ihres oder meines? Man kann diese Frage unmöglich beantworten. Beide Verluste sind schrecklich – nur auf unterschiedliche Weise.

Ich habe drei Menschen verloren, die ich sehr geliebt habe und die auch mich sehr geliebt haben. Obwohl diese Beziehungen so unvollkommen waren wie jede andere Beziehung auch, waren sie doch voller Leben und Kraft. Im Rückblick schätze ich diese Beziehungen für das, was sie waren. Ich schätze die Erinnerungen an die vier kurzen Jahre mit Diana Jane, an zwanzig Jahre Ehe, die ich mit Lynda erlebt habe, und an die vierzig Jahre, die ich meine Mutter kennen durfte. Meine Trauer war und ist aufrichtig und kostbar. Ich habe wertvolle Menschen verloren und sehne mich noch immer von Herzen nach ihnen.

Meine geschiedenen Freunde haben es mit einer ganz anderen Art von Verlust zu tun. Sie haben Beziehungen verloren, die sie zwar niemals besessen haben, sich aber doch gewünscht hätten; oder Beziehungen, die sie zwar besessen, aber nach und nach verloren haben. Die Scheidung mag eine Erleichterung sein, aber dennoch hätten sie sich gewünscht, es wäre anders gekommen. Sie blicken zurück auf verlorene Jahre, auf bittere Konflikte und Verrat und auf den Tod ihrer Ehe. Wut, Schuld und Bedauern steigen hoch, wenn sie an eine enttäuschende Vergangenheit zurückdenken, die sie niemals werden vergessen können und die sie auch in Zukunft noch verfolgen wird. Bei mir gab es einen klaren Bruch. Bei ihnen war es ein heilloses Durcheinander. Ich konnte den Weg weiterverfolgen, den ich vor zwanzig Jahren eingeschlagen habe. Sie mussten die Richtung, in die ihr Leben geht, völlig verändern. Und wieder taucht die Frage auf: Kann man festlegen, wessen Leid schlimmer ist?

Unmittelbar nach dem Unfall wurde deutlich, dass die Trennlinie zwischen den Lebenden und den Toten scharf und exakt war. Catherine, David und ich hatten nur ein paar Schrammen abbekommen, während John schwerere Verletzungen davongetragen hatte. Trotzdem erholte er sich bald davon. Der Unfall führte nicht dazu, dass ich mich um einen behinderten Angehörigen kümmern musste. Ich musste mich nicht um Verletzungen kümmern, die erst nach Monaten oder

Jahren verheilen. Ich musste keine schwer wiegenden ethischen Entscheidungen treffen, z.B. ob lebenserhaltende Maßnahmen aufrechterhalten werden sollten. Die Lebenden waren gesund. Die Toten starben umgehend. Es war grauenhaft, sie sterben zu sehen, doch ihr sofortiger Tod gab mir die Freiheit, meine Kräfte darauf zu konzentrieren, unter den neuen – wenn auch ungewollten – Bedingungen ein sinnvolles Leben und ein gutes Zuhause aufzubauen.

Ich habe Freunde, die ähnlich traumatische Erfahrungen gemacht haben. Doch bei ihnen führten die Verletzungen nicht zum Tod, sondern zu dauerhaften Behinderungen. Jahre ihres Lebens und immense Geldsummen verwandten sie auf ihre Gesundheit. Manche von ihnen erleben eine Krise nach der anderen. Oft entstehen tägliche neue Probleme, die ihr Leben durcheinander bringen und Zeit, Geld und Energien rauben. Sie lieben ihre behinderten Angehörigen, doch sie spüren auch Gefühle der Ablehnung. Sie leiden unter der permanenten Erschöpfung und den Geldsorgen und fragen sich, wie es weitergehen soll. Und wieder frage ich mich, ob es möglich ist, Verluste der einen oder der anderen Art gegeneinander aufzuwiegen.

Lynda war eine ungewöhnliche Frau. Sie war großzügig und voller Energie, unkompliziert, kompetent und gastfreundlich. Es hat ihr Freude gemacht, für andere da zu sein, und sie hat ihre Kinder von Herzen lieb gehabt. Sie hat immer von morgens bis abends gerackert, hat viel öfter gelacht als geweint und sich an ganz gewöhnlichen Dingen gefreut. Sie war bis ins Innerste gut und arglos. Ich vermisse sie so, wie sie war, und nicht, wie ich sie gerne gehabt hätte. Ich habe eine Freundin, eine Geliebte und eine Partnerin verloren. Unser Leben hatte seinen ganz eigenen Rhythmus gefunden. So genehmigten wir uns zum Beispiel fast jeden Abend gegen zehn eine gemeinsame Pause. Im Sommer saßen wir draußen auf der Veranda in unserer Hollywoodschaukel und tranken Sodawasser und im Winter saßen wir auf dem Sofa im Wohnzimmer und genossen eine heiße Schokolade. Wir sprachen über den Tag, über die

Kinder, diskutierten miteinander, erzählten uns Geschichten, lachten und schmusten. Und dann beteten wir zusammen. Wir hatten auch gemeinsame Interessen wie Campen und Wandern, Lesen, Musik, Gartenarbeit. Alle zwei Wochen gingen wir zusammen aus. Wir kümmerten uns gemeinsam um den Haushalt und die Kinder. Unsere Beziehung war auf angenehme Weise vielfältig. Ihre Abwesenheit berührt nahezu jeden Bereich meines Lebens. Die Erinnerungen verfolgen mich. Manchmal suche ich verzweifelt nach irgendeinem Teil meines Lebens, der nicht von ihrer Gegenwart berührt worden wäre und darum auch nicht unter ihrer Abwesenheit leidet.

> *Macht es wirklich Sinn, darüber zu entscheiden, wessen Leid schlimmer ist?*

Ich wurde in einer Weise gesegnet, wie es andere nicht erlebt haben. Ich denke an eine Reihe Frauen, die in ihrer Ehe jahrelangen Missbrauch erfahren haben, ob die Gewalt sich nun gegen sie oder ihre Kinder richtete. Dieser Missbrauch hat ihr Empfinden für Recht und Unrecht zutiefst verletzt und schließlich dazu geführt, dass sie die Scheidung eingereicht haben. Nun sind sie voller Zorn und stellen sich vor, wie sie sich an ihren Ehemännern rächen. Sie fühlen sich auf grausame Weise betrogen und fragen sich pausenlos, wie sie überhaupt einen solchen Mann heiraten konnten. Sie stehen vor der Herausforderung, missbrauchte Kinder großzuziehen, die oft aufgrund der erfahrenen Gewalt und ihres inneren Schmerzes schwer zu bändigen sind. Diesen Frauen fällt es schwer, anderen Menschen – insbesondere Männern – zu vertrauen. Oft haben sie das Gefühl, es gäbe niemanden mehr, an den sie sich wenden könnten. Macht es wirklich Sinn, darüber zu entscheiden, wessen Leid schlimmer ist?

Ich könnte noch viele Beispiele geben. Jede Woche höre ich Geschichten von Menschen, die Leid erfahren. Ich habe solche Geschichten wahrscheinlich schon immer gehört, doch erst, nachdem ich selbst einen solchen Verlust erlitten habe, höre ich bewusst hin und lasse diese Geschichten an mich heran. Ich bin heute sensibler für den Schmerz anderer und nicht mehr so gleichgültig und selbstsüchtig wie früher. Vor kurzem habe ich mit einer Frau gesprochen, die nach ihrer Scheidung gerade versucht, ihr Leben wieder in den Griff zu bekommen. Sie reichte die Scheidung ein, nachdem sie erfahren hatte, dass ihr Mann ihre Töchter sexuell missbraucht hatte. Ich sprach mit einer anderen Frau, deren Mann kürzlich bei einem Flugzeugabsturz ums Leben kam. Ich kenne drei Frauen, die gegen Brustkrebs ankämpfen. Ich traf ein Ehepaar, dessen Tochter einen Autounfall überlebt hat, bei dem ein weiterer Insasse ums Leben kam. Ich habe von einem Mann gehört, der nun schon seit vielen Jahren entweder arbeitslos oder mit seinem Job unzufrieden ist. Ich hörte von einem Ehepaar, das sämtliche medizinischen Möglichkeiten ausgeschöpft hat, um trotz Unfruchtbarkeit eine Schwangerschaft herbeizuführen. Ich kenne einen Mann, dessen Betrieb am Rande des Bankrotts steht. Ich hörte von einem älteren Ehepaar, das vor kurzem fünf Enkelkinder unter fünf Jahren „geerbt" hat, weil die Schwiegertochter sie nicht mehr haben wollte und der Sohn unfähig ist, für die Kinder zu sorgen. Überall findet man Schmerz, menschliches Leid und Tragödien.

Katastrophale Verluste jeglicher Art sind schlimm – jeder auf seine Weise. Es ist unmöglich, sie gegeneinander aufzurechnen. Allein der Versuch, Verluste gegeneinander aufzurechnen, macht den Verlust noch schlimmer, weil diese Haltung uns in eine von zwei ungesunden Extrempositionen hineindrängt. Auf der einen Seite sind die, die dabei als Verlierer dastehen, denen das Recht abgesprochen wird, ihren persönlichen Verlust als das schlimme Ereignis zu benennen und zu erleben, das er ist. Sie fühlen sich manchmal wie ein kleiner Junge, der sich den Finger aufgeschürft hat, aber zu laut geschrien hat, um noch viel Mitgefühl zu erregen. Ihrem Verlust werden die Beachtung und Anerkennung des Leids abgesprochen. Auf der anderen Seite stehen die, die als Gewinner das Feld verlassen – mit der Überzeugung, dass niemand einen so schrecklichen Verlust erlitten hat wie sie, dass niemand sie jemals verstehen kann und dass ihnen niemand wirklich helfen kann. Sie sind *die*

Opfer schlechthin. Und so baden sie in ihrem Schmerz und gewinnen aus ihrem Leid eine merkwürdige Art von Befriedigung.

Wessen Verlust ist schlimmer? Die Frage entbehrt jeder Antwort. Jede Verlusterfahrung ist einzigartig, jede auf ihre Weise schmerzhaft, jede so schlimm wie all die anderen, aber eben auch anders. Niemand kann meinen Schmerz nachvollziehen, weil es eben mein Schmerz ist; genauso wenig wie ich den Schmerz nachvollziehen kann, den Sie vielleicht erfahren haben. Was bringt es schon, Verluste gegeneinander aufzurechnen? Wozu dieses Vergleichen? Die richtige Frage ist nicht: „Wessen Verlust ist schlimmer?" sondern: „Welchen Sinn kann dieses Leid haben und wie können wir daran wachsen?" Das ist die Frage, der ich in den restlichen Kapiteln dieses Buches nachgehen möchte.

> „Welchen Sinn kann dieses Leid haben und wie können wir daran wachsen?"

Kapitel 3

Einbruch der Dunkelheit

*Stirb, bevor du stirbst.
Danach gibt es diese Chance nicht mehr.*

C. S. Lewis

Ein plötzlicher und tragischer Verlust führt in eine schreckliche Dunkelheit hinein. Sie ist so unvermeidlich wie Albträume bei hohem Fieber. Die Dunkelheit kommt, egal wie sehr wir auch versuchen, sie zurückzudrängen. Doch so bedrohlich sie auch scheinen mag, wir müssen uns ihr stellen. Und – wir müssen uns ihr allein stellen.

Die Dunkelheit überkam mich kurze Zeit nach dem Unfall. In den ersten 72 Stunden musste ich mich um meinen zweijährigen Sohn John kümmern, der wegen seines gebrochenen Oberschenkels vor Schmerzen brüllte und sich gegen die Bewegungseinschränkung durch den Streckverband sträubte. Ich wurde mit Anrufen und Besuchen überhäuft. Jede neue Stimme und jedes neue Gesicht ließ weitere Tränen hervorquellen und verlangte, die ganze Geschichte noch einmal zu erzählen. Ich musste die Beerdigung vorbereiten. Außerdem musste ich mich um meine beiden älteren Kinder kümmern, die durch den Unfall verstört und verängstigt waren, der sie so plötzlich aus einem gemütlichen Heim in einen wahren Sturm des Leids hinausgeworfen hatte. Und doch war ich in diesen unruhigen zwei Tagen klar genug bei Bewusstsein, um zu wissen, dass diese Dunkelheit auf mich wartete und ich bald in sie eintauchen würde.

Der Augenblick kam mit dem Tag der Beerdigung. Ich hatte beschlossen meine Mutter, meine Frau Lynda und meine Tochter Diana Jane in einem gemeinsamen Grab auf dem Friedhof

> *Die Dunkelheit kommt, egal wie sehr wir versuchen, sie zurückzudrängen. Und: Wir müssen uns ihr stellen.*

des Ortes zu begraben, in dem meine Mutter gelebt hatte und wo meine Schwester lebte. Für mich war es immer ein Zuhause fern von zu Hause gewesen, genauso wie für Lynda. Am Tag vor der Beerdigung gab ich, aus einem mir bis heute unbekannten Motiv heraus, dem Impuls nach, ihre Leichname noch einmal zu betrachten – allein. Die ganze Nacht zuvor war ich wach geblieben, weil ich vor Furcht nicht schlafen konnte. Der Unfall spielte sich in meinen Gedanken immer wieder ab, wie ein Horrorfilm, dessen grauenhafteste Szenen sich ständig wiederholen. Ich hatte das Gefühl, kurz vor dem Wahnsinn zu stehen.

Gleich am nächsten Morgen fuhr ich zum Beerdigungsinstitut und starrte fassungslos auf die drei offenen Särge. In diesem Augenblick spürte ich, wie ich in dieses schwarze Loch, dieses fürchterliche Nichts hinabglitt. Ich schwebte im Raum, völlig verlassen unter Abermillionen namenloser Sterne.

> In diesem Augenblick spürte ich, wie ich in dieses schwarze Loch, dieses fürchterliche Nichts hinabglitt.

Die Menschen schienen aus meinem Gesichtsfeld zu schwinden, bis sie in weiter Ferne zu stehen schienen – weit weg, irgendwo am Horizont. Ich konnte kaum hören, was sie zu mir sagten, ihre Stimmen klangen so leise. Nie zuvor habe ich eine solch quälende Leere erlebt. Es war meine erste Begegnung mit jener existenziellen Dunkelheit, doch es sollte nicht meine letzte sein.

Kurz darauf hatte ich eine Art Wachtraum, der – da bin ich mir sicher – durch diese anfängliche Erfahrung von Dunkelheit ausgelöst worden war. Ich träumte von einer untergehenden Sonne. Ich rannte wie von Sinnen nach Westen und versuchte verzweifelt, sie einzuholen und im warmen Strahl ihres feurigen Lichts zu bleiben. Doch ich konnte das Rennen nicht gewinnen. Die Sonne enteilte mir zum Horizont und war bald darauf verschwunden. Plötzlich fand ich mich im Dämmerlicht wieder. Erschöpft blieb ich stehen und blickte ahnungsvoll über meine Schulter nach Osten. Ich sah, wie eine ungeheure Dunkelheit über mir hereinbrach. Diese Dunkelheit machte mir

Angst. Ich wollte weiter der Sonne hinterhereilen, obwohl ich wusste, wie sinnlos das war, denn sie hatte bereits bewiesen, dass sie schneller war als ich. Und so verlor ich jegliche Hoffnung, brach zusammen und verfiel in tiefe Verzweiflung. In diesem Augenblick glaubte ich, den Rest meines Lebens in dieser Dunkelheit verbringen zu müssen. In meiner Seele herrschte die blanke Angst.

Ein paar Tage später sprach ich mit einem meiner Cousins (er ist Pastor und schreibt außerdem Gedichte) über diesen Traum. Er erwähnte ein Gedicht von John Donne, in dem es darum geht, dass auf einer Landkarte Ost und West zwar unerreichbar weit voneinander entfernt zu liegen scheinen, dass sie sich jedoch schließlich auf der anderen Seite der Erdkugel treffen. Was also zunächst wie ein völliger Gegensatz erscheint – Ost und West –, findet schließlich doch wieder zusammen, wenn wir nur einer von beiden Richtungen lange genug folgen. Später meinte meine Schwester Diane, der schnellste Weg, um die Sonne und das Tageslicht wiederzugewinnen, wäre nicht, nach Westen zu rennen und der untergehenden Sonne hinterherzulaufen, sondern sich der Dunkelheit entgegenzuwerfen, bis sie in den Sonnenaufgang übergeht.

In dem Augenblick erkannte ich, dass ich die Wahl hatte zu entscheiden, welche Richtung mein Leben einschlagen sollte; selbst wenn es sich zunächst nur um die Wahl handelte, vor dem Verlust davonzulaufen oder mich ihm so gut ich konnte zu stellen. Da ich wusste, dass die Dunkelheit unvermeidlich kommen musste, beschloss ich, von da an lieber der Dunkelheit entgegenzugehen, statt zu versuchen, ihr davonzulaufen. Ich wollte mich auf den Weg einlassen, den diese Verlusterfahrung mich führen würde, egal wie er auch aussehen mochte. Und ich wollte zulassen, dass das Leid mich verändert und prägt, statt zu meinen, ich könne ihm irgendwie aus dem Weg gehen. Ich beschloss, mich

> *Ich wollte zulassen, dass das Leid mich verändert und prägt, statt zu meinen, ich könne ihm irgendwie aus dem Weg gehen.*

dem Schmerz zuzuwenden, wenn auch mit wenig Mut, und dem Verlust nachzugeben, auch wenn ich damals keine Ahnung hatte, was das bedeuten würde.

Mich der Trauer zu widmen erwies sich als schwer und doch notwendig. Mal geschah es eher spontan, manchmal geplant. Ich konnte nicht immer den richtigen Zeitpunkt oder Ort für meine Tränen bestimmen, die manchmal unerwartet und zur Unzeit kamen; so zum Beispiel mitten in einer Vorlesung oder in einer Unterhaltung. Ich war überrascht, wie wenig andere daran Anstoß nahmen. Wenn überhaupt eine Reaktion kam, so ermutigte meine offen gezeigte Trauer sie eher, über ihre eigenen Verluste zu sprechen. Und so wurde es etwas ganz Normales und Natürliches, Schmerz und Trauer zu zeigen.

> Ich war überrascht, wie wenig andere an meinen Tränen Anstoß nahmen.

Trotzdem versuchte ich mir Freiräume zu schaffen, in denen ich allein sein konnte, um der Dunkelheit zu begegnen. Spät am Abend, lange nachdem die Kinder im Bett waren, erwies sich für mich als die am besten geeignete Zeit. Manchmal hörte ich Musik – am häufigsten Requiem-Vertonungen, gregorianische Gesänge und andere Choralwerke. Manchmal schrieb ich Tagebuch oder las ein gutes Buch. Doch meist saß ich in meinem Schaukelstuhl und starrte ins Leere – durchlebte erneut den Unfall und dachte an die Menschen, die ich verloren hatte. Ich spürte den Schmerz in meiner Seele und weinte bittere Tränen.

Ich wollte beten, wusste aber nicht, was ich sagen sollte, als habe mein Schmerz mir die Stimme geraubt. Stöhnen wurde zu meiner einzigen Sprache, doch ich glaube, mein Seufzen war Ausdruck genug, um von Gott verstanden zu werden. Ich erinnere mich, dass ich die Worte des Apostels Paulus aus dem Römerbrief las – dass uns manchmal der Schmerz so überwältigt, dass wir nicht wissen, wie wir beten sollen. Doch, so schrieb Paulus, Gott nimmt an unserer Sprachlosigkeit keinen Anstoß oder wertet sie gar als Zeichen für mangelnden Glauben. Sie ist für ihn vielmehr eine Aufforderung, sich uns zuzuwenden und für uns einzutreten „mit einem Seufzen, wie es sich nicht in Worte fassen lässt" (Röm 8,26-27) – ganz so wie eine gute Mutter, die ein verstörtes Kind auf ihren Schoß nimmt.

> *Ich wollte beten, wusste aber nicht, was ich sagen sollte, als habe mein Schmerz mir die Stimme geraubt.*

Diese nächtliche Einsamkeit, so schmerzhaft und herausfordernd sie auch war, wurde mir heilig, weil ich hier die Zeit fand, von Herzen zu trauern und über alles nachzudenken. Auf diese Weise war ich tagsüber frei, meine ganze Energie dem Unterricht am College und der Sorge für meine Kinder zu widmen. Ich kämpfte gegen die Erschöpfung an; und das ist bis heute so geblieben. Doch irgendwie fand ich die Kraft – ich denke, es war ein Geschenk Gottes an mich –, um durchzuhalten, obwohl ich nur so wenig Schlaf bekam.

Meine Entscheidung, in die Dunkelheit einzutauchen, hatte weit reichende Konsequenzen, positive wie negative. Es war ein erster Schritt in Richtung Wachstum, doch es war auch ein erster Schritt in Richtung Schmerz. Damals hatte ich keine Ahnung, wie aufwühlend meine Trauer sein würde. Ich kannte die Tiefen des Leids, in das ich hinabtauchen sollte, noch nicht. Monatelang starrte ich auf die inneren Bilder des Unfalls und durchlebte das Trauma von neuem. Zwar wusste ich intuitiv, dass ich das Geschehene anschauen musste, doch ich schreckte trotzdem vor dem Grauen der tödlichen Szenen, die ich miterlebt hatte, zurück. Auch Catherine und David sprachen über den Unfall, und alle waren überrascht, mit welcher Genauigkeit sie sich an kleinste Einzelheiten erinnerten. Auch litt ich unter einer akuten Depression, die zusätzlich zu all der Enttäuschung, Fassungslosigkeit und Erschöpfung, über Monate hinweg ein unwillkommener und aufdringlicher Begleiter wurde. Meine Welt war so zerbrechlich wie das Leben der geliebten Menschen, die ich verloren hatte.

Dieses Gefühl der Dunkelheit nahm mich so sehr gefangen,

dass ich mich nicht mehr auf meine alltäglichen Pflichten konzentrieren konnte. Ich war wie ein Roboter, den man auf die Erfüllung bestimmter Funktionen hin programmiert hatte; ich konnte diese Aufgaben ganz gut erfüllen, weil ich seit Jahren daran gewöhnt war, sie zu erledigen. Am Ende jedes Tages blickte ich zurück auf das, was ich getan hatte, und es war, als habe mein Körper das alles geleistet, nicht mein wirkliches Ich. Es bestand ein radikaler Bruch zwischen dem Ich, das meine Arbeit tat, und dem Ich, das mich aus dem Schatten heraus dabei beobachtete. Mein Tagesablauf war prall gefüllt mit Aufgaben am College und zu Hause. Ich hielt Vorlesungen, beriet Studenten, nahm an Konferenzen teil und fuhr dann nach Hause zurück, um zu kochen, Wäsche zusammenzulegen und mir für die Kinder Zeit zu nehmen. Ich erfüllte diese Pflichten, weil ich es musste. Doch ich betrachtete das Leben von außen, wie jemand, der dem eigenen Körper entrückt ist.

Ich funktionierte noch mechanisch, aber ich fühlte mich wie jemand, der aus dem eigenen Körper herausgetreten ist.

Die Dunkelheit hielt sehr lange an; sie ist selbst heute noch da, wenn ich neue Dimensionen des Verlustes entdecke. So lernte ich zum Beispiel schon bald, dass ich mir nicht den Luxus erlauben konnte, meine Toten als Gesamtheit zu betrauern. Ich musste vielmehr um jeden einzelnen Menschen auch einzeln trauern. Wenn der Schmerz über einen Verlust nachließ, trat der Schmerz über einen anderen zutage. War es nicht der eine Geburtstag, den ich gerne gefeiert hätte, so war es ein anderer. Gab es ein Musikstück, das in mir den Schmerz über Lynda wachrief, so war es ein anderes, das mich über Diana oder meine Mutter trauern ließ. Ich musste mich einer Welle der Trauer nach der anderen stellen. Ich konnte ihr nicht entrinnen, egal wie ich es auch versuchte. Der Schmerz war so unbarmherzig wie die Mittagssonne in der Sahara.

Doch das ist nur ein Teil der Geschichte. Gewiss, die Entscheidung, mich dem Schmerz zu stellen, brachte ungeheuren

Schmerz mit sich. Doch sie zeigte mir auch, dass die Verlusterfahrung als solche nicht zum alles bestimmenden Moment unseres Lebens werden muss. Dieses alles entscheidende Moment kann vielmehr *in unserer Antwort auf den Verlust* beruhen. Nicht, was uns *von außen* widerfährt, ist entscheidend, sondern vielmehr das, was *in uns* geschieht. Die Dunkelheit war in meine Seele eingedrungen, das ist wahr. Doch das Gleiche galt auch für das Licht. Beide haben mich geprägt und verändert.

> *Nicht, was uns von außen widerfährt, ist entscheidend, sondern vielmehr das, was in uns geschieht.*

Die Veränderung wurde mir zum ersten Mal bewusst, als ich anfing, mir bewusst zu machen, wie ich die alltäglichen Pflichten verrichtete, die mir so fremd geworden waren. Ich erlebte sie zwar nicht völlig bewusst, doch ich war zumindest in der Lage, über sie nachzudenken, wenn auch nur mit Distanz. Ich war überrascht von der Entdeckung, wie wunderbar normal das Leben ist. Einfach nur leben zu dürfen wurde für mich zu etwas Heiligem. Während ich mich dabei beobachtete, wie ich Prüfungsfragen tippte, auf dem Weg zum Hörsaal mit Studenten plauderte oder eines meiner Kinder ins Bett packte, spürte ich, dass ich Zeuge von etwas Geheiligtem wurde. In meinen Begegnungen mit Studenten boten sich erstaunliche Möglichkeiten, ihnen zuzuhören und sie zu ermutigen. Catherine, David und John zu Bett zu bringen erlaubte es mir, den Segen und die Liebe Gottes an sie weiterzugeben. Ich erlebte diese alltäglichen Dinge noch immer nicht bei vollem Bewusstsein, doch ich begann zu ahnen, wie hintergründig sie waren.

Mit anderen Worten: Obwohl ich den Tod erlebte, erfuhr ich auch das Leben auf eine bis dahin ungeahnte Art und Weise – nicht *nach* der Dunkelheit, wie man meinen möchte, sondern *mitten in* der Dunkelheit. Es war nicht so, dass ich den Schmerz durchlebte und hinter mir ließ; ich lebte vielmehr mit ihm und fand in diesem Schmerz die Gnade, überleben und letztlich daran wachsen zu können. Ich kam nicht über den

Verlust der geliebten Menschen hinweg, sondern ich nahm diesen Verlust in mein Leben auf – so wie der Boden das in sich aufnimmt, was zerfällt –, bis er zu einem Teil von mir wurde. Der Schmerz hat dauerhaft in meiner Seele Wohnung genommen und sie ist dadurch weiter geworden. Ich lernte mit der Zeit: Je tiefer wir in das Leid hinabtauchen, umso tiefer können wir in ein neues und anderes Leben eintreten – ein Leben, das nicht schlechter ist als das alte und manchmal sogar besser. Die Bereitschaft, sich dem Verlust zu stellen und in die Dunkelheit einzutauchen, ist der erste Schritt, den wir wagen müssen. Und wie jeder erste Schritt ist er vermutlich auch der schwerste und der, der am meisten Zeit braucht.

Wir können wenig tun, um uns vor solchen Verlusten zu schützen. Sie kommen so unvermeidlich wie das Alter, welke Haut, müde Knochen und Gedächtnislücken. Doch wir können einiges tun, um unsere Reaktionen auf solche Verluste mitzubestimmen. Wir besitzen nicht immer die Freiheit zu entscheiden, welche Rolle wir im Leben spielen werden, aber wir können darüber bestimmen, wie wir die Rolle, die uns zugewiesen wurde, spielen werden.

Die richtige Entscheidung ist daher der Schlüssel. Wir können vor der Dunkelheit davonlaufen oder wir können uns in die Dunkelheit hineinbegeben und uns dem schmerzhaften Verlust stellen. Wir können im Selbstmitleid baden oder wir können mit anderen mitfühlen und ihren Schmerz wie den unseren annehmen. Wir können vor der Trauer davonlaufen und uns in Süchten verlieren oder wir können lernen, mit dem Schmerz zu leben. Wir können unsere Wunden lecken und beklagen, dass uns das Leben so übel mitgespielt hat, oder wir können dankbar und froh sein, selbst wenn es nur wenig Grund zur Freude zu geben scheint. Wir können Böses mit Bösem vergelten oder

> *Wir besitzen nicht immer die Freiheit zu entscheiden, welche Rolle wir im Leben spielen werden, aber wir können darüber bestimmen, wie wir die Rolle, die uns zugewiesen wurde, spielen werden.*

wir können das Böse mit Gutem überwinden. Es ist dieses Vermögen zu einer eigenen Entscheidung, die uns als Menschen Würde verleiht und uns die Fähigkeit gibt, uns über unsere Umstände zu erheben, sodass wir uns aus unserer Opferrolle befreien können. Solche Entscheidungen sind *niemals einfach*. Und obwohl wir sie treffen können und müssen, werden wir sie meist unter großen inneren Kämpfen und Qualen treffen.

Vor vielen Jahren las ich Viktor Frankls Buch *Trotzdem Ja zum Leben sagen*. Das Buch beschreibt, wie der Autor aus persönlichem Erleben heraus die Macht der Entscheidungsfreiheit entdeckte, und zwar ausgerechnet angesichts grauenhafter Verluste und tiefer Dunkelheit. Ich las das Buch zwei Jahre nach dem Unfall noch einmal. Wie niemals zuvor verstand ich, wovon Frankl überzeugt gewesen war und worüber er so eloquent geschrieben hatte. Während seiner Haft in einem Konzentrationslager der Nationalsozialisten im 2.Weltkrieg machte Frankl folgende Beobachtung: Die Gefangenen, die von ihrer Vollmacht zu entscheiden, wie sie auf die Umstände reagierten, Gebrauch machten, strahlten Würde, Mut und innere Lebenskraft aus. Sie fanden einen Weg, sich über ihr Leid zu erheben. Manche hielten an ihrem Glauben an Gott fest, obwohl alles dagegen zu sprechen schien. An einem Ort, wo es kein Morgen zu geben schien, beschlossen sie, an eine gute Zukunft zu glauben. Sie entschlossen sich, Liebe zu üben, egal wie hasserfüllt der Ort war, an dem sie leben mussten.

Mit anderen Worten, sie weigerten sich, ihren Peinigern und den Umständen ihrer Haft ihr letztes bisschen Selbstbestimmungsrecht auszuliefern. Obwohl sie in einer grauenhaften Welt lebten, identifizierten sie sich mit einer anderen Welt – einer Welt in ihrem Innern, über die sie ein gewisses Maß an Kontrolle besaßen. Sie zeigten, dass sie mehr waren als nur ein Spielball ihrer äußeren Umstände. Frankl beobachtete, dass

Das Vermögen zu einer eigenen Entscheidung ist es, was uns als Menschen Würde verleiht und uns die Fähigkeit gibt, uns über unsere Umstände zu erheben

diese wenigen Menschen versuchten, „zu einer menschlichen Größe zu gelangen, die ihnen früher ... niemals beschieden gewesen wäre"[1] und darum geistlich über sich selbst hinauswuchsen.

Frankl wurde deutlich, dass die Frage „welche Art Mensch ein Häftling wurde, das Ergebnis einer inneren Entscheidung war und nicht das Ergebnis der Lagerumstände allein." Schließlich hält er fest, dass „... das Lagerleben selber uns gezeigt hat, dass der Mensch sehr wohl ‚auch anders kann'. Es gäbe Beispiele genug, oft heroische, welche bewiesen haben, dass man etwa die Apathie eben überwinden kann und die Gereiztheit eben unterdrücken kann; dass also ein Rest von geistiger Freiheit, von freier Einstellung des Ich zur Umwelt auch noch in dieser scheinbar absoluten Zwangslage, äußeren wie inneren, fortbesteht."[2] Frankl kam zu dem Schluss, dass diese Häftlinge über ihre Umstände hinauswuchsen, weil sie in ihrem Leiden einen Sinn fanden. „Wenn Leben überhaupt einen Sinn hat, dann muss auch das Leiden einen Sinn haben. Gehört doch das Leiden zum Leben irgendwie dazu – genauso wie das Schicksal und das Sterben. Not und Tod machen das menschliche Dasein erst zu einem Ganzen."[3]

Es war diese Fähigkeit zu entscheiden, welche die Häftlinge am Leben erhielt, so befindet Frankl. Sie richteten ihre Energien nach innen und achteten auf das, was in ihrer Seele vor sich ging. Sie begriffen, dass das Unheil die Empfänglichkeit der Seele für Dunkelheit wie auch für Licht gleichermaßen erhöhen kann – für Freude wie auch für Schmerz, für Hoffnung wie für Niedergeschlagenheit. Die Seele besitzt die Fähigkeit, Gott zu erkennen und zu lieben, tugendhaft zu sein, die Wahrheit zu erkennen und aus moralischen Überzeugungen heraus zu leben. Die Seele ist formbar wie ein Ballon. Sie kann durch das Leid geweitet werden. Verlusterfahrungen können ihre Fähigkeit zum Zorn, zur Niedergeschlagenheit, zur Verzweiflung und zum Schmerz vergrößern – und das sind alles natürliche und legitime Gefühle, wenn wir einen Verlust erleiden. Doch wenn sie erst einmal weit geworden ist, ist sie

> Die Seele ist formbar wie ein Ballon. Sie kann durch das Leid geweitet werden. Und wenn sie erst einmal weit geworden ist, ist sie auch in der Lage, mehr Freude, Kraft, Frieden und Liebe zu empfinden.

auch in der Lage mehr Freude, Kraft, Frieden und Liebe zu empfinden. Was wir als Gegensätze ansehen – Ost und West, Nacht und Tag, Traurigkeit und Freude, Schwäche und Stärke, Zorn und Liebe, Verzweiflung und Hoffnung, Tod und Leben – schließt sich genauso wenig aus wie Winter und Sonnenschein. Die Seele besitzt die Fähigkeit, diese Gegensätze gleichzeitig zu erfahren.

Nicholas Wolterstorff, ein bekannter Autor und philosophischer Lehrer, verlor vor einigen Jahren seinen erwachsenen Sohn durch einen tragischen Kletterunfall. Er führte über die Zeit seiner Trauer Tagebuch; später wurde es unter dem Titel *Klage um einen Sohn* veröffentlicht. Wolterstorff kam zu einem ähnlichen Schluss wie Frankl. Seine eigene schmerzliche Erfahrung beschreibt er in seinem Buch einmal so:

> Und manchmal, wenn die Tränen besonders intensiv fließen, strahlt auf einmal etwas auf, das man sonst selten erfährt: ein Glanz von Mut, Liebe, Erkenntnis, Selbstlosigkeit, Glaube. In diesem Glanz erfahren wir am treffendsten, wie Menschsein eigentlich gedacht war … Das Tal des Leids bringt Verzweiflung und Bitterkeit hervor. Doch dort wird auch unser Charakter geformt. Das Tal des Leids ist der Ort, an dem unsere Seele Gestalt annimmt. [4]

Es ist also nicht wahr, dass wir durch den Verlust weniger Mensch sind – außer wir lassen zu, dass er uns etwas von unserem Menschsein raubt und unsere Seele schleift, bis nichts mehr bleibt als ein äußeres Selbst, das zum Spielball der Umstände geworden ist. Ein Verlust kann auch dazu führen, dass wir umso mehr Mensch werden. Wir können selbst in der Dunkelheit noch Licht finden. Im Tod können wir Leben finden. Es hängt ganz von den Entscheidungen ab, die wir treffen. Natürlich fallen diese Entscheidungen schwer. Wir fällen sie selten übereilt oder mit Leichtigkeit. Aber wir können sie treffen. Nur wenn wir uns dazu entschließen, auf unsere Seele Acht zu haben, werden wir erfahren, wie viel mehr das Leben ausmacht als nur diese Welt außerhalb unserer selbst, wie wunderbar oder wie schrecklich sie auch sein mag. Wir werden eine Welt in unserem Innern entdecken.

Doch diese Sorge um die eigene Seele muss nicht dazu führen, dass wir nur noch mit uns selbst beschäftigt sind. Vielmehr führt sie dazu, dass wir uns schließlich wieder der äußeren Welt zuwenden und dass wir mehr Mitgefühl besitzen, als wir sonst gehabt hätten.

Es ist nicht so, dass unsere Entscheidungen uns immer sogleich glücklich machen. Insbesondere gilt dies dort, wo wir uns entschließen, uns unseren Verlusterfahrungen zu stellen. Wenn wir in die Dunkelheit eintauchen, wird es um uns dunkel sein. Wir erleben Schmerz, Leid, Trauer und Verzweiflung und wir erfahren die hässliche, grausame und absurde Seite des Lebens. Wir hoffen nicht nur, wir grübeln auch herum; wir lassen zu, was war, aber wir sind auch voller Wut; wir erleben Glauben ebenso wie Zweifel. Oft sind wir hoffnungsvoll, oft aber auch apathisch, und vor der Freude steht der Schmerz. Wir trauern und zugleich geht es uns gut. Wir erfahren, wie zwiespältig es ist, gleichzeitig in der Dunkelheit und im Licht zu leben.

Das Tal des Leids bringt Verzweiflung und Bitterkeit hervor. Doch es ist zugleich der Ort, an dem unser Charakter geformt wird.

Die Entscheidung, uns der Dunkelheit zu stellen, führt uns also auf keinen leichten Weg. Die Dunkelheit ist nicht so schnell besiegt wie bei einem verängstigten Kind, das im finsteren Keller nach dem Lichtschalter tastet und dessen Angst sich legt, sobald der Raum von Licht durchflutet wird. Die Dunkelheit hält lange an, möglicherweise für den Rest unseres irdischen Lebens. Selbst wenn wir unseren Schmerz wirklich überwinden (was in meinen Augen zweifelhaft erscheint), werden wir trotzdem erleben, dass uns der Schmerz anderer Menschen stärker berührt und wir die Dunkelheit, die diese Welt einhüllt, bewusster wahrnehmen. Die Entscheidung, sich der Dunkelheit zu stellen, garantiert uns nicht, dass wir jemals ganz das andere Ende des Tunnels erreichen. Ich bin mir nicht sicher, ob das möglich ist, und auch nicht, ob wir dies überhaupt anstreben sollten.

Ist es möglich, in die Dunkelheit einzutauchen und trotzdem noch ein ganz normales, produktives Leben zu führen?

Aber ist es überhaupt möglich, so zu leben? Ist es möglich, die Trauer für den Rest unseres Lebens zu spüren und doch gleichzeitig Freude zu erfahren? Ist es möglich, in die Dunkelheit einzutauchen und trotzdem noch ein ganz normales, produktives Leben zu führen? Verlusterfahrungen verlangen uns ab, in einer äußerst empfindlichen Spannung zu leben. Wir müssen trauern aber wir müssen auch unser Leben weiterleben. Wir haben mitunter das Gefühl, alles um uns käme zum Stillstand, auch wenn die Welt sich weiter dreht wie bisher. Das Gras wächst immer noch, die Rechnungen häufen sich auf dem Schreibtisch, im Haus sammelt sich weiter der Dreck, die Kinder wollen erzogen werden, die Arbeit muss getan werden, Menschen brauchen unsere Fürsorge. Ich konnte nicht immer trauern, wenn mir gerade zum Trauern zumute war. Ich wollte mich nicht völlig den Schwankungen meiner intensiven Gefühle hingeben und ich stand vor Aufgaben, die ich nicht beliebig vor mir herschieben konnte. Gelegentlich kamen mir auch in der Öffentlichkeit die Tränen; und das geschieht auch heute noch. Doch selbst dann gewann ich schnell meine Fassung wieder und wandte mich dem Tagesgeschäft zu, ob am College oder zu Hause.

Schließlich musste ich mich ja um meine Kinder kümmern, das war offensichtlich. Doch ich musste mich auch um mein eigenes emotionales Wohlergehen kümmern. Mein Beruf bot mir die Möglichkeit, in einem Lebensbereich zu funktionieren, der nicht – wie mein Zuhause – unmittelbar von der Tragödie berührt wurde. Außerdem hatte ich am College Freunde, die mir Mut machten zu trauern und die mit mir trauerten. Mein Verlust wurde so sehr zum Bestandteil des Arbeitsumfeldes im Kreis meiner Kollegen, dass es gar nicht ungewöhnlich war, wenn wir bei einer Besprechung einen Augenblick zusammen weinten oder über das Unglück nachsannen, bevor wir zur Tagesordnung übergingen. Ich lernte, gleichzeitig im Alltagsgeschehen zu leben und zu trauern.

Nach drei Jahren lebe ich immer noch in diesem Spannungsfeld. Doch etwas hat sich entscheidend geändert. Die Trauer, die ich empfinde, ist nicht verschwunden, aber ich habe sie in mein Leben integriert – sie ist ein schmerzhafter Aspekt eines gesunden Ganzen. Zu Anfang war mein Verlust so übergroß, dass er zur dominanten – ja, manchmal gar zur einzigen – Emotion wurde, die ich empfand. Es kam mir vor, als starrte ich den Stumpf eines riesigen Baumes an, der gerade in meinem Garten gefällt worden war. Dieser markante Stumpf erinnerte mich fortwährend an den geliebten Baum, den ich verloren hatte. Ich konnte an nichts anderes denken als an diesen Baum. Schließlich jedoch beschloss ich, etwas dagegen zu unternehmen. Ich gestaltete meinen Garten um und machte ihn mir so neu zu Eigen. Ich beschloss, den Stumpf an seinem Platz zu belassen, da er zu groß und zu kostbar war, um ihn einfach auszureißen. Statt des Versuchs, ihn loszuwerden, bettete ich ihn einfach in das Ganze ein. Ich pflanzte Bodendecker, Bäume, Blumen und Gras. Ich legte einen gepflasterten Weg an und stellte zwei Bänke auf. Und dann schaute ich zu, wie alles heranwuchs. Nun, nach drei Jahren, ist der Stumpf immer noch da; immer noch erinnert er mich an den lieb gewonnenen Baum, den ich verloren habe. Doch der Baum ist nun eingebettet in einen blühenden Garten mit fruchtbaren Bäumen und saftigem

> *Der Schmerz bleibt. Doch ich habe um ihn herum eine Lebenslandschaft gestaltet und so ist das, was einst hässlich war, zu einem wichtigen Element eines größeren und liebenswerten Ganzen geworden.*

Gras. Auf gleiche Weise bleibt der Schmerz, doch ich habe um den Verlust eine Lebenslandschaft gestaltet und so ist das, was einst hässlich war, zu einem wichtigen Element eines größeren und liebenswerten Ganzen geworden.

Mein eigener katastrophaler Verlust hat mich gelehrt, wie wichtig die Freiheit zur Entscheidung ist – sich der Dunkelheit zu stellen und den Schmerz zu durchleiden, so wie ich es nach dem Unfall tat, obwohl ich meine Arbeit fortführen und für andere Menschen und vor allem für meine Kinder da sein musste. Ich wollte, so viel ich konnte, durch den erfahrenen Verlust gewinnen, ohne meine alltäglichen Pflichten zu vernachlässigen. Ich wollte den Schmerz in mein Leben integrieren, damit er seinen Stachel verliert. Ich wollte an Weisheit zunehmen und charakterlich daran reifen. Ich hatte genug Zerstörung erlebt und wollte nicht zulassen, dass durch meine Reaktionen auf die Tragödie, das Böse, das ich bereits erfahren hatte, noch mehr Raum gewann. Ich wusste, dass meine Flucht vor der Dunkelheit nur dazu führen würde, dass die Finsternis zu einem späteren Zeitpunkt noch größere Ausmaße annehmen würde. Ich wusste auch, dass meine Seele in der Lage war, an dem Leid zu wachsen – Böses und Gutes in sich aufzunehmen, zu sterben und wieder zu neuem Leben zu erwachen, Verlassenheit zu erfahren und Gott zu finden. Indem ich beschloss, mich der Nacht zu stellen, tat ich meinen ersten Schritt dem Aufgang der Sonne entgegen.

Indem ich beschloss, mich der Nacht zu stellen, tat ich meinen ersten Schritt dem Aufgang der Sonne entgegen.

Kapitel 4

Der stumme Schrei des Schmerzes

*Man versteht den Schmerz anderer,
indem man seinen eigenen Schmerz durchleidet,
oder wie mein Vater sagen würde,
indem man in sich geht und seine eigene Seele findet.
Und dass es wichtig ist, Schmerz zu kennen, sagte er noch.*

CHAIM POTOK

Menschen, die einen Verlust erleiden, empfinden einen unaussprechlichen Schmerz. Manchmal erscheint er schier erträglich.

Ich habe mir oft – und nicht immer überzeugend – gesagt, Schmerz sei ein Geschenk, ein sicheres Zeichen dafür, dass man lebt. Nur die Toten fühlen keinen Schmerz mehr. Und das schließt auch Menschen ein, die tot sind, obwohl sie noch leben, die Liebe und Güte und Trauer so lange abgelehnt haben, dass sie die Fähigkeit verloren haben, überhaupt irgendetwas zu empfinden.

Schmerz, körperlicher wie seelischer, ist ein Geschenk, weil er uns zeigt, dass wir in der Lage sind, etwas zu fühlen. Körperlicher Schmerz zeigt uns die Fähigkeit unserer Sinne, die negativen Seiten des Lebens in dieser Welt wahrzunehmen. Unsere Nerven übermitteln uns eine Botschaft über die Welt, warnen uns vor ihren Gefahren oder informieren uns über ihre angenehmen Seiten. Schmerz ist also die Kehrseite der Freude. Dieselben Nerven, die uns das eine übermitteln, übermitteln uns auch das andere. Das Auge, das sich im gleißenden Lichtstrahl zusammenkneift, bestaunt auch die Schönheit eines Berggipfels oder eine Wiese voller Wildblumen. Die Nase, die uns sagt, dass unter dem Boden der Veranda ein verendetes Tier liegt, zieht uns magisch in die Küche, wenn frisches Brot gebacken wird. Der Mund, mit dem wir verdorbenes Essen ausspucken, lässt uns auch den Geschmack unserer Lieblingseissorte genießen. Ohren, die vom Heulen einer Sirene wehtun, nehmen mit Vergnügen den Klang einer Beethoven-Symphonie in sich auf.

Der Zeigefinger ist ein Wunderwerk aufeinander abgestimmter Nerven, ein Instrument von bemerkenswerter Präzision. Unter der Führung eines Geigenvirtuosen kann er zum Beispiel eine Vielzahl von Tönen hervorbringen. Er kann uns ein unendliches Spektrum von Empfindungen vermitteln, von der sanften Berührung einer Feder bis hin zum Stich einer Kakteennadel. Er kann uns Liebe signalisieren, wenn er die Haare der Geliebten streichelt oder den Rücken eines guten Freundes massiert.

Doch der Zeigefinger kann ebenso gut einen regelrechten Schrei aussenden. Seine Fähigkeit, Angenehmes wahrzunehmen, ist ebenso ausgereift wie sein Schmerzempfinden. Dieselben Nerven übermitteln beide Empfindungen. Ein Splitter im Fuß mag schmerzhaft sein, doch nichts im Vergleich zu einem Splitter im Finger. Verbrennungen tun an jeder Körperstelle weh, doch nirgends so sehr wie am Zeigefinger. Er zeigt uns unmissverständlich, dass wir etwas unternehmen müssen, um den Schmerz zu lindern oder zu beseitigen.

Das Hansen Bazillus, das Lepra verursacht, ist tödlich, weil es die Nerven daran hindert, Schmerzempfindungen weiterzuleiten. Wenn ein Leprakranker einen Splitter unter dem Fingernagel hat, senden seine Nerven kein entsprechendes Signal. Folglich weiß der Kranke nicht, dass er den Splitter entfernen muss und unterstützt den Finger nicht ausreichend bei seiner Heilung. So werden aus kleinsten Verletzungen mit der Zeit große Wunden, die sich entzünden, bis der Finger verloren ist – und das alles nur, weil die Nerven den Schmerz nicht weiterleiten können.

Die Tiefe des Schmerzes zeigt uns den unermesslichen Wert dessen, was wir verloren haben.

Was für den Körper gilt, gilt ebenso für die Seele. Der Schmerz über einen Verlust ist so schwerwiegend, weil die Freude am Leben so groß ist. Die Tiefe des Schmerzes zeigt uns den unermesslichen Wert dessen, was wir verloren haben. Der schreiende Schmerz, den ich über den Verlust meiner Mutter, meiner Frau und meiner

Tochter empfinde, spiegelt wider, was für eine pure Freude es bedeutet hatte, sie zu kennen. Ich kann das eine nicht ohne das andere haben, denn beide zeigen mir, zu welchen Gefühlen die Seele – manchmal im selben Augenblick – fähig ist.

Bei mir war der Schmerz am Anfang nur phasenweise spürbar und ich fand die Kraft und den Willen, gegen ihn anzukämpfen. Ich kämpfte zum Beispiel dagegen an, indem ich den Schmerz *verleugnete*. Eine Zeit lang kam ich mir vor wie im Traum, als sei das alles nicht wirklich, als habe ich es nur in einer traurigen Geschichte gelesen und gleich wieder vergessen. Ich versuchte, unser Zusammenleben genauso zu organisieren, wie es vorher gewesen war, so als sei gar nichts geschehen. Ich hielt mich beschäftigt, damit ich erst gar nicht die Zeit hatte, dem Schmerz Raum zu geben. Ich schob meine Trauer beiseite, als wäre sie nur eine kurzzeitige Störung in einem ansonsten normalen, heilen und glücklichen Leben.

> *Ich kämpfte gegen den Schmerz an – indem ich ihn verleugnete.*

Freunde, die selbst Tragödien erlebt haben, berichten mir Ähnliches. Ein Ehepaar, dessen erstes Kind mit schweren Behinderungen zur Welt kam, glaubte über Monate hinweg, ein plötzliches „Wunder" würde die gesundheitlichen Probleme ihrer Tochter mit einem Schlag beseitigen. Eine Frau aus meinem Bekanntenkreis ignorierte den Verlust ihres Mannes völlig, setzte ein Lächeln auf und versuchte, sich weiszumachen, es sei alles halb so schlimm. Wenn Freunde sie fragten, wie sie denn zurechtkomme, antwortete sie: „Bestens. Es könnte mir kaum besser gehen!" Wenn sie fragten, ob sie ihr irgendwie helfen konnten, meinte sie nur: „Nein, nein. Mir geht's prima." Ein kürzlich geschiedener Freund von mir machte sich an neue Projekte, setzte sich Ziele und übernahm neue Aufgaben, die allmählich seine gesamte Kraft und Zeit beanspruchten. Auch er wollte den Verlust zunächst nicht wahrhaben.

Unser Verleugnen zögert nur hinaus, was wir eigentlich

akzeptieren müssen. Wer verleugnet, weigert sich, den Verlust als das anzuerkennen, was er ist: etwas Grauenhaftes, das nicht ungeschehen gemacht werden kann. Er unterdrückt den Schmerz lieber, als sich ihm zu stellen. Doch für die fehlende Bereitschaft, dem Schmerz ins Auge zu blicken, zahlt man einen hohen Preis. Letztlich raubt man damit der Seele die Kraft, durch eine angemessene Reaktion auf den Schmerz an Weite zu gewinnen. Wer so handelt, macht den gleichen Fehler wie Patienten, die sich einer größeren Operation unterziehen mussten und sich anschließend weigern aufzustehen, um die geschädigten Muskeln wieder zu trainieren. Sie machen sich vor, alles wäre in Ordnung, und erzählen ihren Freunden, wie gut sie sich fühlen. Doch die Leugnung ihrer Probleme führt zu einer Muskelatrophie, bis sie schließlich gar nicht mehr aus dem Bett kommen. Schließlich führt die Leugnung zu einem noch größeren Verlust.

Als meine Mutter gerade mal vier Jahre alt war, starb ihre Mutter. Damals gingen die Menschen mit Trauer so um, dass sie so taten, als sei nichts geschehen; als habe der Mensch, den man gerade verloren hatte, niemals existiert. Diese Form der Verleugnung gibt es auch heute noch. Man hängt kein Bild auf, man spricht den Namen nicht einmal mehr aus, die Traurigkeit wird nicht ausgedrückt, keine Träne vergossen, keine Erinnerungen ausgetauscht. Man geht mit dem Schmerz so um, dass man ihn erst gar nicht zulässt.

Ich kämpfte außerdem gegen den Schmerz an, indem ich versuchte zu *verhandeln*; als könnte ich durch geschicktes Lavieren dem Schmerz entrinnen. Ich dachte an Ersatzbeziehungen, die mir helfen würden, den Übergang in ein neues Leben möglichst schnell und bequem zu schaffen. Doch ich wurde nur enttäuscht. Im ersten Jahr nach dem Unfall verliefen gleich zwei Beziehungen ebenso schnell wieder im

> *Ich stellte mir vor, dass ich diesen tragischen Tag noch einmal ablaufen lassen und die Ereignisse, die zu dem Unfall geführt hatten, ändern könnte.*

Sande, wie sie begonnen hatten. Ich überlegte, ob der Weg zu einem neuen Leben für mich darin bestand, wegzuziehen und eine neue Arbeit zu beginnen, um so der Hölle zu entgehen, die ich nach dem Unfall durchmachen musste. Ich stellte mir auch vor, dass ich diesen tragischen Tag noch einmal ablaufen lassen und die Ereignisse, die zu dem Unfall geführt hatten, ändern könnte. „Wenn wir doch nur …", so grübelte ich: „Wenn wir doch nur etwas länger auf dem Powwow geblieben wären … oder noch einmal angehalten hätten, um die Plätze zu tauschen … oder an diesem Stoppschild einen Augenblick länger gewartet hätten."

Ein weiterer Versuch, den Schmerz zu dämpfen, bestand darin, dass ich *mich gehen ließ*. In den ersten Monaten verbrachte ich viel Zeit damit, einfach nur dazusitzen und meinen Gedanken nachzuhängen. Die Stille und Einsamkeit trösteten mich. Aber es gab auch eine Phase von etwa zwei Monaten, in der ich dieses Alleinsein mied und beinahe jeden Abend bis nachts um zwei vor dem Fernseher hockte. Ich konnte meine schreckliche Einsamkeit einfach nicht mehr ertragen. Ich wollte nicht in das leere Bett kriechen und darüber nachgrübeln, warum es leer war. Ich war auch versucht, mich in anderen Bereichen völlig gehen zu lassen, doch gute Freunde und meine Familie ließen das nicht tatenlos geschehen. Ich war ihnen wichtig genug, dass sie mich immer wieder ermutigten, meinen Überzeugungen treu zu bleiben.

> *Ich wollte, dass jemand für den Verlust, den ich erfahren hatte, bezahlt.*

Viele Menschen entwickeln eine Sucht, nachdem sie einen Verlust erfahren mussten. Verluste stören oder zerstören die Ordnung ihrer gewohnten Umgebung. Sie empfinden aufgrund dieser Störung des Gewohnten eine solche Verzweiflung und Orientierungslosigkeit, dass sie sich bis zur Besinnungslosigkeit besaufen. Sie betäuben ihre Sinne auf jede nur erdenkliche Art, die ihnen eine momentane Erleichterung verschafft, weil sie es nicht ertragen, an die langfristigen Folgen des Verlustes zu denken. Und deshalb schauen sie zu jeder Tages- und Nachtzeit fern, arbeiten 60 Stunden die Woche, trinken zu viel Alkohol, befriedigen sich durch sexuelle Ausschweifungen, essen pausenlos oder schmeißen ihr Geld zum Fenster raus. Auf diese Weise halten sie sich ihr Leid vom Hals.

Eine letzte Methode, den Schmerz zu bekämpfen, war, *meiner Wut freien Lauf zu lassen*. Ich glaubte, Rache könne mir irgendwie helfen, mein Leid zu überwinden. Ich wollte, dass jemand für den Verlust, den ich erfahren hatte, bezahlt. Ich wünschte mir, dass der Fahrer des anderen Autos lebenslang hinter Gitter käme oder auf grausame Weise ermordet würde. Als ob der Schmerz, den er dann tragen müsste, unseren Schmerz in irgendeiner Weise lindern könnte. Ich kann mich an Gespräche mit den Kindern erinnern, in denen sie eine ähnliche Wut auf den „Mörder" ihrer Mutter, Schwester und Großmutter äußerten. „Ich hoffe, er schmort in der Hölle", sagten sie. „Ich will, dass ihm jemand genauso wehtut wie er uns!" „Gott soll ihn bestrafen." Manchmal wünschte selbst ich mir, dass die ganze Welt mit uns leiden sollte. Ich spürte überhaupt keine Trauer, wenn ich vom Leid anderer Menschen hörte. „Wir mussten die Hölle durchmachen", murmelte ich zynisch vor mich hin, „also, warum soll es andere nicht auch treffen?"

> *Ich war wütend auf Gott. Und ich ging davon aus, dass Gott groß genug war, meine Wut zu ertragen, und barmherzig genug, sie zu verstehen.*

Ich war auch wütend auf Gott. Manchmal spottete ich über das nutzlose Unterfangen, Gott um etwas zu bitten oder ihm zu fluchen, als ob das eine oder das andere irgendetwas bewirken würde. Ein anderes Mal wiederum schrie ich voller Verzweiflung zu Gott: „Wir kannst du unschuldigen Menschen so etwas antun? Meinen Kindern? Mir?" Manchmal richtete sich meine Wut auch gegen meine Kinder und ich schrie sie an, wenn sie nicht gleich gehorchten. Oder ich richtete sie gegen mich selbst und fühlte mich schuldig, weil ich überlebt hatte, während andere, deren Leben ich als wertvoller erachtete, gestorben waren.

Manche Freunde warnten mich vor dieser Wut, doch ich ging davon aus, dass Gott groß genug war, meine Wut zu ertragen, und barmherzig genug, sie zu verstehen. Wenn Gott mit Hiob Geduld hatte, so dachte ich mir, dann würde er auch mit mir Geduld haben. Außerdem hatte ich mit meiner Wut genügend Probleme, denn mir war bewusst, wie leicht aus Wut Bitterkeit wird. Da wollte ich das Problem nicht noch schlimmer machen, indem ich Gott für so zerbrechlich hielt, dass er meine Wut nicht auf sich nehmen könnte und sich gegen mich wenden würde. Ich fand Trost in den vielen Psalmen, in denen der Psalmbeter Gott seine innere Verzweiflung und seine Wut hinhält. Heute weiß ich, dass mir der Glaube zum Verbündeten wurde und nicht zum Feind, gerade weil ich – selbst Gott gegenüber – meiner Wut Luft machen konnte, ohne seine Vergeltung zu fürchten.

Der Schmerz, der auf einen Verlust folgt, ist unbarmherzig. Er lauert uns auf und verfolgt uns so lange, bis er uns eingeholt hat.

Wut ist, ebenso wie das Verleugnen, Verhandeln und die Sauftouren, eine Form, den Schmerz umzulenken, auf Abstand zu halten und zu bekämpfen. Wir weigern uns, den Schmerz kommen zu lassen und ihn als das zu erleben, was er ist – eine wahre Hölle. Doch der Schmerz, der auf einen Verlust folgt, ist unbarmherzig. Er lauert uns auf und verfolgt uns so lange, bis er uns eingeholt hat. Er ist so anhaltend wie der Wind in den weiten Prärien Amerikas oder die Kälte in der Antarktis und so zerstörerisch wie eine Springflut. Man kann ihn nicht verleugnen oder vor ihm davonlaufen. Letztlich ist alles Verleugnen, Verhandeln, Sich-Gehen-Lassen und alle Wut nur ein Versuch, etwas abzuhalten, was uns schließlich doch besiegen wird. Der Schmerz wird die Oberhand gewinnen, weil unser Verlust sich nicht leugnen lässt, weil er so unabweisbar, so verheerend real ist.

Diese anfänglichen Reaktionen auf eine Verlusterfahrung

sind normal, heftig und sogar legitim. Sie zeigen uns, dass etwas in unserem Leben völlig verkehrt ist. Sie sind wie das Fieber, das immer auch auf ein tiefer liegendes Problem hinweist – auf eine körperliche Erkrankung. Diese Reaktionen veranlassen uns, das tiefer liegende Problem anzuschauen und zu erkennen, was uns das Leben so düster und bedrohlich erscheinen lässt. Doch sie können uns auch davon abhalten, uns dem Problem zu stellen. Und darum können diese Reaktionen, so natürlich sie auch sein mögen, uns auf Abwege führen, indem sie uns einen vermeintlichen Ausweg aufzeigen, statt uns dorthin zu bringen, wo wir in das Problem einsteigen. Wir müssen ihnen daher Beachtung schenken, aber wir dürfen nicht so dumm sein zu meinen, es handle sich nur um eine vorübergehende Phase, die uns aus unserem Dilemma herausführen wird.

So fand ich es weder hilfreich noch zutreffend, diese verschiedenen Reaktionen als „Phasen" zu bezeichnen, die ich eben auf dem Weg zur Rückkehr in ein normales Leben durchlaufen musste. Zum einen bin ich immer noch nicht über diese „Phasen" hinausgewachsen und bin mir auch nicht sicher, ob das jemals geschehen wird. Ich empfinde immer noch Wut, ich will immer noch mit Gott verhandeln, ich muss immer noch mit der Versuchung kämpfen, mich gehen zu lassen, und ich möchte immer noch leugnen, dass diese Tragödie wahr ist. Ich spüre das Verlangen davonzulaufen nicht mehr so intensiv wie früher, aber das liegt daran, dass meine innere Kraft, mit dem Verlust zu leben, zugenommen hat. Ich besitze wieder eine Lebensperspektive und ich habe mehr Vertrauen in meine Kraft, Schweres zu ertragen.

Wenn wir diese Fluchtwege als Phasen ansehen, machen wir uns die falsche Hoffnung, jede von ihnen nur einmal durchmachen zu müssen. Auch das hat sich bei mir als unzutreffend erwiesen. Ich habe sie immer und immer wieder erlebt. Wenn ich überhaupt etwas gewonnen habe, dann nicht das, dass ich darüber hinausgewachsen wäre, sondern vielmehr, dass ich tiefer gelangt bin, zu dem, was diesen Ausflüchten zugrunde liegt. Ich habe erkannt, dass es sich um verzweifelte Versuche handelte, dem eigentlichen Problem nicht ins Gesicht sehen zu müssen. Das bekämpfte ich, solange ich konnte. Schließlich aber war ich so erschöpft von meiner Flucht vor dem eigentlichen Problem, dass ich einfach aufgab. Letztlich war ich gezwungen, mich dem Problem der Sterblichkeit – meiner Sterblichkeit – zu stellen, das mich eine Zeit lang zutiefst depressiv gemacht hatte.

> *Letztlich war ich gezwungen, mich dem Problem der Sterblichkeit – meiner Sterblichkeit – zu stellen.*

Ich erinnere mich noch gut daran, wie mir zum ersten Mal bewusst wurde, dass es nichts mehr zu kämpfen gab. Das war am ersten Jahrestag des Unfalls. Ich spürte eine nervöse Anspannung hochsteigen, eine bedrohliche Angst. Ich spürte, dass etwas nicht in Ordnung war, konnte aber nicht sagen, was. Es war, als hätte ich etwas Wichtiges verlegt, und nun wusste ich weder, wohin ich es gelegt hatte, noch was es überhaupt war, das ich verlegt hatte. In dem darauf folgenden Monat wurde ich zunehmend ruheloser. Schließlich spürte ich in mir ein Zittern, das nicht nur meinen Körper, sondern auch meine Seele erfasste. Ich spürte, dass ich einem Zusammenbruch nahe war.

Später erfuhr ich, dass ich eine tiefe Depression durchmachte. Erst dann fand ich eine Sprache, um meinen krankhaften Zustand zu erklären. Ich fand sie in einem Buch, in dem der Autor davon berichtet, wie er selbst in eine Depression verfiel.[5] Anders als bei körperlichen Schmerzen, die in der Regel auf irgendein konkretes Problem wie ein gebrochenes Bein hinweisen, weist der Schmerz der Depression auf eine Anomalie hin, die sich nicht so einfach beobachten oder erklären lässt. Sie erscheint als Phantomschmerz – man kann versuchen, ihn zu ignorieren oder auch zu überwinden. Doch das Ende einer Depression herbeiführen zu wollen ist so schwierig, wie ein gebrochenes Herz zu heilen. Menschliche Kraft allein reicht dafür nicht aus.

Auch ich erlebte die Depression als etwas, das mich völlig

lahm legte. Es kostete mich Herkuleskräfte, morgens aus dem Bett zu kommen. Ich war den ganzen Tag über erschöpft, aber nachts konnte ich nicht schlafen. Ich lag stundenlang wach und wurde von einer Finsternis geplagt, die außer mir keiner sehen konnte. Ich hatte Mühe mich zu konzentrieren. Ich war apathisch und lustlos. Ich schmeckte nichts, besaß kein Auge für schöne Dinge und empfand keine Freude daran, etwas Angenehmes zu berühren. Ich machte alles noch schlimmer, indem ich keinem Menschen erzählte, wie es in mir aussah. Doch innerlich fühlte ich mich wie tot. Schließlich war ich verzweifelt genug, um einen Psychologen aufzusuchen. Zwei Monate lang nahm ich Antidepressiva, damit ich normal funktionieren konnte, ohne den Verstand zu verlieren.

Die Psychologie verfügt über ein Vokabular, um die Depression zu beschreiben, und sie besitzt Strategien und Medikamente, um sie zu bekämpfen. Doch ich fand ein geistliches Bild hilfreicher. Der spanische Mystiker Johannes vom Kreuz schreibt über etwas, das er „die dunkle Nacht der Seele" nennt. Er bezeichnet es als einen Zustand geistlicher Bedrücktheit, in die man verfällt und für die man durch traditionelle Heilmittel – wie Leidenschaft für Gott, geistliche Übungen, rationale Analysen, Gottesdienst, den Dienst an anderen – keinerlei Hilfe oder Linderung erfährt. Alle äußeren Stützen versagen. Man ist völlig auf sich gestellt und hilflos. Man ist eingehüllt in eine geradezu sichtbare Finsternis. Man fällt in einen Abgrund völliger Leere – nur dass man paradoxerweise nicht das *Empfinden für diese Leere* verliert. Diese Leere führt vielmehr zu völliger Angst und Verzweiflung.

Mein Freund Steve ist ein Beispiel für diese Erfahrung. Seit einem Unfall in der Landwirtschaft ist er querschnittsgelähmt. Als es passierte, war er zwanzig, verlobt und hatte eine Karriere als Baseball-Profi vor sich. Neun Monate verbrachte

> *Ich war den ganzen Tag über erschöpft, aber nachts konnte ich nicht schlafen. Ich lag stundenlang wach und wurde von einer Finsternis geplagt, die außer mir keiner sehen konnte.*

er im Krankenhaus. In dieser Zeit weigerte er sich einzusehen, dass seine Behinderung bleibend war. Er war zumindest eine Zeit lang fest davon überzeugt, dass er wieder gesund werden würde. Er scherzte sogar mit seinem Physiotherapeuten darüber: „Sie haben mich im Rollstuhl in diesen Raum gefahren, aber ich werde auf meinen eigenen Beinen hinausgehen."

Doch Steve ist aus keinem Raum mehr auf eigenen Beinen gegangen. Erst nach und nach begriff er, dass er für den Rest seines Lebens gelähmt sein würde. Die Erkenntnis wurde ihm auf merkwürdige und quälende Weise bewusst. So spürte er zum Beispiel ein Kribbeln in der Zehe und konnte sich nicht kratzen. Er wollte eigenhändig essen, doch er konnte den Löffel nicht halten. Er versuchte sich auf die Seite zu drehen, wenn er unbequem lag oder sich wund gelegen hatte, aber er konnte keinen einzigen Muskel bewegen.

> *Man fällt in einen Abgrund völliger Leere – nur dass man paradoxerweise nicht das Empfinden für diese Leere verliert.*

Und doch gestand er sich erst in dem Moment, als er aus dem Krankenhaus nach Hause kam, ein, dass seine Behinderung nicht weggehen würde. Diese Heimkehr gab ihm den Rest. Vieles erinnerte ihn an sein früheres Leben und an all das, was er verloren hatte. Er sah den alten Basketballkorb, in den er nie wieder einen Ball werfen würde; seine Baseballhandschuhe, mit denen er nie wieder einen Wurf fangen würde; seinen alten Wagen und sein Motorrad, mit denen er nie wieder auf Tour gehen würde. In diesem Augenblick verfiel er in eine Depression – der Anfang seiner dunklen Nacht.

Solche Erlebnisse treten selten unmittelbar nach dem Verlust auf. Sie stehen am Ende des Kampfes, nachdem das Verleugnen endgültig der Realität Raum geben musste, alles Verhandeln nichts nützt, die Sauftouren nur Leere erzeugen und die Wut verraucht ist. Dann bleiben weder Willenskraft noch Verlangen, sich weiter gegen das Unabänderliche und Unleugbare zu stemmen. Was bleibt, ist eine tiefe Traurigkeit und die Depression. Die Scheidung ist durch und es bleibt keine Möglichkeit, den Partner jemals wieder zurückzugewinnen. Der Missbrauch oder die Vergewaltigung ist wirklich geschehen und die Erinnerung daran wird diesen Menschen ein Leben lang begleiten. Der Tumor ist unheilbar und daran kann kein medizinisches Wunder etwas ändern. Die Behinderung ist bleibend und keine noch so intensive Physiotherapie kann daran rütteln. Der Job ist weg und kommt nicht wieder.

Im Kern jeder Verlusterfahrung lauert die erschreckende Wahrheit, dass wir *sterblich* sind. Das Leben auf dieser Erde kann wunderbar sein und oft ist es das auch. Aber am Ende werden wir alle sterben. In den letzten Monaten ihres Lebens erlebte Lynda eine solche Zufriedenheit und Dankbarkeit, wie sie sie nie zuvor gekannt hatte. Sie hatte ihren Haushalt gut im Griff, kümmerte sich um unsere vier Kinder und unterrichtete die beiden ältesten. Diese Aufgaben verlangten ihr einiges ab, doch sie machten ihr auch viel Freude. Sie lernte, den Frustrationen und Enttäuschungen einer Hausfrau und Mutter mit einem hohen Maß an Idealismus und Erwartungen zu begegnen. Ja, sie war von ihrer Rolle als Mutter so begeistert, dass sie meinte, wir könnten doch noch ein Kind aus schwierigen Verhältnissen adoptieren; wir befanden uns bereits in den Vorbereitungen für eine solche Adoption. Die Behörden hatten uns am Tag vor dem Unfall als Adoptiveltern zugelassen.

> *Jeder Verlust konfrontiert uns mit der erschreckenden Wahrheit, dass wir sterblich sind.*

Auch in ihrer Arbeit als Leiterin eines Kinderchors fand sie eine große Befriedigung, und wenige Wochen vor ihrem Tod war sie von unserer Gemeinde als Solosopranistin angestellt worden.

Am Abend vor dem Unfall kam Lynda um zehn von der Chorprobe nach Hause. Wir tranken eine heiße Schokolade und krochen ins Bett, wo wir uns noch bis halb eins fröhlich unterhielten. Am Ende dieses Gesprächs sagte sie zu mir: „Jerry, ich kann mir nicht vorstellen, dass das Leben noch schöner sein könnte als jetzt. Ich finde es einfach wunderbar.

Ich bin überwältigt von der Güte Gottes." Keine 24 Stunden später war sie tot.

Der Unfall setzte in meiner Seele einen stummen Schmerzensschrei frei. Dieser Schrei war so laut, dass ich lange Zeit kaum noch etwas anderes hören konnte. Und ich konnte mir nicht vorstellen, dass ich jemals in meinem Leben wieder einen anderen Klang vernehmen würde als diesen Schmerzensschrei.

Kapitel 5

Unterwegs auf einem Meer voller Nichts

Vielleicht ist gerade das die heiligste Aufgabe des Gedächtnisses: die Unterscheidung von Vergangenheit, Gegenwart und Zukunft endgültig sinnlos zu machen; uns dazu zu befähigen, auf einer Ebene unseres Seins dieselbe Ewigkeit zu bewohnen, von der gesagt wird, Gott selbst wohne dort.

FREDERICK BUECHNER

Ich erinnere mich an einen Traum. Ich sah einen riesigen Ozean. Ich befand mich mit meinen drei Kindern auf einem Schiff. Wir segelten aus einem sicheren Hafen hinaus aufs offene Meer. Ich blickte zurück zum Hafen, der von blühendem Grün umgeben und voller Leben war. Der Anblick war mir vertraut und ich wünschte verzweifelt, dorthin zurückkehren zu können, doch aus irgendeinem Grund war mir dies nicht möglich; es war, als habe das Schiff seinen eigenen Willen und ließ eine Rückkehr nicht zu. Dann ging ich mit meinen Kindern zum Bug des Schiffes und blickte hinaus auf die Weite des Ozeans. Nirgends am Horizont war Land oder ein anderes Schiff zu erblicken – nichts, was uns sagte, dass es da draußen ein Ziel gäbe, auf das man zusegeln, oder Menschen, mit denen man die Reise gemeinsam bewältigen könnte. In diesem Augenblick fühlte ich mich völlig verlassen.

Schwer wiegende Verluste machen unsere Gegenwart zu einer Einöde, als ob man auf einem großen Ozean voller Nichts segelt. Wer einen Verlust erleidet, lebt in einem Zwischenstadium zwischen einer Vergangenheit, nach der er sich zurücksehnt, und einer Zukunft, auf die er nur hoffen kann. Er möchte zurückkehren in den Hafen der vertrauten Vergangenheit und das Verlorene zurückgewinnen – die Gesundheit, glückliche Beziehungen, einen sicheren Job. Oder er will hinaussegeln, bis er eine sinnvolle Zukunft findet, die ihm neues Leben verspricht – eine erfolgreiche Operation, eine zweite Ehe, einen besseren Job. Doch stattdessen findet er sich in dieser Einöde der Gegenwart wieder, in der es keinen Sinn gibt. Die Erinnerungen an die

Vergangenheit machen den Betroffenen nur bewusst, was sie verloren haben. Zukunftshoffnungen treiben ihren Spott mit ihnen – sie weisen hin auf etwas Unbekanntes, das viel zu weit entfernt ist, als dass sie es sich auch nur vorstellen könnten.

Die Erinnerungen an die Vergangenheit machen froh, das habe ich entdeckt. Doch es braucht seine Zeit, bis uns die Erinnerungen mehr trösten als quälen. Ein Freund, der seine Frau durch Krebs verloren hat, erzählte mir, dass er sich am Anfang nur an dieses menschliche Wesen erinnern konnte, das vor seinen Augen dahingerafft wurde. Schließlich erinnerte er sich an die vielen Jahre, die sie verheiratet gewesen waren. Doch auch dann machten ihm die Erinnerungen nur bewusst, wie groß sein Verlust war. Er wollte seine Frau und das gemeinsame Leben mit ihr wiederhaben. Er konnte sich zwar nicht vorstellen, auf all diese Erinnerungen zu verzichten, doch er empfand auch immer großen Schmerz, wenn er sich an seine Frau erinnerte. Er wollte das Vergangene niemals vergessen, und doch wünschte er sich zugleich, er könne vergessen.

> *Monatelang betrachtete ich das Leben durch einen Vorhang aus zersplittertem Glas.*

Ich erlebte ähnliche Widersprüche. Erst konnte ich die Unfallszene nicht aus meinen Gedanken verbannen. Monatelang betrachtete ich das Leben durch einen Vorhang aus zersplittertem Glas und den zerschmetterten Körpern meiner Angehörigen. Schließlich jedoch kehrten die Bilder aus entfernteren Tagen zurück und ich konnte mich mit der Zeit wieder lebhaft daran erinnern, wie unser Leben vor dem Unfall gewesen war.

Lynda und ich hatten uns im College kennen gelernt. Ich gehörte damals zu einer Gruppe, die sich vor allem im Feiern hervortat. Sie dagegen war als engagierte Christin bekannt. Ich war zwar im Sommer vor meinem Studienbeginn Christ geworden, trotzdem waren unsere Freunde ziemlich erstaunt, als wir uns anfreundeten und schließlich ineinander verliebten.

Wir waren zwölf Jahre verheiratet, bevor Catherine geboren

wurde. Diese lange Zeitspanne gab uns die Freiheit und Muße, eine tiefe Freundschaft zu entwickeln und das gemeinsame Leben zu genießen. Zweimal arbeiteten wir an derselben Institution – in einer Gemeinde im Großraum von Los Angeles, wo Lynda nebenher noch einen Magisterabschluss in Musik machte, und in einem College in Iowa. Wir gingen gemeinsam ins Konzert und machten zusammen Urlaub. Wir joggten und wir bearbeiteten unseren Garten Seite an Seite.

Auch machten wir jedes Jahr eine größere Bergtour. Bei einer dieser Touren fing ich mir das Rocky-Mountain-Fleckfieber ein; es hätte mich beinahe umgebracht. Ein anderes Mal wurden wir mehrere Stunden von Rindern verfolgt, die unser Hund Plantagenet aufgescheucht hatte. Auch nachdem wir eine Familie geworden waren, pflegten wir diese Nähe. Im Sommer vor Lyndas Tod waren wir eine Woche lang im Banff Nationalpark. Tagsüber erkundeten wir den Park; nachts kuschelten wir uns ans Lagerfeuer und sangen und erzählten Geschichten.

> *Ich sehe meine Frau vor mir, wie sie voller Begeisterung und Entschlossenheit in unserem Haus herumfuhrwerkte, den Rasen harkte, nähte, malte und tapezierte. Ich höre sie noch singen, lachen und herumalbern.*

Lynda hatte liebenswerte Eigenheiten und breite Interessen. Ich sehe sie noch genau vor mir, wie sie immer ihrem Ärger oder ihrem Abscheu Ausdruck verlieh und ein empörtes „Oh, um Himmels willen!" von sich gab. Ich sehe sie vor mir, wie sie voller Begeisterung und Entschlossenheit in unserem Haus herumfuhrwerkte, den Rasen harkte, nähte, malte und tapezierte. Ich höre sie noch singen, lachen und herumalbern. Sie hatte auch so eine ganz eigene Art dazustehen: die Hände auf die Hüften gestützt, als wolle sie verhindern, dass sie rückwärts umfällt. Sie war idealistisch und zugleich herrisch, was mich manchmal auf die Palme trieb. Sie war auf eine seltene Art durchsichtig, was aus ihrem tiefen Glauben erwuchs, und Menschen waren ihr von Herzen wichtig. Das belegen auch die vielen hundert Menschen, die nach ihrem Tod Karten und Briefe schickten, um ihr Leben zu würdigen.

Natürlich habe ich eine noch längere gemeinsame Geschichte mit meiner Mutter erlebt. So weit ich zurückdenken kann, hat sie immer einen warmherzigen und beständigen Einfluss auf mein Leben ausgeübt. Als sie starb, hatte ich das Gefühl, meine wichtigste Verbindung zur Vergangenheit zu verlieren, so als habe man ganze Kapitel meiner Lebensgeschichte plötzlich herausgerissen.

Meine Mutter war eine stille Frau. Sie war eine aufmerksame Mutter, die meine Schwester und mich immer ermutigte, unseren Weg zu gehen. Sie hat uns streng, aber fair erzogen und unsere Freunde waren bei ihr jederzeit willkommen. In meinen letzten beiden Jahren an der Highschool kam jeden Nachmittag ein Dutzend meiner Freunde zu uns ins Haus. Wir aßen gemeinsam unsere Schulbrote und spielten Pool oder Basketball. Meine Mutter war gastfreundlich, ohne sich aufzudrängen. Sie mochte meine Freunde und meine Freunde mochten sie, sodass sie selbst dann zum Essen vorbeischauten, wenn ich gar nicht da war.

Mein Vater und sie ließen sich scheiden, nachdem meine Schwester und ich aus dem Haus waren. Damals beschloss sie, wieder in ihren Heimatort Lynden zu ziehen. Dort leitete sie den Pflegedienst in einem Erholungsheim. Sie war in ihrem Beruf bestimmt und doch liebenswürdig, was ihr schnell den Respekt des Personals und des ganzen Ortes einbrachte. Nachdem sie in den Ruhestand gegangen war, engagierte sie sich ehrenamtlich, indem sie pflegebedürftige Menschen zu Hause besuchte und für Freunde und Verwandte literweise Suppe kochte und Tonnen von Keksen backte. Jedes Mal, wenn sie uns besuchte, brachte sie irgendetwas mit: Gläser mit Eingemachtem, etwas selbst Genähtes oder irgendein Schnäppchen. Und obwohl sie Asthma hatte, blieb sie auch in ihren späteren Jahren noch so aktiv, dass Catherine und David sie schon als „Outdoor-Oma" bezeichneten. Bis zu ihrem Tod ging sie jeden Tag mit anderen pensionierten Freunden walken oder schwimmen.

Auch half sie meiner Schwester, die mit ihren fünf Kindern alle Hände voll zu tun hatte. Sie schien einen besonderen Draht zu solchen Kindern zu haben, die gerade in einer Entwicklungskrise steckten. Und doch lagen ihr alle gleichermaßen am Herzen. Sie liebte es, mit ihnen wandern zu gehen, ihnen neue Schlafanzüge zu nähen oder sich mit ihnen zu unterhalten. Sie gab ihnen gerne einen Rat, den sie am Telefon oder in einem Brief in markante Sätze packte. In ihre Todesanzeige setzten die Kinder ihre Lieblingszitate aus Briefen, die sie von ihrer Großmutter bekommen hatten: „Mach am meisten aus dem Besten und am wenigsten aus dem Schlechtesten." „Wenn du die Kraft zum Durchhalten brauchst, wird sie da sein." „Es ist gut, dass Gott uns immer nur eine Minute, eine Stunde und einen Tag auf einmal gibt; wir wären sonst völlig überfordert." Jeden Brief, den sie ihren Enkeln – und ihren Kindern – schrieb, schloss sie mit den Worten: „Sei freundlich, liebeswürdig und rücksichtsvoll."

Diana Jane kannte ich nur sehr kurz – nur vier Jahre. Mit ihr habe ich daher nicht so viel erlebt wie mit meiner Mutter oder Lynda. Aber sie war meine Tochter: Ich habe sie abends in den Schlaf gewiegt, habe ihr morgens etwas vorgelesen und nach dem Mittagessen mit ihr herumgetollt. Wie jede Tochter, so hatte auch sie mein Herz gewonnen. Von all unseren Kindern besaß sie die offensichtlichsten Eigenarten, was sie aber allen umso liebenswerter machte. Und sie war die Einzige in der Familie, die eine Brille tragen musste, die ihr ständig von der Nase rutschte.

Meine Erinnerungen sind mir kostbar. Ich halte sie fest, so wie sich jemand, der auf hoher See umhertreibt, an eine Planke klammert.

Jeden Morgen kam sie auf meinen Schoß gekrabbelt. Sie brauchte noch ein paar Minuten, um richtig wach zu werden, aber dann sagte sie mit freundlicher Bestimmtheit: „Papa! Vorlesen!" Sie zog sich für ihr Leben gern um und tat dies mehrmals am Tag, ohne auch nur ein einziges Kleidungsstück in den Schrank zurückzulegen; was Lynda sehr frustrierte. Sie kicherte oft, weinte laut und herzhaft und schien ständig auf Zehenspitzen zu laufen. Ihre schelmischen Augen zeugten von ihrer Persönlichkeit. Sie war freiheitsliebend und stur und kam mit fast allem durch, weil man ihr nur schwer widerstehen konnte und sie viel zu süß war, als dass man sie für etwas hätte bestrafen können.

Diese Erinnerungen sind mir kostbar. Ich halte sie fest, so wie sich jemand, der auf hoher See verloren ist, an eine Planke klammert. Doch die Erinnerungen wühlen mich auch auf, weil sie eben nicht mehr sind als Erinnerungen. Sie sind Reste einer Vergangenheit, die nie wieder mein Eigen sein wird. Ihr gehören Menschen an, die ich niemals wiedersehen werde. Ich kann mit diesen Erinnerungen nicht leben, aber ich kann auch nicht ohne sie leben.

Mit der Zukunftshoffnung ist es ähnlich. Es ist unmöglich, sich keine Zukunft auszumalen, aber es ist genauso unmöglich, sich die Zukunft auszumalen, ohne das Material der Gegenwart für unsere Vorstellungen von der Zukunft zu verwenden. Wenn man zum Beispiel als Hobby Holzschnitzereien anfertigt, kann man sich vorstellen, wie es wäre, von Beruf Zimmermann zu sein. Wer Bilder von Neuseeland gesehen hat, kann sich vorstellen, wie es wäre, eine Reise dorthin zu machen. Wer seine erste Debatte im Rhetorikkurs am College gewonnen hat, kann davon träumen, einmal Staranwalt zu werden. Aber wer einen schweren Verlust erfahren musste, hat das Problem, dass ihm das vertraute Material der Gegenwart geraubt wurde, mit dem er sich die Zukunft ausmalen könnte.

Nach dem Unfall war vieles, was ich mir für die Zukunft erträumt hatte, nicht mehr möglich. Lynda und ich hatten uns vorgenommen, ein Kind zu adoptieren; außerdem waren wir dabei herauszufinden, ob es möglich wäre, mit einer Missions-

> *Es war unmöglich, sich keine Zukunft auszumalen, aber es war genauso unmöglich, sich die Zukunft auszumalen ohne alle die Menschen, die bisher meine Gegenwart erfüllt hatten.*

gesellschaft wie den *Wycliff*-Bibelübersetzern für ein Jahr nach Afrika zu gehen. Lynda wollte mit dem Heimunterricht weitermachen, weil ihr der Gedanke zusagte, die Kinder noch weitere zwei oder drei Jahre zu Hause zu haben, bevor sie eine Schule besuchten. Sie hatte gerade ein Engagement als Sopranistin in unserer Gemeinde begonnen und übte eifrig für die Aufführung von Händels *Messias*. Meine Mutter war an jenem verhängnisvollen Wochenende gekommen, um Lynda beim Kauf eines passenden Abendkleides zu helfen. Auch fanden wir mehr und mehr unseren Platz im öffentlichen Leben von Spokane. Ich hatte angefangen, die Fußballmannschaft zu trainieren, und wir beide engagierten uns bei einer Organisation, die sich die Schaffung einfacher und erschwinglicher Wohnmöglichkeiten für ärmere Familien auf die Fahnen geschrieben hatte.

> *Eine Zeit lang fehlte mir beides: der Trost, den gute Erinnerungen mit sich bringen, und die Hoffnung, die durch positive Vorstellungen von der Zukunft entsteht.*

Und dann, auf einmal, gab es keine Lynda, keine Diana Jane und keine Grace mehr. Wie sollte ich mir eine Zukunft ohne sie vorstellen? Allein der Gedanke ließ mich erzittern. Wenn ich an die Zukunft dachte, fand ich sie in meinen Vorstellungen. Aber sie würden niemals Teil meiner Zukunft sein, und diese Tatsache machte mir umso deutlicher bewusst, wie schrecklich mein Verlust war. Und so zeigte sich sowohl in meiner Erinnerung an Vergangenes als auch in meiner Erwartung der Zukunft eine Ambivalenz. Ich erinnerte mich an eine Vergangenheit, zu der Menschen gehörten, die ich nicht loslassen wollte, und ich stellte mir eine Zukunft vor, in der es Menschen, an denen ich verzweifelt festhalten wollte, nicht mehr gab. Eine Zeit lang fehlte mir also beides: der Trost, den gute Erinnerungen mit sich bringen, und die Hoffnung, die durch positive Vorstellungen entsteht.

Deshalb war die Gegenwart so ein wüster und leerer Ort für mich. Und darum ist sie so hoffnungslos für viele, die einen tragischen Verlust erlitten haben. Diese Leere kann übermächtig werden. „Wird diese Leere denn gar kein Ende nehmen?", fragen wir uns. „Werde ich mich für den Rest meines Lebens so leer fühlen?" „Bin ich dazu verdammt, für immer auf diesem endlosen Meer voller Nichts zu segeln?" Solche Fragen offenbaren, wie tief der Schmerz vieler Menschen ist, die einen solchen Verlust erlitten haben.

Der Schmerz kann leicht in Verzweiflung umschlagen, wenn die Gegenwart auf immer so trostlos und leer zu bleiben droht. Ein befreundetes Ehepaar, Andy und Mary, erlebte diese bedrohliche Verzweiflung bei der Geburt ihrer Tochter Sarah. Marys Schwangerschaft verlief normal. Sie achtete auf ihre Ernährung, machte jeden Tag einen ausgiebigen Spaziergang und ging in einen Geburtsvorbereitungskurs. Sie hätte nicht besser auf die Geburt ihrer Tochter vorbereitet sein können.

Doch im Verlauf der Geburt zeigten sich beim Kind Anzeichen einer akuten Krise. Und als Sarah schließlich geboren war, sah sie, um es mit Andys Worten zu sagen, aus „wie tot". Sie wurde umgehend in die Intensivstation für Neugeborene gebracht. In den darauf folgenden Monaten erkannten die Ärzte, dass sie bei der Geburt schwere Schädigungen erlitten hatte und ein Leben lang geistig behindert sein würde.

Heute ist Sarah knapp vier Jahre alt; sie kann nicht laufen, nicht sprechen und nicht selbstständig essen. Außerdem leidet sie an zerebraler Kinderlähmung und schreit die meiste Zeit. Viele Nächte müssen ihre Eltern das Geschrei ertragen und oft wird der Tagesablauf davon gestört. Sie mussten mit ansehen, wie sich andere Kinder im Alter ihrer Tochter normal entwickeln, während ihr Kind immer mehr zurückhinkt. Der Zustand ihrer Tochter dominiert ihr Leben und laugt sie völlig aus. Sie leiden unter einer Ehekrise, müssen sich um ihre begrenzten finanziellen Mittel sorgen und fragen sich, wie sie wohl in Zukunft für ihr Kind da sein können. Jeden Morgen beim Aufstehen müssen sie ihrem Verlust ins Auge blicken. Sie wollen für Sarah sorgen, aber sie wissen nicht, wie sie das am besten bewerkstelligen sollen. Sie haben Mitleid mit Sarah, aber auch mit sich selbst. Was soll aus ihr werden? Was soll aus ihnen werden?

Andy und Mary werden ihren Verlust niemals „überwinden". Das geht gar nicht. Wer könnte wirklich erwarten, einen so tragischen Verlust zu überwinden, wenn man den Wert dessen bedenkt, was verloren ging, und wenn man die Folgen dieses Verlustes betrachtet? Einen Verlust zu „verwinden" in dem Sinn, dass irgendwann einmal alles so ist wie vorher, ist eine trügerische und unerfüllbare Erwartung. Wir erholen uns von einem Beinbruch, aber niemals von einer Amputation. Katastrophale Verluste sind deshalb katastrophal, weil sie eine „Wiederherstellung" ausschließen. Solche Verlusterfahrungen werden uns entweder zum Positiven verändern oder zerstören, aber sie werden uns nicht so lassen, wie wir vorher waren. Wir können die Vergangenheit nicht zurückgewinnen, sie ist für immer verloren; wir können uns nur der Zukunft zuwenden, doch die müssen wir erst noch entdecken. Und wie immer diese Zukunft auch aussieht, sie wird und muss den Schmerz der Vergangenheit einschließen. Die Trauer wird niemals ganz aus der Seele eines Menschen weichen, der einen schwerwiegenden Verlust erfahren hat. Sie wird vielleicht sogar immer tiefer eindringen.

Doch dieser tiefe Schmerz ist ein Zeichen für eine gesunde Seele, nicht für eine kranke. Die Trauer muss nicht morbide und fatalistisch sein. Der Schmerz ist nichts, wovor man fliehen muss, sondern vielmehr etwas, das wir begrüßen sollten. Jesus sagt: „Glücklich sind die Trauernden, denn sie werden Trost finden" (Mt 5,4). Trauer ist ein Zeichen dafür, dass Menschen, die einen Verlust erlitten haben, angesichts des Leids authentisch leben. Sie ist der emotionale Schmerz von Menschen, die ihr Leid und das Leid anderer an sich heranlassen. Trauer ist

> *Wir können die Vergangenheit nicht zurückgewinnen; wir können uns nur der Zukunft zuwenden, doch die müssen wir erst noch entdecken. Und wie immer diese Zukunft aussieht, sie wird den Schmerz der Vergangenheit einschließen.*

etwas Edles und Erhabenes. Sie verleiht der Seele die nötige Weite, um gleichzeitig weinen und lachen zu können, um den Schmerz der Welt und die Hoffnung auf eine Heilung dieser Welt zugleich empfinden zu können. Wie schmerzhaft solche Trauer auch sein mag, sie tut der Seele gut.

Ein tiefer Schmerz kann oft bewirken, dass das Leben seine Oberflächlichkeit, seine Eitelkeiten und seinen unnützen Ballast verliert. Er zwingt uns dazu, grundsätzliche Fragen zu stellen: Was zählt wirklich im Leben? Leid kann zu einem einfacheren Lebensstil führen, der weniger mit Nebensächlichkeiten voll gestopft ist. Es ist eine wunderbar klärende Erfahrung. Darum werden viele, die einen plötzlichen, harten Verlust hinnehmen mussten, zu völlig anderen Menschen. Sie verbringen mehr Zeit mit den Kindern oder dem Ehepartner, zeigen ihre Zuneigung und Dankbarkeit Freunden gegenüber offener, haben mehr Mitgefühl mit anderen verletzten Menschen, opfern mehr von ihrer Zeit sinnvollen Aufgaben oder genießen das ganz alltägliche Leben intensiver. In dem Film *The Doctor* verändert sich ein arroganter Arzt, der sich zuvor kaum um die Nöte seiner Patienten gekümmert hat, als er selbst schwer erkrankt und zum Patienten wird. Seine eigene Begegnung mit Krebs macht ihn sensibler für die Menschen, von denen er zuvor nur den erkrankten Körper wahrgenommen hat.

> *Ein tiefer Schmerz kann bewirken, dass das Leben seine Oberflächlichkeit und seinen unnützen Ballast verliert. Er zwingt uns dazu, uns zu fragen: Was zählt wirklich im Leben?*

Auf das erste Jahr nach dem Unfall blicke ich sowohl mit Schrecken als auch mit Sehnsucht zurück. Mein Schmerz war übermächtig, aber ich war zugleich sehr zielgerichtet. Ich gab mich ganz den Aufgaben hin, die für mich vorrangig waren; eine davon war die Aufgabe, meine Kinder zu erziehen. Ich versuchte, mir Zeit für sie zu nehmen. Jede Woche fuhr ich sie zur Musikstunde. Ich brachte meinem Sohn David Fußball bei und nahm meine Tochter zu Konzerten und Musical-Aufführungen mit. Wir spielten abends Brettspiele, ich las den Kindern vor, wir machten Langlauf im Winter und gingen im Sommer zusammen Wandern oder Radfahren. Wir machten mehrtägige Wanderungen und übernachteten im Freien. In einem Sommer mussten wir sogar einmal den Glacier Nationalpark verlassen, nachdem bei einem Schneesturm knapp zwanzig Zentimeter Neuschnee über dem Campingplatz gefallen waren!

Ich habe Augenblicke mit meinen Kindern erlebt, die mir unendlich kostbar sind. Oft war ich im rechten Moment zur Stelle, um mit ihnen zu reden, und es wurden besondere Erlebnisse daraus. Einmal kroch der damals siebenjährige David am späten Abend, lange nach seiner normalen Schlafenszeit, zu mir auf den Schoß. Erst saß er einfach nur da. Dann fing er zunächst zögernd an, seiner Wut auf den betrunkenen Fahrer, der den Unfall verursacht hat, Ausdruck zu verleihen. Er weinte seinen Schmerz heraus. Er sagte, er wolle den Mann bestrafen und ihm ebenso viel Leid zufügen, wie er uns zugefügt hatte. Er wollte die ganze Welt leiden lassen, damit alle sich genauso schlecht fühlen sollten wie er. Als er sich ausgeweint hatte, saßen wir eine Weile schweigend da. Dann sagte er: „Weißt du, Papa, ich wette, dem hat auch jemand sehr wehgetan – vielleicht seine Eltern. Und deshalb hat er das gemacht und uns wehgetan. Und ich wette, irgendjemand hat seinen Eltern wehgetan. Das geht immer so weiter. Wann wird das endlich aufhören?"

In diesem ersten Jahr waren mir mein beruflicher Aufstieg und mein Prestige ziemlich unwichtig. Ich tat meinen Job, aber nicht um andere zu beeindrucken oder um weiterzukommen. Erfolge machten mich selten froh und Misserfolge deprimierten mich nur selten – als ob mich das alles nichts anginge. Als es so weit war, dass ich eine Festanstellung bekommen sollte, machte ich mir deshalb keinerlei Gedanken, da war weder Vorfreude noch Sorge. Ich verbrachte Zeit mit Freunden, weil mir das etwas bedeutete, und ich formte meine Überzeugungen, weil ich bestimmte Dinge für wahr und richtig hielt und nicht, weil das populär war oder von mir erwartet wurde. Ich machte mir Gedanken darüber, wer ich sein wollte – nicht um anderen zu gefallen, sondern um Gott und mir selbst treu zu bleiben. Ich genoss eine eigentümliche Einfachheit, Freiheit und Ausgewogenheit, wie ich sie vielleicht nie wieder erleben werde. Ich fand Befriedigung darin, mein Leben einfach nur zu führen, ich wollte nichts Großes damit erreichen. Ich habe die Intensität und Reinheit dieses ersten Jahres nicht völlig verloren, aber mein Leben ist nun wieder mehr mit äußeren Ansprüchen und belanglosen Sorgen voll gepfropft. Ich vermisse diesen stechenden Schmerz nicht, aber ich vermisse diese Klarheit und Konzentration auf das Wesentliche, die ich damals besaß.

Verluste sind eine Gelegenheit, Bilanz zu ziehen, die Prioritäten neu zu ordnen und neue Ziele festzulegen. „Wenige Menschen", so sagte einmal jemand zu mir, „wünschen sich mit siebzig, sie hätten mit vierzig mehr Zeit im Büro verbracht. Wenn schon, dann wünschen sie sich, sie hätten damals mehr Zeit in die Familie, in Freunde und sinnvolle Aufgaben investiert. Sie wünschten sich, sie hätten öfter nein gesagt zu Leistungsdruck, Konkurrenzkämpfen, Imagepflege und ihrem Egoismus." Jesus drückt es so aus: „Denn was gewinnt ein Mensch, wenn ihm die ganze Welt zufällt, er selbst aber dabei Schaden nimmt?" (Mk 8,36). Verluste konfrontieren uns mit grundlegenden Fragen über uns selbst. „Woran glaube ich?" „Gibt es ein Leben nach dem Tod?" „Gibt es einen Gott?" „Wer bin ich eigentlich?" „Sind mir andere Menschen überhaupt wichtig?" „Wie gut habe ich meine Ressourcen genutzt – meine Zeit, mein Geld, meine Gaben?" „Welches Ziel will ich meinem Leben setzen?"

Noch aus anderen Gründen kann tiefe Trauer gut für die Seele sein. Wir leben bewusster im Augenblick. Das scheint

> *Ich genoss eine eigentümliche Einfachheit, Freiheit und Ausgewogenheit, wie ich sie vielleicht nie wieder erleben werde. Ich war zufrieden damit, einfach nur mein Leben zu führen, ich wollte nichts Großes damit erreichen.*

vielleicht dem zu widersprechen, was ich an anderer Stelle gesagt habe. Doch vielleicht ist die Gegenwart ja etwas anderes als dieses Meer voller Nichts, als das sie uns manchmal erscheint. Möglicherweise birgt die Gegenwart das Geheimnis der Erneuerung, nach der wir uns sehnen, so als würden wir die Oberfläche dieses riesigen Ozeans voller Nichts durchbrechen und darunter eine Welt entdecken, in der es von Leben nur so wimmelt.

Selbst in Zeiten von Verlust und Schmerz können wir uns dazu entscheiden, das Wunder des jeweiligen Augenblicks zu suchen und die Gnade, die uns in jedem Moment unseres Lebens widerfährt, anzunehmen.

Die Mystiker haben dieses neue Empfinden für die Gegenwart beschrieben. Jean-Pierre De Caussade sprach vom „Sakrament des gegenwärtigen Augenblicks". Thomas Kelly beschrieb es als „das ewige Jetzt". Diese Perspektive der Gegenwart macht uns das Wunder des Lebens bewusst, vermittelt uns einen scharfen Blick für die Welt um uns herum und lässt uns den einzelnen Augenblick, den wir erleben, viel tiefer auskosten. Selbst in Zeiten von Verlust und Schmerz können wir uns dazu entscheiden, das Wunder des jeweiligen Augenblicks zu suchen und die Gnade, die uns in jedem Moment unseres Lebens widerfährt, anzunehmen. Dieser Augenblick der Gegenwart, dieses ewige Jetzt ist heilig, weil es selbst in Zeiten des Schmerzes die einzige Zeit ist, die uns zur Verfügung steht, um zu leben und Gott zu erfahren. Die Vergangenheit ist vorbei, die Zukunft ist noch nicht. Aber die Gegenwart ist lebendig.

Vor kurzem schaute ich mir den Film *Grand Canyon* an. Dieser Streifen pulsiert nur so vom chaotischen Leben in der Metropole Los Angeles. Er erzählt die Geschichte einiger Menschen, deren Schicksal irgendwie miteinander verknüpft ist und die auf unterschiedliche Weise auf die Zufälle des Lebens reagieren. Es gibt darin Szenen voller Gewalt und Grausamkeit, aber auch Bilder voller Erhabenheit und Schönheit. Die Art und Weise, wie die Einzelnen auf die Zufälle des Lebens reagieren, hängt von ihrer inneren Einstellung ab – davon, was sie sehen wollen und was sie im jeweiligen Augenblick vom Leben erwarten.

Die Hauptfigur, Claire, stolpert beim Joggen eines Tages über ein verlassenes Baby und beschließt, das kleine Mädchen zu adoptieren. Sie erzählt ihrem Mann, Mack, dass ihre zufällige Entdeckung des Kindes kein Zufall war, sondern ein Wunder. Im Verlauf des Gesprächs klagt er über Kopfschmerzen, woraufhin sie ihn zusammenstaucht: „Wenn ich Recht habe und das ein Wunder ist, dann ist es keine angemessene Reaktion, angesichts eines Wunders Kopfschmerzen zu bekommen."

Der Film benutzt den Grand Canyon als Metapher für die Transzendenz. Die riesige Ausdehnung des Grand Canyon hilft uns zu erkennen, dass das Leben mehr ist als nur eine Kette zufälliger Erlebnisse, auch wenn es uns manchmal so erscheint. Die transzendente Dimension lässt unsere Tragödien kleiner erscheinen und öffnet unseren Blick für die Möglichkeit, dass das Leben nicht nur aus Tragödien besteht, sondern auch aus Gnade, die uns im Wunder des jeweiligen Augenblicks geschenkt wird.

Das Leben im Augenblick ist mir zum Geschenk geworden. Ein Jahr nach dem Unfall machte ich eine Skitour in den Bergen von Cascade. Es war sehr kalt, ungefähr zehn Grad unter null. Es lagen etwa dreißig Zentimeter Neuschnee und es war abends um zehn bei Vollmond. Ich war bereits zwei Stunden unterwegs gewesen. Ich war gefangen vom Rhythmus meiner Skier und genoss das Gefühl von Ordnung und Ruhe. Immer wieder blieb ich stehen, tauchte in die absolute Stille dieses Winterabends ein und schaute den Schneeflocken zu, die im Mondlicht glänzten. Dieser Augenblick war so lebendig, so frei von Sorgen und so voller Zufriedenheit, dass ich vor Entzücken bebte.

> *Das Leben im Augenblick ist mir zum Geschenk geworden.*

In diesen Stunden auf der Loipe musste ich an Roald Amundsen denken, den norwegischen Entdecker, der als erster Mensch den Südpol erreichte. Als er und seine Männer ihr Ziel erreicht hatten, baten seine Begleiter ihn als ihren Anführer, ein paar Worte zu sagen. Er meinte, ihm fiele im Augenblick nichts Tiefschürfendes ein und er habe auch keine großartigen Gefühle, nur dieses eine, „dass es schön ist zu leben". In jenem Augenblick auf der Loipe wurde mir bewusst, dass es mir vielleicht möglich sein könnte, immer in diesem Bewusstsein des Augenblicks zu leben. Ich habe es seitdem immer versucht.

> Ich dachte über die Umstände meines Lebens nach und musste lachen – ein Lachen, das aus der schieren Freude darüber geboren wird, dass ich empfänglich bin für den gegenwärtigen – und manchmal verrückten – Augenblick.

Vielleicht ist „versucht" nicht ganz das richtige Wort, denn es ist ein Widerspruch in sich, wenn man mit aller Kraft versucht zu leben – Leben mit all seiner Belanglosigkeit und Alltäglichkeit ist ein Geschenk. Oft habe ich in den vergangenen zwei Jahren grundlos zu lachen angefangen. Ich schaute meinen Kindern zu, wie sie miteinander stritten, und fing plötzlich an zu lachen. Oder ich brachte das Haus auf Vordermann und entdeckte Berge von Wäsche in der Waschküche und brach in Lachen aus. Oder ich dachte über die Umstände meines Lebens nach und musste lachen. Es ist ein Lachen, das aus der schieren Freude darüber geboren wird, dass ich empfänglich bin für den gegenwärtigen – und manchmal verrückten – Augenblick.

Neun Monate nach dem Unfall stellte ich ein Kindermädchen ein. Monica war damals zweiundzwanzig Jahre alt und besaß kaum Erfahrungen als Kindermädchen, aber sie wollte etwas lernen und ging mit viel Liebe und Idealismus ans Werk. Sie ist zu einem Teil unserer Familie geworden, für mich wie eine Tochter und für die Kinder wie eine ältere Schwester. Drei Monate später ließ ich einen Untermieter einziehen, der ab und zu auf die Kinder aufpasste und dessen Miete unser Einkommen aufbesserte. Auch Todd ist uns ans Herz gewachsen. Beide gehörten zum Kreis meiner Studenten und waren lose miteinander befreundet. Bald wurden sie zu noch besseren Freunden, die in unserem Haus viel Zeit miteinander verbrachten. Ja, sie wurden sogar so gute Freunde, dass sie schließlich heirateten. Ich nahm die Trauung vor, John war der, der den Ring bereithielt, und Catherine und David zündeten die Kerzen an. Wie ihre Beziehung zueinander gewachsen war, war für mich ein weiteres dieser Wunder. Es war, als würden aus der Asche Blumen sprießen. Es gab noch viele solcher Blumen, jede ein Geschenk der Gnade.

Wir alle bekommen solche Geschenke der Gnade angeboten. Doch wir müssen bereit sein, sie zu sehen und zu empfangen. Das kostet etwas: Wir müssen bereit sein zu glauben, dass unser Leben gut sein kann, egal wie schmerzhaft unsere Verluste waren – gut in einer anderen Weise als zuvor, aber trotzdem gut. Ich werde meinen Verlust nie überwinden und ich werde niemals so weit „wiederhergestellt" sein, dass ich die Menschen, die ich verloren habe, nicht mehr vermisse. Doch das Leben ist trotzdem kostbar für mich – ich freue mich an Monica und Todd, an meinen Kindern und daran, wie sie aufwachsen, an tiefen Freundschaften, an meinem Dienst für das College und die Gemeinschaft, an den Augenblicken der Anbetung und der stillen Meditation, an guten Büchern und sommerlichen Hobbys. Mehr noch – ich werde mir die Menschen, die ich verloren habe, immer zurückwünschen. Ich sehne mich von ganzem Herzen nach ihnen. Aber dennoch werde ich stets das Leben feiern, das ich gefunden habe, weil sie von mir gegangen sind. Ich habe verloren, aber ich habe auch gewonnen. Ich habe eine Welt verloren, die mir teuer war, aber ich habe ein tieferes Bewusstsein

> *Ich werde mir die Menschen, die ich verloren habe, immer zurückwünschen. Aber dennoch werde ich stets das Leben feiern, dass ich gefunden habe, weil sie von mir gegangen sind. Ich habe verloren, aber ich habe auch gewonnen.*

für Gnade gewonnen. Diese Gnade hat mir geholfen, den Sinn meines Lebens klarer zu erkennen und das Wunder des Augenblicks neu zu entdecken.

Kapitel 6

Wenn das vertraute Selbst verloren geht

Wer bin ich? Der oder jener?
Bin ich denn heute dieser und morgen ein andrer?
Bin ich beides zugleich? Vor Menschen ein Heuchler
und vor mir selbst ein verächtlich wehleidiger Schwächling?
Oder gleicht, was in mir noch ist, dem geschlagenen Heer,
das in Unordnung weicht vor dem schon gewonnenen Sieg?
Wer bin ich? Einsames Fragen treibt mit mir Spott.
Wer ich auch bin, du kennst mich, dein bin ich, o Gott!

DIETRICH BONHOEFFER

Unser Empfinden dafür, wer wir selbst sind, hängt sehr stark von den Rollen ab, die wir spielen, und von den Beziehungen, in denen wir leben. Was wir tun und wen wir kennen, trägt viel dazu bei, wie wir uns selbst sehen. Ein katastrophaler Verlust ist so, als würde die eigene Identität amputiert. Es ist so, als würde das Selbst vom Selbst abgetrennt. Wenn jemand seinen Job verloren hat, ist es die professionelle Identität, die abgetrennt wird. Oder wenn jemand seine Frau durch Scheidung oder Tod verloren hat, ist es die Identität als Ehemann, die amputiert wird. Wer seine Gesundheit verliert, verliert das kraftvolle und leistungsfähige Selbst. Und wer seinen guten Ruf verliert, dem wird die Identität als angesehenes Mitglied der Gemeinschaft genommen. Wer vergewaltigt oder missbraucht wurde, verliert sein reines und unschuldiges Selbst. Es ist die Amputation des Selbst, das wir einmal waren oder sein wollten; des Selbst, das wir nun nicht mehr sein oder werden können.

Ich sehe mich immer noch als Lyndas Ehemann, als Vater von Diana Jane und als Grace's Sohn. Doch die Menschen, durch die ich mich auf diese Weise definieren konnte, die meinen Gegenpart als Ehefrau, Tochter und Mutter spielten, sind nicht mehr da. Das Selbst, das ich einmal war, dieses vertraute Selbst, schreit nach ihnen wie Nerven, die mir sagen, ich habe ein Bein oder einen Arm, obwohl da nur noch ein Stumpf ist.

So führt der Verlust zu einer verwirrten Identität. Da wir uns zu großen Teilen durch die Rollen, die wir spielen, und Beziehungen, in denen wir leben, begreifen, befinden wir uns im freien Fall, wenn diese Rollen oder Beziehungen wegbrechen. Ich bin mir manchmal selbst fremd. Ich weiß nicht recht, was ich mit mir anfangen soll. Es ist, als wäre ich gerade in einem fremden Haus aufgewacht, obwohl ich am Abend zuvor in der gewohnten Umgebung zu Bett gegangen war; und nun stolpere ich über Möbel und stoße gegen Wände. Ich befinde mich in einer für mich neuen Welt, aber ich benehme mich so, als wäre es noch die alte. Ich bin kein Ehemann mehr, aber ich betrachte mich auch nicht als allein stehend. Ich bin nicht mehr der Vater von Diana Jane, obwohl ich oft an sie denke. Ich bin nicht mehr einer von zwei Elternteilen, so sehr ich mir das auch wünschen würde. Ich bin Witwer, allein erziehender Vater und ein Sohn, der seine Mutter verloren hat. Das ist eine merkwürdige und verwirrende Identität.

Ich befinde mich in einer für mich neuen Welt, aber ich benehme mich so, als wäre es noch die alte.

Ich werde mir dieser Amputation der eigenen Identität reflexartig bewusst. Selbst nach drei Jahren als Witwer ist meine Psyche immer noch darauf programmiert, nach Menschen Ausschau zu halten, die nicht mehr da sind. Ich krieche abends in mein Bett und warte darauf, dass Lynda sich zu mir kuschelt. Ich sinke auf das Sofa, nachdem die Kinder im Bett sind, und erwarte irgendwie, dass Lynda sich auf eine Tasse Schokolade und einen abendlichen Plausch zu mir gesellt. Ich höre gute Neuigkeiten und möchte Lynda anrufen, um ihr davon zu berichten. Was mich definiert – meine Sexualität, mein Intellekt, meine Gefühle, meine Überzeugungen, meine Pläne –, sucht immer noch nach ihr, so wie eine Taube auf dem Heimflug nach ihrem Taubenschlag sucht. Doch die Person, die ich einmal war, kann ihren alten Landeplatz nicht finden. Mein Selbst ist heimatlos geworden.

Jeder, der einen schlimmen Verlust erlitten hat, findet sich in einem ähnlich verwirrten Zustand wieder. „Ich war im Verkauf, bis ich vor zwei Jahren meinen Job verloren habe", erzählt eine Frau ihrer neuen Freundin. „... *bis ich meinen Job verloren habe."* Diese Worte klirren ihr in den Ohren. Sie machen ihr bewusst, wer sie ist. Sie ist jetzt arbeitslos und kann keinen Job finden, der dem entsprechen würde, was sie zwanzig Jahre lang gemacht hat. Sie ist nicht mehr, was sie einmal war, obwohl sie sich selbst immer noch so sieht. Das Gleiche könnte man über andere sagen. *„Ich bin geschieden." „Wir haben keine Kinder." „Ich leide an einem inoperablen Tumor." „Ich habe letztes Jahr meinen Mann verloren." „Ich wurde vergewaltigt."* Hinter jedem dieser Sätze steht ein Verlust an Identität. Sie beziehen sich auf etwas, das einmal war und nicht mehr ist.

> Die Person, die ich einmal war, kann ihren alten Landeplatz nicht finden. Mein Selbst ist heimatlos geworden.

Ich habe eine Bekannte, deren Verlust einer tiefen Identitätskrise vorausging. Sie war sich ihres Verlustes nicht einmal bewusst, bis sie ihr dreißigstes Lebensjahr erreichte; zu dem Zeitpunkt hatte sie bereits zwei eigene Kinder. Plötzlich – als habe in ihr ein eingebauter Wecker Alarm geschlagen – und ohne das Zutun anderer erinnerte sie sich daran, dass sie als kleines Mädchen sexuell missbraucht worden war. Die Erinnerung daran jagte ihr einen tiefen Schrecken ein. Sie konnte die Angst, die Panik und die Wut, die in ihr hochstiegen, kaum zurückhalten.

Zwei Wochen lang weigerte sie sich, einen Fuß vor die Tür zu setzen. Sie weinte viel und wollte keine ihrer Freundinnen sehen. Nur mithilfe eines Therapeuten und durch die Freundschaft einer Mentorin wurde sie vor dem völligen Zusammenbruch bewahrt. Sie erzählte mir einmal, wie sehr sie sich wünschte, sie könne für ein Wochenende verreisen, die Sache anschauen und hinter sich bringen und dann wieder in ihr altes Leben zurückkehren. Doch, so sagte sie mir: „Es verfolgt mich überallhin, egal, wohin ich gehe oder was ich tue." Sie misstraut Männern, hat Angst um ihre Kinder und kämpft gegen ihre Depression an. „Ich bin nicht mehr die Frau, die ich einmal war", vertraute sie mir an. Sie fragt sich, ob sie je wieder zu neuer Kraft und Lebensfreude finden wird. Sie weiß, dass sie ihre frühere Identität verloren hat. Aber wie sie jenseits ihres Verlustes eine neue Identität finden kann, das weiß sie nicht.

Doch nicht nur der Verlust der gewohnten Identität bereitet Schwierigkeiten. Problematisch sind auch die Umstände, unter denen die neue Identität geformt werden muss. Katastrophale Verluste kann man durch einen einfachen Ersatz nicht lindern. Man kann dem Verlust nicht einfach entrinnen, indem man einen neuen Ehepartner, einen neuen Job oder ein neues Leben findet. Ein bequemer Übergang von einer Identität in die andere ist in der Regel völlig ausgeschlossen. Im einen Augenblick baute mein Freund Steve noch an seiner Karriere als Profi-Baseballspieler, im nächsten Augenblick war er querschnittsgelähmt. Es ist keine leichte Aufgabe, den Baseballhandschuh gegen einen Rollstuhl einzutauschen. Im einen Augenblick dachten Andy und Mary noch darüber nach, wie ihr Leben mit einem gesunden Kind sein würde, im nächsten Augenblick waren sie schon Eltern eines geistig behinderten Babys. Ich unterhielt mich neulich mit einer Witwe darüber, wie schwer es für sie war, ihren Sohn ohne Vater großzuziehen. Es gab zwar hin und wieder einen Trainer oder Lehrer, dem der Junge wichtig war, doch das alles konnte das tägliche Miteinander mit einem Vater nicht ersetzen.

Auch ich finde mich in einer Situation wieder, die mir meine neue Identität als Witwer und allein erziehender Vater ungewohnt und schwer macht. Ich habe versucht, meinen Kindern bei ihrer Trauer zu helfen – einen Raum zu schaffen für ihre Wut, ihre Tränen zu bejahen, ihre Klagen anzuhören, Ordnung ins Chaos zu bringen und dieses tröstende Handeln so sensibel einzubringen, dass es für jedes Kind zum rechten Zeitpunkt und auf die rechte Art geschieht. Doch diese wichtige Aufgabe nimmt mir die Belange eines ganz normalen Haushalts mit seinen unzähligen Kleinigkeiten nicht ab.

Ich habe bei meinem Beruf Abstriche gemacht, weil ich nicht mehr so viel Zeit dafür investieren kann wie früher. Mein Rückstand wächst, insbesondere im Blick auf den heutigen

Stand der Forschung. Auch meine Kinder mussten Opfer bringen, denn sie haben jetzt keine zwei Eltern mehr, die sich um sie kümmern und für sie da sein können. Catherine meinte neulich zu mir: „Wie soll ich nur erwachsen werden ohne eine Mama, mit der ich meine Geheimnisse teilen kann?" Auch David und John haben diese Sehnsucht nach der Fürsorge und Aufmerksamkeit, die so nur eine Mutter geben kann, ausgedrückt. Und alle drei fragen sich, wie unsere Familie wohl aussähe, wenn Diana Jane noch am Leben wäre. Sie vermissen auch sie sehr.

Irgendwann habe ich entdeckt, dass ständige Eile und Erschöpfung ein Heilwerden sabotieren können. Die Schwierigkeiten, die sich aus meinem unmittelbaren Lebensumfeld ergeben, machen mir nur umso bewusster, wie groß mein Verlust ist; als wäre ich gezwungen, an den Ufern eines verschmutzten Flusses zu wohnen, nachdem ich mein ganzes Leben an einem Gebirgsbach in Colorado verbracht habe. Ich will mich am liebsten gar nicht auf die Suche nach meiner neuen Identität machen; es ekelt mich davor. Will ich dieses Leben, das ich nun führe, überhaupt haben? Will ich in Zukunft ein anderes Leben führen? Werde ich mein Leben von nun an immer unter solchen Umständen führen müssen?

Wer einen unwiederbringlichen Verlust erfahren hat, muss oft noch lange mit den Phantomschmerzen seiner früheren Identität leben.

Mir wurde erzählt, dass Menschen, denen ein Arm oder Bein abgenommen wurde, häufig Phantomschmerzen spüren. Das verloren gegangene Glied lässt durch die Schmerzen immer noch verkünden, dass es einmal da war. Wer einen unwiederbringlichen Verlust erfahren hat, muss oft noch lange mit den Phantomschmerzen seiner früheren Identität leben. Überall und manchmal völlig überraschend wird er an sein altes Leben erinnert. So wie die Frau, die aufgrund einer „schlankeren" Betriebsführung ihren Job verloren hat und nun eine neue Nachbarin kennen lernt, die von genau der Firma eingestellt wurde, die ihr zuvor gekündigt hat. Oder wie der Mann, der aufgrund einer Tumorerkrankung nicht mehr laufen kann und nun wehmütig zusieht, wie ein Vater mit seinen beiden Töchtern Basketball spielt. Oder wie die vierzigjährige Frau, die jedes Mal, wenn sie eine junge Mutter mit ihrem Neugeborenen sieht, an die drei Babys denken muss, die sie durch Fehlgeburten verloren hat.

> *Der Verlust gibt dem ganzen Leben einen neuen Rahmen.*

Bei mir sind seit dem Unfall nun über drei Jahre vergangen. Trotzdem wache ich jeden Morgen auf und wünsche mir, ich könnte Lynda guten Morgen sagen. Ich höre sie immer noch die Sopransolos von *Carmina Burana* singen; sie war im sechsten Monat schwanger, als die Oper damals aufgeführt wurde. Ich sehe sie noch vor mir, wie sie an einem heißen Sommertag in der Küche steht und Kirschen und Pfirsiche einkocht. Manchmal ertappe ich mich dabei, wie ich eine der kleinen Gewohnheiten, die unser Zusammenleben so kostbar gemacht hatten, wiederaufnehmen möchte – z.B. ihr morgens einen Kaffee ans Bett zu bringen.

Diese totale Krise der Identität kann jedoch dazu führen, dass wir eine neue Identität entwickeln, die den Schmerz in unser Leben integriert. Ein Verlust bringt neue Lebensumstände mit sich, denen wir Rechnung tragen müssen. Wenn wir zur rechten Zeit anerkennen, dass wir diese Umstände als unumstößlich hinnehmen müssen, können wir anfangen, unser Leben neu zu gestalten. Der Verlust gibt dem Leben einen neuen Rahmen. Ich bin Witwer und allein erziehender Vater, ob es mir gefällt oder nicht. Andere sind geschieden oder unheilbar krank oder entstellt. Das ist eine Lebenswirklichkeit, die wir nicht leugnen können.

Zwei Tage nach dem Unfall führte ich mit einigen guten Freunden sowie meiner Schwester und ihrem Mann ein langes Gespräch. Erst weinten wir gemeinsam und tauschten Erinnerungen aus. Dann sprachen wir über die Beerdigung. Doch schließlich stellte jemand die Frage: „Was wirst du jetzt machen, Jerry? Du hast drei Kinder, die du nun allein großziehen musst!" Wir sprachen über Betreuungsmöglichkeiten, Erziehung und Haushaltsführung. Dieses Gespräch, so schwer es mir auch fiel, war notwendig; ebenso wie viele weitere Gespräche. Ich musste ja lernen, für mich und meine Familie ein neues Leben aufzubauen. Die äußeren Umstände waren festgelegt, nicht aber, wie ich damit umging. Die Tragödie wurde zu einem Katalysator schöpferischer Aktivität. Mit dem Rat von Freunden und Angehörigen integrierte ich die Tragödie beinahe umgehend in unseren neuen Lebensrhythmus. Der Verlust wurde ein Teil unserer familiären Lebensgeschichte. Er bestimmte die Bedingungen, unter denen ein gebrochener und fassungsloser Mann seine neue Identität zu formen begann.

> Der Verlust wurde ein Teil unserer familiären Lebensgeschichte. Er bestimmte die Bedingungen, unter denen ein gebrochener und fassungsloser Mann seine neue Identität zu formen begann.

Ich rief in diesem ersten Jahr eine Reihe neuer Traditionen ins Leben. Zum Beispiel begingen wir den Jahrestag des Unfalls, indem wir Lyndas Lieblingsessen kochten und alte Fotoalben durchblätterten, um uns an die geliebten Menschen zu erinnern, die wir verloren hatten. Auch änderte ich die Art meiner erzieherischen Maßnahmen: Ich versuche, die Kinder für die Konsequenzen ihres Handelns verantwortlich zu machen, egal ob diese nun gut oder schlecht sein mögen. Auch habe ich ihnen mehr Pflichten im Haushalt zugeteilt. Vor einem Jahr beauftragte ich jemanden mit der Umgestaltung unserer Küche und ließ den Teppichboden im Wohnzimmer und im Keller erneuern. Einige Zimmer tapezierte ich neu. Diese Veränderungen machten es uns möglich, unserem Umfeld unseren eigenen Stempel aufzudrücken und neu unser Terrain abzustecken, um es uns wieder anzueignen.

Ich ließ die Kinder Aktivitäten wie den Musikunterricht, die sie vor dem Unfall begonnen hatten, weiterführen. Doch ich ermutigte sie auch, Neues auszuprobieren. Catherine meldete sich zu einem Gymnastikkurs an; außerdem sang sie bei der College-Aufführung von *Anatevka* im Chor mit. Wir begannen mit Skilanglauf. Und zwei Jahre hintereinander verbrachten wir im Januar eine Zeit in den Bergen, wo ich für eine Gruppe von Studenten ein Seminar über die Geschichte der Spiritualität hielt. So begann ich, zögernd und traurig Farbe und Pinsel zur Hand zu nehmen und vor einem Hintergrund, der bereits durch Umstände vorskizziert war, die sich meiner Kontrolle entzogen, das Bild unseres Lebens neu zu entwerfen.

Zunächst war ich versucht, eine kleine Leinwand zu nehmen, da ich annahm, unser Leben würde von nun an mickrig verlaufen. Es erschien mir fraglich, die Erwartung eines guten Lebens aufrechtzuerhalten, wo doch drei Menschen, die dieses Leben zuvor so gut gemacht hatten, gestorben waren. Viele Menschen, die Verluste erfahren haben, stehen in der Versuchung, ihre Erwartungen an das Leben zurückzuschrauben. Kann man sich auf ein Leben freuen, das völlig hinter dem zurückbleibt, was man sich erhofft und erwartet hatte?

Da arbeitet eine Frau hart an ihrem Studienabschluss, aber dann findet sie anschließend keinen Arbeitsplatz in ihrem Fachgebiet. Ein Vater investiert sich ganz in seinen Sohn, doch dann muss er ihn loslassen, weil der Junge früh verstirbt. Eine Frau erhofft sich eine lebenslange glückliche Ehe, nur um sich dann zu fragen, wie es kam, dass sie sich heute vor dem Scheidungsrichter wiederfinden. Worauf soll man sich noch freuen, wenn man so viel Kostbares verloren hat? Kein Wunder, dass Menschen, die schwere Verlusterfahrungen durchmachen, oft bitter werden und sich zurückziehen. Zu meinen, das Leben könne trotz allem noch gut sein, erscheint ja beinahe wie ein Sakrileg. Wie kann das Leben gut sein, ohne die Menschen oder Umstände, die einst ein gutes Leben zu garantieren schienen? Hohe Erwartungen erscheinen da verwegen und absurd.

> *Wie kann das Leben gut sein, ohne die Menschen oder Umstände, die einst ein gutes Leben zu garantieren schienen?*

Doch vielleicht ist es nicht so verwegen und absurd, wie es scheint. Die Erwartungen können hoch bleiben, so hoch wie sie vor dem Verlust waren, *aber nur, wenn wir bereit sind, ihnen eine neue Richtung zu geben.* Ich kann nicht mehr erwarten, mit meiner Ehepartnerin alt zu werden, denn dieser Weg ist mir für immer verschlossen. Wenn das meine Erwartung bleibt, werde ich mit Sicherheit enttäuscht werden. Aber vielleicht kann ich etwas erwarten, das genauso gut ist, nur eben anders. Ich habe nun neue Möglichkeiten und Privilegien: zum Beispiel, meine Kinder als allein erziehender Vater großzuziehen, das Leben als allein stehender Mann zu genießen und darin Zufriedenheit zu finden, an der Erfahrung des Leids zu lernen. Um es noch einmal zu sagen: Meine Erwartungen dürfen hoch sein, wenn ich bereit bin, sie an die veränderten Umstände anzupassen. Meine Lebenslandschaft hat sich völlig verändert – als käme man von den Bergen in die Wüste. Doch diese Landschaft kann immer noch schön sein – so schön wie ein Sonnenuntergang in der Wüste.

> *Meine Lebenslandschaft hat sich völlig verändert – als käme man von den Bergen in die Wüste. Doch diese Landschaft kann immer noch schön sein – so schön wie ein Sonnenuntergang in der Wüste.*

Ich habe Andy und Mary bereits erwähnt, deren erstes Kind aufgrund von Komplikationen bei der Geburt mit schweren Behinderungen zur Welt kam. Sie hatten sich wie alle frisch gebackenen Eltern auf die Meilensteine in der Entwicklung ihres Kindes gefreut: das erste Lächeln, die ersten Schritte, der erste Satz. Und sie hatten sich auf eine normale Eltern-Kind-Beziehung gefreut. Doch ihr kleines Mädchen ist nicht normal. Sie wird niemals laufen oder sprechen. Durch sie gerieten die Erwartungen der Eltern in eine tiefe Krise. Sie erwarten von ihr natürlich viel weniger, weil sie nicht in der Lage ist, die Dinge zu tun, die Kinder in ihrem Alter normalerweise tun. Doch sie haben angefangen, von sich selbst mehr zu erwarten. Sie sind durch ihre Erfahrung zu außergewöhnlich liebevollen und geduldigen Menschen geworden; auch wenn sie weiterhin ihre Mühe haben.

Es fiel mir schwer, angesichts des erlittenen Verlustes meine hohen Erwartungen beizubehalten. Mir gefiel das Leben, das ich vor dem Unfall hatte, besser und deshalb habe ich gezögert zu glauben, mein Leben könne auch heute gut sein. Ich habe versucht, meine Lebensumstände anzunehmen, doch das wurde mehr als einmal durch meine eigenen Schwächen und Grenzen zunichte gemacht. Ich habe immer wieder die Erfahrung gemacht, dass ich sehr ungeduldig werden kann, wenn meine Kinder nicht tun, was ich sage, und dass mir ein Tag, der nicht so läuft, wie ich es mir vorgenommen habe, schnell die Laune verderben kann. Ich habe gemerkt, dass meine Tugendhaftigkeit und das Gefühl, mein Leben sei sinnvoll, doch sehr von positiven äußeren Umständen abhängt – von Gesundheit, Eheglück, einem netten Zuhause, sinnvoller Arbeit und guten Freundschaften.

Eines zum Beispiel ist mir unzählige Male passiert. Es ist Wochenende. Ich habe die ganze Woche über schwer gearbeitet und bin müde. Ich brauche Zeit zum Durchatmen. Aber Catherine und David nerven. Sie fangen an, sich gegenseitig zu ärgern, wenn auch nicht so sehr, dass ich einschreiten müsste. Dann fängt John an zu heulen und zu jammern. Keiner will ins Bett (außer mir natürlich), und so trödeln sie herum. Ich schimpfe, doch sie wollen nicht hören. Wenn ich Druck mache, blockieren sie. Schließlich explodiere ich, fange an zu brüllen und scheuche sie in die Betten. Wenn sie dann im Bett sind, bereue ich, meine Geduld verloren zu haben, wünschte mir, dass ich ein besserer Vater wäre und dass Lynda hier wäre, um zu helfen. Mir wird bewusst, wie viel mir noch zu dem Menschen fehlt, der ich gerne wäre. Wehmütig blicke ich zurück auf eine Zeit, in der es scheinbar leichter war, Vater zu sein.

Verluste zwingen uns zu erkennen, welche entscheidende Rolle unser Umfeld darauf hat, ob wir glücklich sind oder nicht. Verluste berauben uns der Krücken, auf die wir unser Wohlbefinden stützen. Sie hauen uns um und wir landen flach auf dem Boden. Wer einen Verlust erleidet, kommt unweigerlich an seine Grenzen.

Doch wenn wir an das Ende unsere Möglichkeiten kommen, kann das auch der Anfang einer lebendigen Beziehung zu Gott werden. Unser Versagen kann uns zur Entdeckung der Gnade führen und zu einer tief greifenden geistlichen Erneuerung. Diese Entwicklung findet man nicht selten bei Menschen, die einen Verlust erfahren mussten. Oft beginnt sie damit, dass wir uns unsere eigene Schwachheit eingestehen und erkennen, wie selbstverständlich wir positive Lebensumstände beanspruchen. Wenn ein Verlust uns dieser Lebensumstände beraubt, entlarven Wut, Depressivität und Undankbarkeit den wahren Zustand unserer Seele; sie zeigen uns, wie klein wir eigentlich sind. Wir erkennen, dass unsere Identität größtenteils von außen kommt und nicht von innen.

> *Wenn wir an das Ende unserer Möglichkeiten kommen, kann das der Anfang einer lebendigen Beziehung zu Gott werden.*

Schließlich erreichen wir den Punkt, wo wir uns auf die Suche nach einem neuen Leben machen. Einem Leben, das weniger von den Umständen abhängt als von der Tiefe unserer Seele. Das wiederum schließt uns auf für neue Gedanken und Perspektiven, auch in geistlicher Hinsicht. Wir erkennen, wie sehr wir etwas außerhalb unserer selbst brauchen, und uns dämmert, dass die Wirklichkeit vielleicht größer ist, als wir gedacht haben. Wir nehmen Hinweise auf das Göttliche wahr und damit wächst unsere Sehnsucht. Erschrocken und verwirrt entdecken wir, dass es ein ewiges Wesen im Universum gibt, das uns voller Inbrunst liebt, obwohl wir so bedürftig und sündhaft sind. Wo wir an unsere Grenzen kommen, beginnen wir, unsere wahre und tiefste Identität zu entdecken. Wir haben den gefunden, dessen Liebe unserem Sein seine Gestalt gibt.

Ich kam nicht erst durch den Unfall zum Glauben. Aber ich bin seitdem in ganz neue Dimensionen des geistlichen Lebens hineingewachsen. Die Tragödie trieb mich in Gottes Arme.

selbst in Augenblicken, in denen ich ihn nicht bei mir haben wollte. Und in Gott fand ich Gnade, selbst in den Momenten, in denen ich sie nicht suchte. Als Alleinerziehender habe ich ein solches Maß an Frustration und Erschöpfung erreicht, dass ich den Versuch aufgab, meinen Kindern ein perfekter Vater zu sein, und stattdessen Gott bat, ihnen durch mich Vater und Mutter zu werden. Ich erlebte Zeiten, in denen ich fast ständig für sie betete und Gott sogar bat, sie vor meinen Unzulänglichkeiten zu bewahren. In meinem Beruf habe ich es aufgegeben, jedes Buch zu lesen, das man gelesen haben sollte; stattdessen habe ich versucht, jeden Moment, in dem ich etwas las oder Vorlesungen hielt, als etwas Gesegnetes und Kostbares zu schätzen und jede Begegnung mit den Studenten als Geschenk Gottes. Mein Verlust hat offenbart, wie klein mein Leben ist und wie begrenzt meine Möglichkeiten sind. Aber er hat mir auch vor Augen geführt, welches Privileg es bedeutet, dass ich leben darf, und wie bedeutsam die Möglichkeiten sind, die mir gegeben sind, anderen und Gott zu dienen – als Vater und als Universitätslehrer.

Die Tragödie trieb mich in Gottes Arme, selbst in Augenblicken, in denen ich ihn nicht bei mir haben wollte. Und bei Gott fand ich Gnade, selbst in den Momenten, in denen ich sie nicht suchte.

Nicht, dass ich völlige Zufriedenheit und Dankbarkeit erlangt hätte. An diesen Punkt werde ich wohl niemals wirklich gelangen. Worauf es ankommt ist, dass ich mich vorwärts bewege. Neue Umstände erfordern, dass ich mich anpasse, daran wachse und durchhalte. Bald werden meine Kinder in die Pubertät kommen. Da werde ich eine charakterliche Reife, Weisheit und Energie brauchen, die ich momentan noch nicht besitze. Neue Studenten werden mich herausfordern, meine Lehrmethoden anzupassen und mein Wissen in vertrauten Stoffgebieten zu erweitern. Ein früher und großartiger Jünger Jesu, der Apostel Paulus, schrieb, dass es nicht darauf ankommt, was wir schon erreicht haben, sondern darauf, wonach wir streben. „Eins steht fest", so schreibt er: „Ich will alles vergessen, was hinter mir liegt, und schaue nur noch auf das Ziel vor mir. Mit aller Kraft laufe ich darauf zu, um den Siegespreis zu gewinnen, das Leben in Gottes Herrlichkeit. Denn dazu hat uns Gott durch Jesus Christus berufen" (Phil 3,13-14).

Wir brauchen einen, der größer ist als wir selbst und uns hilft, unsere neue Identität zu prägen. Gott ist in der Lage, uns bei diesem Unterfangen zu leiten; uns zu helfen, zu Menschen zu werden, deren Wert auf Gnade beruht und nicht auf Leistung, Erfolg und Macht. Wir können lernen, einfach nur zu sein, egal ob wir geschieden, arbeitslos, verwitwet, missbraucht, krank sind oder gar auf den Tod zugehen. Wir können uns zugestehen, dass wir als Geschöpfe, die in Gottes Bild geschaffen wurden, geliebt sind, auch wenn unser Körper gebrochen, unsere Gedanken verwirrt und unsere Emotionen durcheinander geraten sind. Und wir können die Hoffnung ergreifen, dass das Leben trotzdem noch gut sein kann, wenn auch niemals in der Weise, wie es zuvor gewesen ist.

> *Wir können die Hoffnung ergreifen, dass das Leben trotzdem noch gut sein kann, wenn auch niemals in der Weise, wie es zuvor gut gewesen ist.*

Kapitel 7

Wenn das Leben plötzlich zum Schnappschuss erstarrt

*Selbst die traurigsten Dinge können,
wenn wir erst einmal Frieden mit ihnen
geschlossen haben, zu einer Quelle
der Weisheit und der Kraft für den
noch vor uns liegenden Weg werden.*

Frederick Buechner

Ein Film besteht aus vielen Einzelbildern; jedes unterscheidet sich ein wenig von dem vorangegangenen und von dem darauf folgenden. Wenn man sie schnell genug abspult und auf eine Leinwand projiziert, sind diese Unterschiede nicht mehr zu erkennen. Der Betrachter nimmt die Bewegung wahr, nicht die einzelnen Bilder – außer natürlich, der Projektor läuft so langsam, dass der Betrachter ein Bild nach dem anderen erkennen kann, oder die Bildfolge wird bei einem einzelnen Bild angehalten; dann wird die gesamte Handlung gestoppt und aus dem bewegten Film wird ein Schnappschuss.

Wir führen unser Leben, als wäre es ein Film. Ein Verlust verwandelt das Leben in einen Schnappschuss. Die Bewegung kommt zum Stillstand; alles wird eingefroren. Wir betrachten Fotoalben, um uns an den Film zurückzuerinnern, der einmal unser Leben war, aber nun nicht länger sein kann.

> *Wir führen unser Leben, als wäre es ein Film. Ein Verlust verwandelt das Leben in einen Schnappschuss. Alles wird eingefroren.*

Wir setzen einfach voraus, dass unser Leben ein Kontinuum aus Vergangenheit, Gegenwart und Zukunft bildet; und das stimmt ja auch. Aufgaben, die wir heute nicht geschafft haben, können wir nächsten Samstag erledigen. Konflikte, die wir gestern noch nicht bereinigt haben, können wir morgen angehen. Eine Reise, die wir diesen Sommer nicht gemacht haben, können wir uns für das nächste Jahr vornehmen. Wir gehen davon aus, dass unsere Lebensumstände –

unsere Gesundheit, unsere Beziehungen, die Arbeitssituation – Tag für Tag mehr oder weniger gleich bleiben. Veränderungen sind graduell und vorhersehbar. Wir *müssen* so leben. Es ist unmöglich, unser ganzes Leben – alles was wir tun und erreichen wollen – in einen einzigen Tag zu packen. Unsere Karriere, unsere Beziehungen und Erlebnisse entfalten sich Stück für Stück über einen längeren Zeitraum hinweg.

So sprechen Ehepaare von Phasen in ihrer Beziehung – zum Beispiel von der Phase des Verliebtseins, von der Phase, in der jeder an seinem beruflichen Fortkommen arbeitet, von der Phase der Kindererziehung. Berufstätige sprechen von Karriereabschnitten wie der Ausbildung oder dem idealistischen Start ins Berufsleben. Entwicklungspsychologen beschreiben den menschlichen Reifeprozess mit Hilfe von psycho-sozialen Entwicklungsphasen, wie Eriksons Phase des Urvertrauens, der Autonomie und so weiter. Das Leben ist ein Prozess. Es passiert nicht alles in einem Augenblick, sondern im Laufe der Zeit und in aufeinander folgenden Phasen.

Das Leben, so wie wir es bisher erfahren und erwartet haben, ist plötzlich zu Ende.

Ein Verlust bringt diese gewohnte Entwicklung zu einem plötzlichen Stillstand. Das Leben, so wie wir es bisher erfahren und erwartet haben, ist plötzlich zu Ende. Wir sind verwirrt, weil es plötzlich diese Beziehung, diesen Job, diese Familie, diese Ehe oder die Gesundheit nicht mehr gibt. Der Prozess, so wie wir ihn kannten, bricht ab; das Kontinuum wird unterbrochen, das Wachstum gestoppt. Aus dem bewegten Film wird ein Schnappschuss.

Ich habe Bilder von Lynda, Diana Jane und meiner Mutter auf dem Kaminsims im Wohnzimmer stehen. Ich habe mich bis heute nicht daran gewöhnt, sie dort stehen zu sehen. Ich betrachte Bilder von Menschen, die ich einst gekannt und in den Armen gehalten habe, mit denen ich gelebt und geredet habe. Die Bilder können nicht zeigen, wer sie wirklich waren und wie das Leben mit ihnen war. Sie sind unbewegt und leblos, schön, aber tot, ein bloßer Schnappschuss von Menschen, die ich im gemeinsamen Film unseres Lebens in Bewegung gesehen habe. Die Bilder sind ein armseliger Ersatz für die vielschichtigen Beziehungen, die ich zu ihnen hatte.

Mich trösten die Spuren, die diese Beziehungen hinterlassen haben. Wir haben einander geliebt, auch wenn unsere Liebe nicht vollkommen gewesen ist. Wir waren dabei, gemeinsam ein sinnvolles Leben zu gestalten. Lynda und ich hatten gerade eine Phase von Spannungen in unserer Beziehung gemeistert und erlebten nun eine Phase neuer Verliebtheit. Wir konnten gut miteinander reden und fanden genügend Zeit füreinander, obwohl wir zu Hause und im Büro viel zu tun hatten. Diana Jane, die Lynda mir bis dahin immer vorgezogen hatte, fing an, eine Beziehung zu mir aufzubauen und meine Aufmerksamkeit zu fordern. Meine Mutter genoss ihre Besuche bei uns. Sie kam immer mit viel Begeisterung und der Bereitschaft zu helfen. Sie war stolz auf mich und ich auf sie. Wären diese Beziehungen bestehen geblieben, so hätte der Film vermutlich ein Happyend gehabt. Alles lief positiv.

> Mich trösten die Spuren, die die Beziehungen zu den Menschen, die ich verlor, hinterlassen haben. Wir haben einander geliebt, auch wenn unsere Liebe nicht vollkommen gewesen ist.

Doch es gibt auch Dinge, die ich bedauere. Die Beziehungen waren noch mit Fehlern behaftet und unvollendet. Sie hatten ihren Sinn noch nicht erreicht, so als würde man ein Fünf-Gänge-Menü zubereiten und die Erwartung auf herrliche Düfte und köstliche Gaumenfreuden wecken, doch dann bricht ein Feuer aus und zerstört die gesamte Küche. Wir waren unterwegs zu etwas Besserem, doch die Beziehungen waren noch nicht das, was sie hätten sein können, wenn sie zu ihrer vollen Reife gelangt wären. So habe ich in der Ehe zu Lynda zum Beispiel oft zu viel von ihr verlangt, aber selber zu wenig gegeben. Auch gab es bei Lynda und mir festgefahrene Muster, wie wir mit Konflikten umgingen. Sie machte mir Vorwürfe und ich fühlte mich schuldig. Doch sie hatte nicht immer Recht und ich war nicht immer im Unrecht. Das wussten wir beide auch. Wir hatten uns vorgenommen, dieses Muster zu durchbrechen, als der Unfall dazwischenkam; und wir waren bereits auf einem guten Weg gewesen. Ich wünschte, wir hätten die Chance gehabt, diesen Weg noch ein Stück weiter zu gehen.

Ich war überrascht, dass manche Leute sagen: „Es gibt Dinge an dem geliebten Menschen, den ich verloren habe, die ich nicht vermisse." Nicht nur Beziehungen, auch Menschen sind nie ideal. Sie haben ihre ärgerlichen Eigenheiten, schlechten Gewohnheiten und Boshaftigkeiten. Sie verrennen sich, sie machen Fehler. Sie sind noch unterwegs, entwickeln sich, und folglich sind sie noch nicht am Ziel. Meine Schwester und ich haben unsere Mutter geliebt und wir vermissen sie sehr, aber wir sind auch erleichtert, dass manche ihrer Charakterzüge nun in Frieden ruhen. Das Gleiche empfinde ich im Blick auf Lynda. Und sie würde vermutlich ähnlich empfinden, wenn ich an ihrer Stelle gestorben wäre. Alle Menschen haben Fehler. Alle Menschen sind unvollkommen und das ist ein Grund, warum alle Beziehungen unvollkommen bleiben. Wenn jemand den Verlust einer Beziehung hinnehmen muss, so verliert er etwas, das kostbar und unvollkommen zugleich ist.

Dieses Problem, dass Menschen und Beziehungen unvollkommen sind, wiegt dort besonders schwer, wo der Verlust zu einem Zeitpunkt erfolgt, an dem die Beziehung an einem Tiefpunkt angekommen war. Da stirbt ein Ehepartner unmittelbar nach einem Ehekrach. Da versucht eine Frau an den Meinungsverschiedenheiten zwischen ihr und ihrem Mann zu arbeiten, doch schließlich gibt sie auf und reicht die Scheidung ein. Da bereuen die Eltern einer Jugendlichen, die auf Abwege geraten ist, dass sie sich zu wenig um ihre Tochter gekümmert haben, als sie noch jünger war. Der Satz mag trivial klingen: „Man kann gar nicht oft genug ‚Ich liebe dich' sagen, denn

> *Uns bleibt nur noch das, was war. Was hätte sein können, haben wir verloren.*

man weiß nie, wann man nicht mehr dazu in der Lage sein wird, es zu sagen." Doch dieser Satz trifft etwas Wahres. Ein Verlust nimmt das, was wir tun könnten, und verwandelt es in etwas, das wir nie mehr tun können. Der Verlust lässt unser Leben zu einem Schnappschuss erstarren. Uns bleibt nur noch das, was war. Was hätte sein können, haben wir verloren.

Dieser plötzliche Stillstand unseres gewohnten Lebens gehört zur dunklen Seite der Trauer. Wir sind gezwungen, die Unvollkommenheit des Lebens zu erkennen und unser Versagen einzugestehen. So wird das Bedauern zu einer unvermeidlichen Folge jedes Verlustes. Denn wir haben durch den Verlust das Morgen verloren, das wir bräuchten, um unser Gestern oder unser Heute wieder gutzumachen. Bedauern ist so bitter, weil uns gerade die Rahmenbedingungen – die Beziehung, der Job oder was auch immer – verloren gehen, die wir bräuchten, um unser Versagen umzukehren und einen neuen Weg einzuschlagen, bevor es zu spät ist. Bedauern ist ein ungutes Gefühl, weil es nur nach rückwärts gewandt ist.

> *Hätte ... wäre ... könnte ... Bedauern ist ein ungutes Gefühl, weil es nur nach rückwärts gewandt ist.*

Alle Menschen, die ich kenne, die eine Scheidung erlebt haben, tragen Dinge mit sich herum, die sie bereuen – etwa dass sie egoistisch, unehrlich, kritiksüchtig, kalt, unbeherrscht oder manipulativ waren. Sie erkennen, wie anders es hätte sein können, und das macht ihr Gefühl, versagt zu haben, nur noch schlimmer. Da sind fünf, zehn, ja sogar zwanzig Jahre ausgelöscht – und es hätte nicht so sein müssen. Eltern von Kindern, die Selbstmord begangen haben, sprechen von ähnlichen Gefühlen. Sie erkennen, dass sie ihr Kind nicht konsequent genug erzogen haben oder dass sie ihr Kind mit materiellen Dingen überhäuft haben, statt ihm ihre Aufmerksamkeit zu widmen. Nun ist es zu spät, um den Schaden abzuwenden. Ihr Kind ist für immer von ihnen gegangen.

Menschen, die unheilbar krank sind, fragen sich, ob ein gesünderer Lebensstil sie vor dieser Krankheit bewahrt hätte.

Warum, so fragen sie sich, haben sie nicht auf die ärztliche Warnung gehört, mit dem Rauchen aufzuhören, weniger oder gesünder zu essen, keinen Alkohol mehr zu trinken oder die Drogen sein zulassen? Rücksichtslose oder betrunkene Autofahrer müssen für den Rest ihres Lebens damit leben, dass sie unschuldige Menschen getötet haben, nur weil sie ihr Verlangen nach Alkohol oder ihre Raserei nicht zügeln konnten. Ich habe mich mit einigen behinderten Freunden unterhalten, die heute bereuen, dass sie nicht klüger gehandelt haben, als sie noch bei guter Gesundheit waren. Eine Frau sagte, sie wünschte, sie hätte eine Berufsausbildung gemacht. Ein anderer wünschte, er hätte mehr Zeit bei seiner Familie verbracht, statt im Büro zu hocken.

Das Bedauern bringt eine ewige Litanei hervor: „Hätte ich doch nur …" „Hätte ich doch nur mehr für meine Ehe getan." „Hätte ich ihm doch nur vergeben." „Hätte ich doch nur nicht wie verrückt gearbeitet." „Hätte ich ihn doch nur gebeten, an dem Abend zu Hause zu bleiben." „Wäre ich doch nur früher zum Arzt gegangen." „Wäre ich doch nur nicht so wütend geworden." …

Das Bedauern verhindert, dass die Wunde, die der Verlust gerissen hat, heilen kann, denn es hält in uns ein ständiges Schuldgefühl wach. Wir meinen, es gäbe keine Vergebung oder Erlösung, weil uns die Möglichkeit genommen ist, unsere Fehler wieder gutzumachen. Niemand kann zum Beispiel meine Frau, meine Tochter und meine Mutter von den Toten zurückholen. Der betrunkene Fahrer, der ihren Tod verschuldet hat, kann den Tag nicht zurückholen, um alles anders zu machen. Ich habe nicht mehr die Gelegenheit, Lynda ein besserer Ehemann, Diana Jane ein besserer Vater und meiner Mutter ein besserer Sohn zu sein. Ich muss mit diesem Schnappschuss unserer Beziehungen leben, so wie er zum Zeit-

> *Ich muss mit diesem Schnappschuss unserer Beziehungen leben, so wie er zum Zeitpunkt ihres Todes festgehalten wurde. Ich kann nachträglich nichts daran ändern.*

punkt ihres Todes festgehalten wurde. Ich kann nachträglich nichts daran ändern.

Dass wir etwas bereuen, lässt sich in einer unvollkommenen Welt nicht verhindern. Aber gibt es auch eine Befreiung aus diesem Kreislauf von Versagen und Schuldgefühl? Können Menschen, die etwas bereuen, durch diese Reue befreit und verändert werden? Ich glaube, Erlösung ist möglich, aber nur unter einer Bedingung: *Menschen, die etwas bereuen, können erlöst werden*. Aber sie können den *Verlust*, der hinter ihrer Reue steht, nicht rückgängig machen. Menschen können von den unabänderlichen Verlusten, die sie erfahren haben, verändert werden. Aber damit diese Erlösung geschehen kann, müssen sie den Verlust an sich loslassen und die positiven Folgen, die er auf ihr Leben haben kann, annehmen. Sie müssen irgendwie über das hinauswachsen, was hinter ihnen liegt, und sich nach dem ausstrecken, was vor ihnen liegt. Sie müssen ihre Energien auf die Veränderungen lenken, die sie nun einleiten können. Mit anderen Worten, sie müssen eine *Veränderung ihrer Person* anstreben. Und das kann nur durch Gnade geschehen.

> *Was wir anstreben müssen, ist nicht eine Veränderung der Umstände, sondern eine Veränderung der eigenen Person. Und das kann nur durch die Gnade geschehen.*

Meine Beziehung zu Lynda war gesund und lebendig. Wir hatten früh geheiratet – ich war 21 und sie 22 – und halfen einander, erwachsen zu werden. Wir gingen gemeinsam durch diesen Reifungsprozess zum Erwachsenenalter. Trotzdem hätte ich ein besserer Ehemann sein können. Ich nahm ihre beruflichen Ziele nicht immer genauso wichtig wie meine eigenen. Wir beide hätten auch bessere Eltern sein können. Uns rutschte zu schnell die Hand aus und wir schrien zu oft und nahmen unseren Kindern zu viel ab. Manchmal versuchten wir zu sehr, eine perfekte Familie zu sein.

Wenn ich mich verändern will, muss ich mein Bedauern über das, was hätte sein können, loslassen und mich dem zuwenden, was sein kann. Aber ich kann nicht die guten Seiten beider Welten haben: das Wachstum, das als Folge des Verlustes mein Leben prägt und verändert, *und* die Menschen, deren Tod mir dieses Wachstum eröffnet hat. Hier liegt eine bittere Ironie, die sich nicht vermeiden lässt, egal wie sehr wir auch an einer schweren Erfahrung reifen mögen. Die Menschen, deren Tod es möglich machte, dass ich mich zum Besseren verändern konnte, sind auch genau die Menschen, mit denen ich diese Veränderungen am liebsten teilen würde. Ihr Verlust zwang mich dazu, reifer zu werden; nun wünschte ich mir, dass sie von dem Wachstum profitieren könnten, den ihr Tod mit sich brachte.

Viele Menschen zerbrechen an Verlusterfahrungen: Wenn sie erfahren, was sie versäumt haben, gehen sie den Weg der Schuldgefühle und des ständigen Bedauerns und werden verbittert oder verzweifeln völlig. Aber auch wenn sie nichts tun können, um den Verlust ungeschehen zu machen, stimmt es eben nicht, dass sie nicht in der Lage wären, etwas zu tun, um sich selbst zu verändern. Der Schritt von der Verzweiflung zur Hoffnung, von der Verbitterung zur Vergebung, vom Hass zur Liebe und von der Stagnation zur Lebendigkeit hängt an der Entscheidung, wie wir auf den Verlust und die unabänderliche und schmerzliche Vergangenheit reagieren wollen. Wir können die Situation nicht verändern, aber wir können zulassen, dass die Situation uns verändert. Wir verschlimmern unser Leid unnötig, wenn wir zulassen, dass ein Verlust weitere nach sich zieht. Das führt zu einer allmählichen Zerstörung der Seele.

> *Wir können die Situation nicht verändern, aber wir können zulassen, dass die Situation uns verändert.*

Diese Zerstörung der Seele ist eine Tragödie, die ich „den zweiten Tod" nenne, und sie kann schlimmer sein als die erste Tragödie. Das Sterben, das der Verlust von Ehepartnern, Eltern, Kindern, Gesundheit, Arbeitsplatz, Kindheit oder anderem mit sich bringt, ist nicht der schlimmste Tod, den es gibt. Schlimmer noch ist der *Tod der Seele, der Tod des inneren*

Menschen – ein Tod, der durch Schuldgefühle, Bitterkeit, Hass, Unmoral und Verzweiflung hervorgerufen wird. Die erste Art des Sterbens geschieht *an* uns, die zweite jedoch *in* uns. Das ist der Tod, den wir selbst über uns bringen, wenn wir uns weigern, uns vom ersten Tod prägen und verändern zu lassen.

Wer einen Verlust erleiden muss, steht in der Versuchung, diese beiden Arten des Todes zu verwechseln und zuzulassen, dass der erste Tod zu einer Rechtfertigung für den zweiten wird. Doch diese beiden Tode sind nicht ein und dasselbe. Der erste, offensichtlichere Tod mündet in den zweiten, ist aber nicht dessen Ursache. Das ist wie mit den Bauern und dem schlechten Wetter: Das schlechte Wetter verleitet den Bauern dazu, die Schuld für die schlechte Ernte auf das Wetter zu schieben – statt auf die eigene Entscheidung, zu spät mit dem Pflanzen begonnen zu haben. So mag uns die tödliche Erkrankung des Ehepartners dazu verleiten zu meinen, wir könnten nie wieder glücklich sein. Doch diese Verzweiflung ist nicht die Folge der Krankheit, sondern unserer Haltung der Krankheit gegenüber. Eine Scheidung mag uns dazu verleiten unseren Ex-Ehepartner zu hassen. Doch der Hass an sich ist keine Folge der Scheidung, sondern es ist eine von uns gewählte Reaktion auf die Scheidung. Der Tod eines Kindes mag zum Selbstmitleid verleiten. Doch dieses Selbstmitleid ist keine zwangsläufige Folge des Todesfalls, sondern unserer Reaktion auf diesen Todesfall. Langzeitarbeitslosigkeit mag uns dazu verleiten, uns voll zu saufen. Aber die Alkoholexzesse sind keine Folge der Arbeitslosigkeit, sondern eine ungesunde Reaktion darauf.

Es ist selbstverständlich normal, dass jemand, der einen katastrophalen Verlust erleiden musste, destruktive Emotionen wie Hass, Bitterkeit, Verzweiflung und Zynismus empfindet. Solche Emotionen drohen jeden zu beherrschen, der eine Tragödie erfährt und sich mit Reuegedanken quält. Möglicherweise müssen wir lange dagegen ankämpfen und das wird nicht leicht sein. Nur wenigen Menschen, die einen Verlust erfahren haben, bleibt die Versuchung erspart, Rache nehmen zu wollen, im Selbstmitleid zu versinken oder dem Leben mit Bitterkeit zu begegnen. Doch nach einer Phase innerer Kämpfe, die manchmal eine reinigende und befreiende Wirkung haben, wird uns mitunter deutlich, dass wir uns von diesen negativen Emotionen gefangen nehmen lassen und sie Macht über unser Leben gewinnen. Das ist der Punkt, an dem wir uns entscheiden müssen: Wollen wir zulassen, dass diese zerstörerischen Gefühle über uns herrschen? Wenn wir hier falsch entscheiden, werden wir innerlich absterben – und dieser Tod ist weit schlimmer als der Tod eines geliebten Menschen oder der Verlust einer Arbeitsstelle oder der eigenen Gesundheit.

Emotionen wie Wut oder Selbstmitleid sind zwar natürlich und legitim. Aber das bedeutet nicht, dass sie die einzige Wirklichkeit sind. Was wirklich ist, bestimmen nicht unsere Gefühle – auch wenn die Gefühle selbst natürlich real sind. Wir können

> *Unsere Gefühlswelt ist nicht das Zentrum der Wirklichkeit. Gott ist das Zentrum der Wirklichkeit.*

diese Gefühle nicht ignorieren, aber wir sollten auch nicht darin baden. Wir sollten sie vielmehr beachten, ohne sie so zu behandeln, als wären sie die letztgültige Wahrheit. Unsere Gefühlswelt ist nicht das Zentrum der Wirklichkeit. Gott ist das Zentrum der Wirklichkeit. Wenn wir uns Gott unterordnen, selbst wo dies unseren Emotionen völlig zuwiderläuft, werden wir frei von uns selbst und offen für eine Wirklichkeit, die viel größer und gewaltiger ist als wir selbst.

Vor einiger Zeit traf ich eine Frau, in deren Gegenwart mir die Tränen kamen, obwohl wir noch kein Wort miteinander gewechselt hatten. Sie strahlte eine solche Tiefe, so viel Mitgefühl und Gnade aus. Irgendetwas an ihr ließ meine Abwehrmechanismen zusammenbrechen. Später fand ich heraus, woran es lag. Sie hatte zwei Kinder bei der Geburt verloren und eine elfjährige Tochter war an Krebs gestorben. Sie hatte Verluste erfahren und doch nicht aufgehört, sich dem Leben zuzuwenden. Sie wurde zu einem außergewöhnlichen Menschen.

Ich habe auch Menschen erlebt, die an Verlusterfahrungen

zerbrochen waren. Nicht dass sie mehr erlitten hätten als andere oder größere innere Konflikte aushalten mussten als andere. Leid und Konflikte, das habe ich bereits gezeigt, sind normal und sogar gesund. Doch diese Menschen sind über ihren Verlusten bitter geworden. Wie jeder andere Mensch standen sie vor der Versuchung, mit Selbstmitleid, Bitterkeit, Rachsucht und all diesen Mechanismen zu reagieren. Aber sie stellten sich ihren Emotionen nicht, erkannten sie nicht als das an, was sie waren, und versuchten nicht, über diese Emotionen hinauszuwachsen. Sie ließ zu, dass ihre Gefühle bestimmten, was wirklich war und was nicht. Und darum konnten sie an ihrem Leid nicht wachsen, sondern wurden im Gegenteil kleiner dadurch.

Reue kann auch zu einer solchen Veränderung führen, wenn wir den Verlust als eine Chance erkennen, in unserem Leben Bilanz zu ziehen. Ein Verlust zwingt uns, uns selbst ehrlich anzuschauen. In den ersten vier Monaten nach dem Unfall verbrachte ich viel Zeit damit, über meine Beziehung zu Lynda nachzudenken. Das meiste davon gefiel mir, aber nicht alles. Ich dachte auch über meine Familiengeschichte nach und beobachtete darin Muster, die sich von Generation zu Generation wiederholt hatten. Ich stellte mir ernsthaft die Frage, wer ich war. Viele weitere Fragen stellte ich mir und beurteilte meine Antworten kritisch. Ich entdeckte Dinge, die mir keine Ruhe ließen. Ich erkannte, wie manipulativ und selbstgerecht ich war und dass ich oft versuchte, andere zu beeindrucken oder für mich einzunehmen. Heute bin ich freier von der Vergangenheit, als ich es sonst gewesen wäre. Doch diese Freiheit fand ich nicht dadurch, dass ich die Vergangenheit leugnete, sondern indem ich mich ihr stellte, die Verantwortung dafür übernahm und zuließ, dass sie mich veränderte.

Meine Cousine Leanna, von der ich bereits berichtet habe, erzählte mir von einer Phase innerer Gewissenskämpfe, unmittelbar nachdem der Tumor entdeckt worden war. Zu wissen, wie sterblich sie war – bis dato eine abstrakte Vorstellung –, ließ sie ihr Leben auf den Prüfstand stellen. Nicht alles, was sie dabei entdeckte, gefiel ihr. Sie fragte sich, ob ihre Entscheidung, als Mutter ganz zu Hause zu bleiben, richtig gewesen war, und wünschte sich, sie hätte sich beruflich weiterentwickelt. Doch sie bedauerte auch, als Mutter und Ehefrau nicht fürsorglicher gewesen zu sein. Sie betrachtete ihren familiären Hintergrund und wie dieser sich auf ihren Charakter und ihre Wertvorstellungen ausgewirkt hatte. Sie beobachtete an sich selbst Verhaltensmuster, die nicht dem entsprachen, was sie von sich erwartete. Diese Phase, in der sie sich selbst kritisch beleuchtete, war eine große Herausforderung für sie, aber sie lohnte sich auch. Ihr Versagen wurde ihr bewusst gemacht, aber sie entdeckte auch neue Chancen. Sie wurde sich ihres Versagens bewusst, aber sie fand auch zur Gnade. Die Frucht dieser kritischen Selbstschau zeigt sich nun ganz deutlich in ihrer charakterlichen Reife und ihrem tiefen Glauben.

> *Freiheit fand ich nicht dadurch, dass ich die Vergangenheit leugnete, sondern indem ich mich ihr stellte, die Verantwortung dafür übernahm und zuließ, dass sie mich veränderte.*

Wenn wir es versäumen, in dieser Weise Bilanz zu ziehen, ist beinahe sicher, dass bestimmte Muster sich wiederholen, die uns bereits vor dem Verlust aufgeprägt wurden. Wir werden dazu neigen, wieder die falsche Person zu heiraten, weil wir nicht ergründet haben, warum wir beim ersten Mal den falschen Ehepartner gewählt haben. Wir werden den gleichen Süchten erliegen, die bereits zuvor unser Leben zerstört und zum Verlust geführt haben. Wir werden weiter mit unseren Kräften Raubbau betreiben, weil wir uns nicht die Disziplin angeeignet haben, die wir uns schon viel früher hätten angewöhnen sollen. Ich kenne eine Frau, die durch das Scheitern ihrer Ehe veranlasst wurde zu fragen, warum sie diesen Mann überhaupt geheiratet hatte. Diese ehrliche Frage führte sie zu einem Therapeuten, was schließlich zu einem Wendepunkt in ihrem Leben wurde. Was sie dabei erfuhr, war nicht schön; aber was daraus entstand, war wunderbar.

Ein Verlust kann uns auch dann positiv verändern, wenn wir unserem Leben dadurch eine neue Richtung geben. Mein Verlust bestätigte vieles, wovon ich ohnehin schon überzeugt gewesen war; er zeigte mir, dass ich auf dem richtigen Weg war. Dennoch entdeckte ich mit der Zeit, dass ich im Beruf zu ehrgeizig und zu Hause zu egoistisch war. Der Verlust befreite mich von einigen dieser schlechten Gewohnheiten und führte zu einer Hinwendung zu meinen Kindern. Ich hatte mich auch vorher schon um sie gekümmert, doch nach dem Unfall wuchsen sie mir so richtig ans Herz. Zuvor hatte ich wie ein Vater agiert und meine Rolle erfüllt; nun aber *bin* ich Vater mit meinem ganzen Sein.

Eine Witwe erzählte mir neulich, dass der Tod ihres Mannes sie dazu brachte, neu über ihre Freundschaften nachzudenken. Sie sagte, sie und ihr Mann seien immer die besten Freunde gewesen. Auf diese Weise hatte sie wenig Zeit und Interesse in andere Freundschaften, unter anderem in Freundschaften zu Frauen, investiert. Nach dem Tod ihres Mannes begann sie Freundschaft unter dem Aspekt zu betrachten, dass sie darauf angewiesen war, während es zuvor immer etwas gewesen war, was sie hätte geben sollen. Sie erkannte, dass sie Freundschaften ausgeschlagen hatte, weil ihr Mann ihr genug Freundschaft geboten hatte. Sie hatte nie daran gedacht, als Freundin für andere da zu sein, wenn sie selbst schon keine Freundinnen brauchte. Ihre Einsamkeit und Isolation zwangen sie, das Leben mit anderen Augen zu sehen. Nach und nach baute sie neue Freundschaften auf und war froh, dass nicht alle Menschen so abweisend und unnahbar waren, wie sie es gewesen war.

> *Ein Verlust kann uns positiv verändern – z. B. indem wir unserem Leben dadurch eine neue Richtung geben.*

Und schließlich kann ein Verlust zu positiven Veränderungen führen, wenn wir dadurch veranlasst werden, uns Gott zuzuwenden. Manchmal macht uns der erstarrte Film bewusst, wo wir vor dem Verlust versagt und wie armselig wir darauf reagiert haben. Der Schnappschuss enthüllt unser Innerstes. Wir sind gezwungen all dem Hässlichen, Egoistischen und Boshaften in unserem Leben ins Auge zu blicken. Und dann? In dem Fall gibt es keine zweite Chance. Uns bleibt nur die bittere Erinnerung an unser Versagen oder an die guten Absichten, die wir nicht in die Tat umgesetzt haben. Doch Gott hat versprochen, denen zu vergeben, die ihre Fehler bekennen; die freizusprechen, die ihre Schuld bekennen; wieder zurechtzubringen, wo wir bereuen, falsch gehandelt zu haben.

> *Die Gnade wird aus einer schlechten Situation etwas Gutes hervorbringen. Sie wird ein Unrecht nehmen und irgendwie in etwas verwandeln, das zum Guten führt.*

Das Geschenk der göttlichen Vergebung wird uns helfen, uns selbst zu vergeben. Ohne sie wird die Reue zu einer Art Selbstbestrafung. Wir sehen das Unrecht, das wir getan haben, und das Leid, das wir anderen Menschen zugefügt haben. Wir sind uns unserer Schuld bewusst. Wir verabscheuen unsere Selbstsucht und unsere Dummheit. Und wir wissen, dass wir nichts tun können, um die Folgen unseres Handelns wieder gutzumachen. Doch Gott, der heilig ist, spricht uns Vergebung zu, wenn wir ernstlich darum bitten; Gott, der gerecht ist, erweist uns Gnade und nimmt uns in Liebe an. Wenn ein solcher Gott uns vergeben kann, dann dürfen wir uns selbst doch auch vergeben. Wenn ein solcher Gott uns mit Gnade überschüttet, dann dürfen wir doch aufhören, uns selbst zu bestrafen und dürfen in dieser Gnade leben. Göttliche Vergebung führt zur Selbstvergebung.

Gottes Vergebung wird uns deutlich machen, dass er unsere Verluste in seine Hand nehmen und sie in irgendeiner Form von Segen wieder an uns zurückgeben will. Dieses Wirken seiner Gnade löscht den Verlust nicht aus und ändert auch nichts an seinen Folgen. Die Gnade kann die moralische Ordnung nicht auf den Kopf stellen. Was schlecht war, wird immer schlecht bleiben. Doch die Gnade wird aus einer schlechten Situation etwas Gutes hervorbringen. Sie wird ein Unrecht nehmen und irgendwie in etwas verwandeln, das zum Guten führt. Genau das hat Gott durch den Tod Jesu zustande gebracht. Er verwandelte das Unrecht eines ungerechten Mordes in den Segen der Erlösung. Gott kann für uns das Gleiche tun. Wir werden dadurch nicht frei von allem Leid, aber mit Gottes Hilfe können wir durch das Leid geprägt und verändert werden. Paulus schrieb: „Nichts kann uns von der Liebe Gottes trennen, die er uns in Jesus Christus, unserem Herrn, schenkt" (Röm 8,39). Nichts! Keine Gefahren, keine Probleme, keine Konflikte, kein Versagen, keine Schuld, keine Reue. Nichts. Nicht einmal die Verluste, die wir erleiden. Das ist die Verheißung echter Veränderung. Das ist die Macht der Liebe Gottes.

Ich habe diese Bibelworte von Paulus vor vielen Jahren auswendig gelernt. Nach dem Unfall kamen sie mir wieder in den Sinn. Monatelang fühlte ich mich am Boden zerstört. Ich konnte nichts für Gott tun und hatte auch kaum das Bedürfnis, ihm zu gehorchen. Nacht für Nacht saß ich in meinem Wohnzimmer und fand keine Worte, keine Kraft zu beten, keine Kraft, etwas zu tun. Ich hatte jegliche Energie und Antriebskraft verloren. Das Einzige, was ich noch fertig brachte, war, *mich von Gott lieben zu lassen*, obwohl ich mir kaum noch vorstellen konnte, dass er irgendeinen Menschen liebte, am wenigsten mich. Ich wusste nicht mehr, wie ich noch glauben sollte oder ob ich es überhaupt noch wollte. Ich hatte weder den Willen noch das Verlangen, an Gott zu glauben. Aber irgendwie war ich überzeugt, dass Gott meine Schwachheit und mein fehlender Glaube nichts ausmachten. Gott liebte mich in meinem Elend. Gott liebte mich, weil es mir so elend ging. Durch diese Erfahrung lernte ich, dass nichts uns von der Liebe Gottes trennen kann – nicht einmal unsere Unfähigkeit, diese Liebe zu

> Ich wusste nicht mehr, wie ich noch glauben sollte oder ob ich es überhaupt noch wollte. Aber irgendwie war ich überzeugt, dass Gott meine Schwachheit und mein fehlender Glaube nichts ausmachten.

erwidern! Das war das erste Mal in meinem Leben, dass ich die bedingungslose Liebe Gottes erfuhr.

Doch ein Problem blieb bestehen. Gott mochte uns ja seine Vergebung und seine bedingungslose Liebe versprochen haben. Aber ich fragte mich, ob ich einem Gott vertrauen konnte, der dieses Leid zugelassen oder gar verursacht hatte. Mein Verlust ließ mir Gott fern und feindselig erscheinen, so als habe er entweder nicht die Macht oder nicht den Wunsch, Leid zu verhindern oder mich davon zu erlösen. Ich glaubte zwar, dass ich Gottes Gnade brauchte, damit mein Leid mich positiv verändern konnte. Aber ich war mir nicht sicher, ob ich diesem Gott vertrauen konnte. War es denn überhaupt noch möglich, an Gott zu glauben, nach dem was geschehen war? Diese Frage sollte mich noch lange verfolgen.

Kapitel 8

Das Entsetzen angesichts der Willkür

*Leid ist anonym ... es beraubt seine Opfer
ihrer Persönlichkeit und macht sie zu Gegenständen.
Es ist gleichgültig; und es ist die Kälte der Gleichgültigkeit –
eine metallene Kälte –, die alle bis in die Tiefe ihrer Seele
zu Eis erstarren lässt, die von ihm berührt werden.
Sie werden nie wieder Wärme finden.
Sie werden nie wieder glauben, dass sie jemand sind.*

SIMONE WEIL

Ich erinnere mich noch daran, wie ich mich mit Lynda über einen Unfall unterhielt, über den unsere Lokalzeitung berichtet hatte. Ein Kleinbus mit sechs Kindern und ihrer Mutter war von einer Schnellstraße abgekommen, die Böschung hinabgestürzt und in knapp zwei Meter tiefem Wasser untergegangen. Drei der sechs Kinder starben. Unruhig machte uns beide nicht nur die Tatsache, dass unschuldigen Menschen Unheil widerfahren war – das erschien uns schon schlimm genug –, sondern auch, dass dieses Unheil so willkürlich zugeschlagen hatte. Das erschien uns noch schlimmer. „Warum musste der Reifen gerade in diesem Augenblick, an dieser Stelle platzen?", fragten wir uns. Wir zitterten vor der Unberechenbarkeit von Tragödien. Wenn es schon Leid geben muss, dann wollen wir wenigstens, dass es seinen Grund hat, dass es vorhersehbar ist und wir uns irgendwie darauf vorbereiten können, es zu ertragen. Die Willkür ist es, die uns Angst macht.

> Wenn es schon Leid geben muss, dann wollen wir wenigstens, dass es seinen Grund hat, dass es vorhersehbar ist und wir uns irgendwie darauf vorbereiten können, es zu ertragen.

Heute erinnere ich mich an dieses Gespräch mit bitterer Ironie. In den vergangenen Jahren herrschte in mir eine ruhelose und schmerzliche Fassungslosigkeit. Warum, so fragte ich mich immer wieder, ist das uns widerfahren? Warum waren wir an genau diesem Ort, zu genau dieser Zeit, unter eben diesen Umständen? Selbst eine kurze Fahrtunterbrechung an einem Stoppschild, ein Platzwechsel unmittelbar vor der Abfahrt, ein schnelleres oder langsameres Beschleunigen nach einer Kurve hätte uns dieses unaussprechliche Leid erspart.

Vor einiger Zeit ereignete sich folgende Tragödie: Ein Mann, der wegen psychischer Störungen aus der Air Force entlassen worden war, kehrte zu seinem alten Stützpunkt zurück, spürte den Militärpsychologen, der seine Entlassung empfohlen hatte, in seinem Büro auf und erschoss ihn vor den Augen seiner Klienten. Dann verließ er das Büro und schoss im Flur wahllos um sich. Er tötete drei weitere Menschen und verwundete 23, bevor ein Militärpolizist ihn niederstreckte. Seine Opfer waren allesamt unbeteiligte Tatzeugen gewesen, die keine Ahnung hatten, wer der Mann war und warum er um sich schoss. Sie waren zur falschen Zeit am falschen Ort.

> Warum waren wir an genau diesem Ort, zu genau dieser Zeit, unter eben diesen Umständen?

In der Schießerei wurde auch eine vierköpfige Familie getroffen; die Eltern wurden schwer verletzt. Zwei kleine Kinder eines befreundeten Ehepaars hatten die Familie begleitet – eines der beiden, gerade mal acht Jahre alt, wurde getötet. Die Eltern dieses kleinen Mädchens werden sicher sowohl Schuld als auch Wut empfinden. Sie werden sich selbst Vorwürfe machen, dass sie ihrer Tochter erlaubt haben mitzugehen; oder sie machen der Familie Vorwürfe, weil die sie eingeladen haben mitzukommen. Sie werden auch auf den Killer wütend sein, der ein so sinnloses Verbrechen an unschuldigen Menschen begangen hat. Doch schließlich werden sie fassungslos vor der völligen Willkür dieses Geschehens stehen. Warum ihre Tochter? Warum gerade dort? Warum in diesem Augenblick? Sie werden sich immer und immer wieder sagen, dass all das keinen Sinn ergibt. Und damit haben sie Recht.

Natürlich besitzt das Leben etwas Geordnetes. Die Natur spiegelt eine Ordnung wider, die von Wissenschaftlern beobachtet werden kann und auf die sie sich Tag für Tag verlassen, weil sie sonst überhaupt keine Forschung betreiben könnten. Man kann einen Gegenstand fallen lassen und er wird mit einer konstanten Geschwindigkeit zu Boden fallen, wie Newton herausfand. Auch wir Menschen prägen dieser Welt unsere Ordnung auf, zum Beispiel durch Uhren, Stundenpläne und Städteplanung. Doch es herrscht nicht immer die Ordnung vor. Da ernährt sich ein Mann im besten Alter stets gesund und treibt regelmäßig Sport, bis ihn ein Knoten im Hals veranlasst, den Arzt aufzusuchen; der teilt ihm mit, dass er ein Lymphom hat. Da erlebt eine Frau glückliche Jahre im Beruf, in der Ehe und als Mutter und dann wird sie eines Tages beim Joggen von einem Fremden vergewaltigt; plötzlich ist ihre Welt zerstört und sie wird verbittert. Reumütig fragt sie sich, warum sie ausgerechnet in dem Augenblick durch den Park laufen musste, in dem der Angreifer auf sein Opfer wartete.

Verluste lassen die Welt um uns herum kalt und unfreundlich erscheinen, als eine Ansammlung von unzähligen Atomen, die unberechenbar, ohne Plan und ohne Sinn miteinander kollidieren. Dinge passieren einfach, ob es nun gute oder schlechte Dinge sind. Die Zufälligkeit der Ereignisse verlangt von uns nicht mehr, als dass wir so gut leben, wie wir können; letztlich müssen wir erkennen, dass das, was geschieht, oft voller Willkür ist.

Mit das Schlimmste war dieses Gefühl blanker Zufälligkeit.

Mit das Schlimmste an dem Verlust, den ich erlitt, war dieses Gefühl blanker Zufälligkeit. Das Ereignis entzog sich völlig meiner Kontrolle. Monatelang brütete ich nach dem Unfall über die Ereignisse dieses Tages nach. Ich ließ den Tag immer wieder vor meinem inneren Auge ablaufen und veränderte den Ablauf in Gedanken so, dass es nicht zu dem Unfall kam. Auch suchte ich nach Gründen. Ich gab mir die Schuld, weil ich so ein egoistischer Ehemann, so ein gedankenloser Vater und so ein distanzierter Sohn gewesen war. Ich fragte mich, ob meine Familie unter einem Fluch stand. Ich spielte mit dem Gedanken, der Unfall sei ein Angriff dämonischer Mächte gewesen. Ich betrachtete die Absurdität des

Lebens voller Zynismus. Vielleicht, so dachte ich, gibt es ja gar keinen Gott und keinen Sinn im Leben. Ich kapitulierte vor Leid und Tod und gab auf diese Weise gegenüber der Unerbittlichkeit des Lebens klein bei. Diese Machenschaften meines Verstandes quälten mich, weil ich keine einzige Erklärung finden konnte, die der Tragödie einen Sinn gab. Ich fand keine Antwort auf die Frage nach dem Warum.

Vielleicht ist willkürliches Leid das schlimmste Leid überhaupt, weil uns dann der kalte Trost geraubt wird, dass Dinge – egal wie grausam sie sein mögen – eine Ursache haben. Wenn jemand bei einer gefährlichen Klettertour ohne Seil abstürzt, so ist das eine Art von Leid. Wir schütteln angesichts der Tragödie den Kopf, aber wir wissen auch, dass der Kletterer umsichtiger hätte handeln und seine Grenzen besser hätte einschätzen müssen. Was geschehen ist, ist wirklich leidvoll, aber es ist wenigstens ein begreifbares Leid. Manchmal gehen Menschen einem Beruf oder einem Hobby nach, zu dem ein gewisses Risiko, verletzt oder getötet zu werden, einfach dazugehört. Doch von einem unberechenbaren Blitzschlag oder einer verirrten Kugel getötet zu werden, erzeugt eine ganz andere Art von Leid. Uns schaudert davor, weil dieses Leid keiner befriedigenden Erklärung und keinem sinnvollen Muster folgt. Der Tod ereignet sich einfach. Das Opfer war schlicht und ergreifend zur falschen Zeit am falschen Ort.

Die Erinnerung an eine kurze Begegnung unmittelbar nach dem Unfall hat mich die letzten Jahre über begleitet, weil sie den Schrecken dieser Willkürlichkeit so deutlich zeigt. Nachdem die Rettungsteams eingetroffen waren, wandte ich mich von den Sterbenden ab, um zu meinen Kindern zu gehen, die in der Zwischenzeit von Fremden betreut worden waren. John war völlig hysterisch. Erst später erfuhren wir, dass seine Hys-

> *Vielleicht ist willkürliches Leid das schlimmste Leid überhaupt, weil uns dann der kalte Trost geraubt wird, dass Dinge – egal wie grausam sie sein mögen – eine Ursache haben.*

terie nicht nur mit Angst zu tun hatte sondern auch mit den Schmerzen des Knochenbruchs. Ich nahm ihn auf meinen Arm und entfernte mich mit ihm ein wenig von der chaotischen Szene, um ihn zu beruhigen. Ich war vielleicht fünfzehn Meter gegangen, als mir ein Mann mit einer Kopfverletzung entgegentaumelte. Instinktiv spürte ich, dass er vermutlich der Fahrer des anderen Wagens war. Unsere Blicke trafen sich nur kurz aber eindrücklich, so als wäre uns beiden bewusst, dass sich zwischen uns etwas Grauenhaftes ereignet hatte. Dann legte er sich auf den Boden und jemand deckte ihn mit einer Decke zu. Ich blickte einen Augenblick zu ihm hinunter, wie er regungslos dalag, und er blickte zu mir hinauf. Obwohl John schrie, die Sirenen heulten, Lichter blinkten und Menschen gafften, waren unsere Blicke wie festgenagelt. In dem Augenblick dachte ich: *Ich kenne diesen Mann überhaupt nicht. Ich werde ihm vielleicht nie wieder begegnen. Und doch hat er mein Leben verändert. Was für eine Gewalt hat dieser Mann über mich und meine Kinder! Er hat drei meiner Angehörigen getötet. Wie kann das sein? Plötzlich spürte ich diesen Schrecken blanker Willkür.*

Lange wollte ich die Chronik dieses Tages umschreiben, um auf diese Weise die Zukunft abzuwenden, die der Unfall mir aufgezwungen hat. Ich brachte Wochen damit zu mir vorzustellen, wie ich den Ablauf dieses Tages verändern könnte, nur damit wir nicht zu diesem Powwow gehen mussten. Nachdem ich diese Möglichkeit in allen Variationen durchgespielt hatte, tat ich so, als wäre ich länger beim Powwow geblieben. Ich schickte die Kinder in Gedanken vor der Heimfahrt noch einmal auf die Toilette. Ich stellte mir vor, ich wäre irgendwo falsch abgebogen oder hätte an einer Kreuzung etwas länger gewartet. Ich versuchte verzweifelt in meinen Gedanken abzuändern, was in Wirklichkeit geschehen war.

Doch mein Schwager forderte mich auf, mir gut zu über-

> *Lange wollte ich die Chronik dieses Tages umschreiben, um auf diese Weise die Zukunft abzuwenden.*

legen, ob ich diese Macht wirklich haben möchte. Das Leben auf dieser Welt, so sagte er, ist ein potenzieller Unfall, der nur darauf lauert, sich zu ereignen. Daran können wir nicht viel ändern. Natürlich sind wir so vernünftig, uns anzuschnallen, die Geschwindigkeitsbegrenzungen einzuhalten, uns gesund zu ernähren, uns regelmäßig zu bewegen, ausreichend zu schlafen und verantwortungsbewusst zu handeln. Diese guten Angewohnheiten werden Unfälle auf ein Minimum reduzieren, aber nicht völlig verhindern. Wollte ich die Zukunft wirklich wissen, um mich vor Unfällen zu schützen, die sich im Leben jedes Menschen unweigerlich und willkürlich ereignen? Und wenn ich tatsächlich wüsste, welche Gefahren auf uns lauern, und ich den Kurs meines Lebens ändern könnte – wollte ich dann wirklich wissen, welcher Unfall als Nächstes auf mich wartet, gerade *weil* ich den Kurs meines Lebens geändert habe? Was ich da verlangte, sagte er, war, zu sein wie Gott – und das stünde mir ohne Zweifel nicht frei. Wenn ich mich also wirklich vor Unfällen schützen wollte, so fuhr er fort, müsste ich mich in einen keimfreien Schonraum einschließen und dort den Rest meines Lebens bleiben. Aber wer würde das schon wollen? Besser sei es, so schloss er, mich für Unfälle zu wappnen und sie durchzustehen, so gut ich es konnte. Ich solle meinen Versuch, die Welt zu kontrollieren, lieber aufgeben und stattdessen aus der Hoffnung leben.

Vielleicht meistern deshalb so viele Menschen die Erfahrung schlimmer Verluste so gut, weil sie lernen, mit Hoffnung zu leben. Angesichts des vielen Leids, das uns erwartet, ist es ein Wunder, wie wenige Menschen in ständiger Angst leben und sich völlig von dem lähmen lassen, was geschehen könnte. Irgendwie schaffen wir es, relativ gut zurechtzukommen, das Beste zu hoffen und das Schlechteste, wenn es uns denn trifft, als Teil einer gefallenen Welt zu akzeptieren. Wir sind bemerkenswert anpassungsfähige Kreaturen. Wenn wir zu Boden gehen, stehen die meisten von uns wieder auf, so wie Gras sich wieder aufrichtet, wenn man es niedertrampelt. Wir fangen wieder an, zu lieben, zu arbeiten und zu hoffen. Es ist uns das

Risiko und die Mühe wert, in dieser Welt zu leben, obwohl ganz gewiss auch Schrecken und Angst auf uns warten, und wir wagen zu hoffen, dass das Leben alles in allem doch noch lebenswert ist.

Das Leben ist für mich tatsächlich lebenswert, obwohl ich lange gebraucht habe, um zu diesem Schluss zu kommen. Auf dem Weg dorthin haben mir zwei biblische Geschichten geholfen, die mir eine neue Sicht auf die scheinbar sinnlosen Zufälle geschenkt haben. Beide zeigen, dass Ereignisse, die uns willkürlich erscheinen mögen, vielleicht gar keine Launen des Schicksals sind. Die erste Geschichte handelt von einem reichen Mann namens Hiob und davon, dass wir als Menschen die Macht haben, uns für Gott zu entscheiden, selbst wenn dieser uns fern zu sein und das Chaos zu regieren scheint. Die zweite, die Geschichte von Josef, zeigt, dass Gott die Fäden selbst dort in der Hand hält, wo es für uns auf den ersten Blick nicht so aussieht.

> *Das Leben ist für mich tatsächlich wieder lebenswert, obwohl ich lange gebraucht habe, um zu diesem Schluss zu kommen.*

Zunächst war mir die Geschichte von Hiob (vgl. das Buch Hiob) zuwider. Schließlich jedoch war ich gezwungen, mich damit auseinander zu setzen, weil ich eine Vorlesung über das Verständnis des Leids im Judentum zu halten hatte. Die Geschichte beginnt mit einer Beschreibung des Reichtums und der Tugendhaftigkeit Hiobs. Er ist reich, gütig und großzügig und hat viele Kinder und eine treue Frau. Wenn ein Mann einen solchen Überfluss verdient hat, dann mit Sicherheit der tugendhafte Hiob. Dann wechselt die Szene. Satan erscheint vor dem Thron Gottes. Und Gott weist auf Hiob und meint, es gäbe niemanden, der sich an Glauben und Gerechtigkeit mit Hiob messen könne. Doch Satan fordert Gott heraus, indem er behauptet, Hiob sei nur deshalb ein so guter und gottesfürchtiger Mann, weil Gott ihm das Leben so leicht mache. Würde Gott sein Leben in eine Plage verwandeln, würde er sicher einen anderen Hiob erleben.

Und so schlägt Satan einen Test vor, um zu prüfen, ob Hiob auch dann noch ein gerechter Mensch bleibt, wenn ihm Leid widerfährt. Gott nimmt die Herausforderung an und gestattet Satan, Hiob das Leben schwer zu machen. Erst verliert Hiob seinen Reichtum, dann seine Kinder und seine Knechte und schließlich seine Gesundheit. Hiob bleibt nichts. Er setzt sich in die Asche, kratzt sich die entzündete Haut blutig und beklagt sein Schicksal. Er weiß natürlich nichts von dem Wettstreit, der im Himmel stattfindet. Er kennt nur sein Leid und seinen Schmerz und weiß nur, was er verloren hat.

Schließlich gewann ich eine neue Sicht auf die scheinbar sinnlosen Zufälle.

Den größten Teil des Buches machen die Gespräche zwischen Hiob und seinen drei Freunden aus. Diese Freunde besuchen Hiob, um ihn zu trösten. Sieben Tage sitzen sie schweigend neben ihm, so sehr hat sein Anblick sie erschreckt. Schließlich versuchen sie, eine Erklärung für Hiobs Leid zu geben. Sie alle sind überzeugt, dass Menschen wie Hiob Leid erfahren, weil sie es verdient haben. Obwohl Hiob so gerecht erscheint, muss er wohl eigentlich doch böse sein, denn sonst würden ihn solche Katastrophen nicht treffen. Verzweifelt schreit Hiob Gott seine Klage entgegen; er verflucht den Tag, an dem er geboren wurde, und wünscht seinen Tod herbei. Doch weder verflucht er Gott noch akzeptiert er die Erklärungsversuche seiner Freunde. Er ist nicht schlechter als andere Menschen, so sagt er. Ja, er ist möglicherweise sogar besser als andere. Warum also muss er so viel mehr erleiden als alle anderen? Er kann keinen Sinn darin erkennen. Sein Leid erscheint ihm willkürlich und das macht ihm Angst.

Dann tritt eine weitere Person auf: Elihu. Er hat den Gesprächen zwischen Hiob und seinen Freunden geduldig zugehört, nun ist er an der Reihe, etwas dazu zu sagen. Er hinterfragt ihre verschiedenen Erklärungsversuche und bietet schließlich eine eigene Erklärung an. Er hält fest, dass Gott, trotz allem, was Hiob widerfahren ist, transzendent ist. Er deutet an, dass Gott auf geheimnisvolle Weise zu uns Menschen redet – zum Beispiel durch Träume –, damit wir erfahren, was wir über Gott wissen müssen, aber nur mit Mühe begreifen.

Schließlich begegnet Gott Hiob in einem Wettersturm und stellt ihm eine Reihe von Fragen – rhetorische Fragen, um Hiob zu zeigen, wie ganz anders, wie machtvoll, wie weise er ist und wie unendlich überlegen gegenüber dem unbedeutenden Hiob. „Kannst du die Sterne ans Firmament werfen?", fragt Gott Hiob. „Warst du da, als ich die Welt erschuf?" Schließlich gesteht Hiob ein, dass er über Dinge geredet hat, die er nicht begreift. So erstaunlich es klingen mag: Hiob entschuldigt sich bei Gott. Und dann holt Gott ihn heraus, erstattet ihm alles Verlorene doppelt und gebietet den drei irrenden Freunden, sie sollen Hiob bitten, für sie zu beten, denn sie sind weit mehr im Irrtum als er.

> Als ich die Geschichte Hiobs zum ersten Mal las, ärgerte ich mich darüber, wie willkürlich Gott hier erscheint.

Als ich diese Geschichte zum ersten Mal las, ärgerte ich mich darüber, wie willkürlich Gott hier erscheint. Hiob kam mir vor wie ein Spielball des Schicksals, hin und her geworfen von Kräften, die er weder versteht noch kontrollieren kann. Die bedrohliche Machtdemonstration Gottes, mit der er Hiob so einschüchtert, dass dieser eine legitime Frage wieder zurückzog, behagte mir gar nicht. Doch dann entdeckte ich, dass ich der Geschichte kritisch gegenüberstand, weil ich *von außen* auf Hiob und seine Erfahrung schaute, so wie ein Wissenschaftler die Vorgänge bei einem klinischen Experiment betrachtet.

Hiobs Geschichte wurde für mich verständlicher und sinnvoller, als ich versuchte, mich in seine Erfahrung hineinzuversetzen – eine Möglichkeit, die jedem offen steht, der selbst schwere Verluste erlebt hat. Zu sehen, über welche Freiheit Hiob verfügt – die Freiheit, darüber zu entscheiden, wie er auf sein Leid reagieren wollte –, ließ mich erschaudern. Denn seine Entscheidung in dieser Frage hallte sogar im Thronsaal Gottes nach, wo die himmlischen Heerscharen und der allmächtige Gott selbst darauf warteten, welches Ende Hiobs Leben nehmen würde. Ihnen war es nicht egal, wie Hiob sich entschied. Er hatte keine Ahnung, welches Ausmaß seine Entscheidungsgewalt hatte, aber er war keineswegs eine einsame Gestalt, deren Entscheidungen nicht zählten – auch wenn er tausendmal versucht war, genau das zu glauben.

Hiob, so sah ich jetzt, hörte nicht deshalb auf, Fragen zu stellen, weil Gott seine Muskeln spielen ließ. Er ließ seine Fragen verstummen, weil er schließlich die unermessliche Größe Gottes unmittelbar erfuhr und erkannte. Er hatte *über Gott geredet*; nun aber hatte er Gott *kennen gelernt*. Durch die Begegnung mit dem wirklichen Gott waren einfach alle Fragen beantwortet. Hiob erkannte, dass Gott die Antwort auf alle seine Fragen war, selbst auf die Fragen, an die er noch gar nicht gedacht hatte. Hinter der vermeintlichen Willkür des Lebens, so lernte Hiob, steht die Existenz eines Gottes, der Hiob an Größe zwar unendlich übersteigt, dem aber Hiobs Entscheidungen dennoch nicht gleichgültig sind. Letztlich fand Hiob Sinn in der unfassbaren Gegenwart Gottes, die er mit seinem Verstand nicht bis ins Letzte begreifen, die er aber mit der Tiefe seines Seins erfahren konnte.

> *Hiob hörte nicht deshalb auf, Fragen zu stellen, weil Gott seine Muskeln spielen ließ. Er ließ seine Fragen verstummen, weil er schließlich die unermessliche Größe Gottes unmittelbar erfuhr.*

Die zweite Geschichte, die Geschichte von Josefs Begegnung mit dem Leid, bewegt sich an zwei Erzählsträngen entlang, die am Ende zusammenfinden (vgl. 1 Mo 37-50). Der erste Erzählstrang beschreibt Josefs Leidensweg und seine anschließende Rehabilitierung. Er ist das verwöhnte Lieblingssöhnchen. Voll eifersüchtiger Wut verraten ihn seine älteren Brüder. Sie verkaufen ihn als Sklaven an eine Karawane, die nach Ägypten zieht, und erzählen ihrem Vater Jakob, Josef sei von einem wilden Tier getötet worden. In den ersten Jahren, die Josef in Ägypten verbringt, dient er einem wohlhabenden und mächtigen Beamten, in dessen Haushalt er bald den verantwortungsvollsten Posten innehat. Doch wieder wird er verraten, diesmal von der Frau seines Herrn. Er wird ins Gefängnis geworfen, wo er sich hocharbeitet, bis er über allen anderen Gefangenen steht.

An zwei wichtigen Wendepunkten der Geschichte wird berichtet, dass Gott mit Josef ist, sogar im Leiden. Und auch an Josefs Verhalten wird deutlich, dass er selbst davon überzeugt ist, dass Gott mit ihm ist, obwohl es für diese Annahme keinen offensichtlichen Grund gibt. Nachdem Josef einen beunruhigen Traum des Pharao deutet und ihm zu klugen politischen Maßnahmen rät, wird er nicht nur aus dem Gefängnis entlassen, sondern sogar zum obersten Verwalter des ägyptischen Reiches eingesetzt. Er überwacht die Einlagerung von Getreidevorräten während der sieben fruchtbaren Jahre, später, während der siebenjährigen Dürre, die Verteilung dieses Getreides. Viele Jahre nach dem Verrat reisen seine Brüder nach Ägypten, um dort Getreide zu kaufen. Josef gibt sich ihnen zu erkennen (nachdem er sie einer Prüfung unterzogen hat) und lässt ihre Familien und seinen Vater nach Ägypten holen, wo sie sich niederlassen und zu Wohlstand kommen. Das ist der erste Erzählstrang.

Möglicherweise sind unsere Tragödien ein sehr schlimmes Kapitel in einem guten Buch.

Doch es gibt noch einen zweiten Erzählstrang. Er berichtet von Gottes weit umfassenderen Absichten, die die Lebensgeschichte Josefs in eine viel größere Geschichte einbinden. Vordergründig geht es darum, dass Josef durch seine Brüder Leid widerfährt. Aber Gott sieht bereits, als das geschieht, wie er Josefs Erlebnisse nutzen kann, um seine Familie nach Ägypten zu holen, wo sie leben und später zu Sklaven gemacht werden sollten. Dann, nach vielen Jahren, werden sie von Mose, einer der großen Ursprungsgestalten des jüdischen Glaubens, in die Freiheit geführt. Josef weiß nichts davon, dass seine Lebensgeschichte in dieses größere Geschehen hineingehört, das unzählige Menschen und eine jahrhundertelange Geschichte umspannt. Doch schließlich wird sich zeigen, dass Josefs Leben keine Kette zufälliger und unzusammenhängender Einzelereignisse ist, sondern vielmehr eine Geschichte, die einen Sinn hat – auch wenn Josef selbst diesen Sinn nicht sieht und nie völlig verstehen wird.

Trotzdem begreift Josef in den Grenzen seiner Lebensspanne genug, um zu seinen Brüdern sagen zu können: „Ihr wolltet mir Böses tun, aber Gott hat Gutes daraus entstehen lassen" (1 Mo 50,20). Josef hält fest, dass ihm großes Unrecht geschehen ist; aber angesichts dieses Unrechts glaubt er doch, dass Gottes Gnade über das Böse triumphiert hat. Während die Ereignisse seines Lebens sich vor seinen Augen entfalten, erkennt er, dass Gott gut ist, auch wenn er dies am Anfang noch nicht sehen konnte. Josefs Geschichte hilft uns zu erkennen, dass unsere Tragödien möglicherweise ein sehr schlimmes Kapitel in einem sehr guten Buch darstellen. Der Schrecken des Willkürlichen ist eingebettet in die geheimnisvollen Absichten Gottes. Am Ende erweist das Leben sich als gut, obwohl der Weg dahin vielleicht voller Umwege und Schwierigkeiten war.

> *Ich sehe das größere Bild noch nicht, aber ich habe mich entschieden zu glauben, dass es dieses größere Bild gibt und dass mein Verlust Teil einer wunderbaren Geschichte ist, die Gott selbst schreibt.*

Ich habe mir oft vorgestellt, wie mein eigenes Leben in einen größeren Plan hineinpasst, auch wenn ich diesen niemals auch nur annähernd ergründen werde. Ich sehe das größere Bild einfach nicht, aber *ich habe mich entschieden zu glauben,* dass es dieses größere Bild gibt und dass mein Verlust Teil einer wunderbaren Geschichte ist, die Gott selbst schreibt. Manchmal frage ich mich, wie mein Verlust eines Tages diesem größeren Ziel dienen wird, das ich noch nicht sehen oder begreifen kann. Vielleicht trägt meine Geschichte dazu bei, von einer schlechten Vergangenheit frei zu werden, oder sie wird einer besseren Zukunft dienen. Vielleicht gab es im Erbe meiner eigenen Familie

Generationen abwesender und egoistischer Väter – und ich habe nun die Chance bekommen, dieses Muster zu durchbrechen. Vielleicht werden eines Tages Menschen, die katastrophale Verluste erleiden, auf unsere Familie blicken und dort Hoffnung und Orientierung finden. Ich weiß es nicht. Aber ich habe *beschlossen* zu glauben, dass Gott auf ein letztendliches Ziel hinarbeitet, dem sogar mein Verlust noch dienen kann.

In *The Eight Day* legt Thornton Wilder den Gedanken nahe, unser Leben als eine großartige Landschaft zu begreifen, die sich weit über das hinaus erstreckt, was das Auge unserer Erfahrung ermessen kann. Wer weiß schon, ob nicht eine Erfahrung, so grauenhaft sie auch sein mag, eine Kette von Ereignissen nach sich ziehen kann, durch die Generationen von Menschen gesegnet werden? Verluste mögen uns willkürlich erscheinen, doch das bedeutet nicht, dass sie es auch sind. Vielleicht passt jede solche Erfahrung in einen größeren Plan, der alles übersteigt, was wir uns vorzustellen wagen.

Kapitel 9

Warum *nicht* ich?

*Jean Valjean, mein Bruder, du gehörst nicht länger
dem Bösen, sondern dem Guten. Deine Seele ist es,
die ich für dich erkauft habe. Ich entziehe sie
den dunklen Gedanken und dem Geist
der Verdammnis und übergebe sie Gott!*

Victor Hugo

Nach dem Unfall erhielt ich viele Karten und Briefe. Ich bin dankbar, dass nur wenige meinten, mir Ratschläge erteilen zu müssen. Stattdessen drückten viele ihre Betroffenheit, ihre Wut und ihre Zweifel aus. „Warum ausgerechnet du?", fragten sie immer wieder. In einer Beileidsbekundung hieß es: „Ihr wart für mich eine ideale Familie. Diese Tragödie ist ein schreckliches Unrecht. Wenn es euch treffen kann, dann kann es jeden von uns treffen. Nun ist keiner mehr sicher!"

Keiner ist sicher – weil dieses Universum kein sicherer Ort ist. Oft erleben wir unsere Welt als brutal, unberechenbar und ungerecht. Verluste vertragen sich nur schwer mit unserem Verständnis von Gerechtigkeit. Manche Menschen führen ein langes, glückliches Leben, obwohl sie es (so denken wir) verdient hätten zu leiden. Andere müssen einen Verlust nach dem anderen hinnehmen, obwohl sie Segen verdient hätten. Der Verlust nimmt genauso wenig Rücksicht auf die Person oder ihre Stellung wie das Glück. Oft können wir uns keinen Reim darauf machen, warum manche solches Elend und andere solches Glück erfahren.

Zwei Wochen vor dem Unfall waren Lynda und ich im Gespräch bei der Frage gelandet, was wir tun würden, wenn einer von uns sterben sollte. Wir sprachen darüber, wie wir die Kinder großziehen würden und was uns am allein Erziehen am schwersten fallen würde. Wir fragten uns, welche unserer Freunde wohl zu uns stehen würden und welche Freundschaften sich wohl allmählich auflösen würden. Wir diskutierten über Geld und Zeit und die Haushaltsführung. Auch die Frage einer Wiederheirat kam auf. Wir waren uns beide einig, dass es unter idealen Bedingungen gut wäre, wenn zwei Partner im Haus wären. Doch die Bedingungen sind nur selten ideal, und deshalb zögerten wir, einfach anzunehmen, wir könnten einen neuen Ehepartner finden. Wir entschieden, dass es besser wäre, allein zu bleiben und all unsere Energie in die Kinder zu investieren, statt uns auf eine Beziehung einzulassen, die unsere ganze Kraft beansprucht. Und dann witzelte Lynda: „Wenn man den Statistiken glaubt, gibt es ohnehin keinen geeigneten Mann, der mich heiraten würde. Und nach dem, was ich über dich weiß, gibt es keine Frau, die so verrückt wäre, dich zu heiraten!" Am Schluss waren wir unendlich erleichtert, dass es sich bei unserem Gespräch nur um theoretische Erwägungen handelte. Wir waren so froh, einander zu haben.

> „Wenn es euch treffen kann, dann kann es jeden von uns treffen. Nun ist keiner mehr sicher!"

Warum ausgerechnet ich? Diese Frage habe ich mir oft gestellt – wie es bei Menschen, die einen Verlust erfahren haben, oft der Fall ist. Warum hat uns dieses Unglück getroffen? Warum, sie war doch noch so jung? Warum, nachdem wir so sehr um unsere Ehe gekämpft haben? Warum in der Blüte ihres Lebens? Warum so kurz vor der Rente?

Warum ausgerechnet ich? Die meisten von uns wollen ihr Leben selbst in der Hand haben. Und meistens gelingt uns das auch ganz gut. Und das hat zu einem guten Teil mit den ungeheuren Möglichkeiten zu tun, die uns in der westlichen Zivilisation zur Verfügung stehen. Wir haben Zugang zu guter medizinischer Versorgung, zu Bildung und Unterhaltung. Wir haben gute Jobs und behagliche Häuser. Folglich steht es in unserer Macht, uns das meiste, was wir wollen, auch zu beschaffen. Aber eben diese Tatsache, dass wir so vieles unter Kontrolle haben, macht uns auch besonders verwundbar, wenn wir erfahren, dass wir einmal nicht die Umstände bestimmen können.

Verluste rauben uns die Kontrolle. Das Krebsgeschwür wuchert, Gewalt bricht aus, eine Scheidung zerstört die Familie, die Arbeitslosigkeit ist frustrierend, der Tod kommt ganz unvermutet – oft bleibt uns keine Vorwarnzeit. Plötzlich sind wir gezwungen, uns unsere Grenzen einzugestehen. Unsere Hoffnungen zerplatzen wie Seifenblasen. Wir fragen uns, was schief gelaufen ist. Wir wehren uns innerlich gegen das, was da in unser Leben eindringt, uns Unannehmlichkeiten bereitet und uns aus den gewohnten Bahnen reißt. Wir hatten das so nicht geplant! „Warum ausgerechnet ich?", so fragen wir uns.

Weil wir so vieles unter Kontrolle haben, sind wir auch besonders verwundbar, wenn wir erfahren, dass wir einmal nicht die Umstände bestimmen können.

Einmal hörte ich jemanden die umgekehrte Frage stellen: „Warum ausgerechnet ich *nicht*?" Das war keine fatalistische Frage, denn dieser Mann ist kein Fatalist. Er stellte die Frage, nachdem seine Frau an Krebs gestorben war. Er sagte, Leid gehöre zum Leben. Sie wären dreißig Jahre verheiratet gewesen, hätten ihre Kinder großgezogen, sich für andere eingesetzt und viele glückliche Stunden miteinander verbracht. Dann sei die Zeit gekommen, eine andere, dunklere und schmerzlichere Seite des Lebens kennen zu lernen. Er konnte weder erklären, warum sein Leben auf einmal eine so schlimme Wende genommen hatte, noch warum es bis zu diesem Punkt so gut verlaufen war. Hatte er es sich ausgesucht, in einer gesunden Familie groß zu werden? Besaß er die Kontrolle darüber, wo und wann und als wessen Kind er geboren wurde? Hatte er bestimmt, wie groß, schwer, intelligent oder attraktiv er war? War er ein besserer Mensch als das Baby, das in eine arme Familie in Bangladesch hineingeboren wurde? Er kam zu dem Schluss, dass sich vieles im Leben einfach so ereignet – jenseits unserer Kontrolle. „Warum ausgerechnet ich nicht?" ist also eine ebenso gute Frage wie jede andere.

Dieser Mann besitzt Weitblick. Er begreift seinen Verlust im Licht der allgemeinen Erfahrungen von Menschen. Die frühere Sowjetunion verlor während des 2. Weltkriegs beinahe 20 Millionen Menschen, zusätzlich zu den Millionen, die Stalin in den dreißiger Jahren ausgelöscht hatte. Buchstäblich jede Familie war vom Tod betroffen. Europa verlor in der ersten Phase des Schwarzen Todes von 1347-50 ein Viertel seiner Bevölkerung. Hunderte von Millionen von Menschen leben in der Dritten Welt in so extremer Armut, dass sie Wohlstand noch nicht einmal von weitem betrachten, geschweige denn erfahren können. Sie wissen kaum, was ihnen entgeht. In vielen innerstädtischen Gebieten sind für Jugendliche Gewalt und Drogenabhängigkeit ebenso selbstverständlich wie ein grüner Rasen und freundliche Nachbarn für uns. Millionen von Menschen erleiden Missbrauch in irgendeiner Form. „Warum ausgerechnet ich?" scheint da nicht die richtige Frage zu sein. „Warum ausgerechnet ich nicht?" liegt schon näher an der Realität, wenn wir bedenken, wie die meisten Menschen leben.

Ich erkannte schon bald nach dem Unfall, dass ich in eine Gemeinschaft von Leidenden hineingenommen war, die die ganze Welt umspannt. Meine Tragödie machte mich mit einer Seite des Lebens bekannt, die die meisten Menschen auf dieser Welt nur zu gut kennen. Selbst jetzt bin ich kaum qualifiziert, zu dieser Gemeinschaft zu gehören, wenn man bedenkt, wie gut mein Leben all die Jahre gewesen ist und bis heute noch ist. Ich kann über vieles bestimmen. Ich habe einen großartigen Freundeskreis. Ich kann es mir leisten, Teilzeit zu arbeiten. Ich habe einen sicheren Arbeitsplatz mit flexiblen Arbeitszeiten und einer großzügigen Vergütung. Ich habe familiäre Wurzeln, aus denen ich viel Kraft und Weisheit schöpfen kann. Der Unfall war eigentlich eine kurze, wenn auch dramatische Unterbrechung eines Lebens, das ansonsten von Glück, Sicherheit und Wohlstand geprägt ist. Ich gehöre immer noch zu der Kategorie von Menschen die weiß, männlich, amerikanisch, sozial abgesichert, wohlhabend, beruflich erfolgreich, etabliert und geliebt

> *Meine Tragödie machte mich mit einer Seite des Lebens bekannt, die die meisten Menschen auf dieser Welt nur zu gut kennen.*

sind. Für viele bin ich sogar ein Held – was mir wie ein Hohn vorkommt, da ich nichts anderes tue als das, was Menschen überall auf dieser Welt seit Jahrhunderten getan haben: ich mache das Beste aus einer schlimmen Lage. Warum also nicht ausgerechnet ich? Darf ich erwarten, ein Leben lang von Enttäuschungen und Leid verschont zu bleiben? Von Verlusten, Trauer und Schmerz? Allein diese Erwartung erscheint mir nicht nur unrealistisch, sondern sogar arrogant. Gott bewahre mich vor einem solch perfekten Leben!

> Darf ich erwarten, ein Leben lang von Leid, Verlust, Trauer und Schmerz verschont zu bleiben? Allein diese Erwartung erscheint mir nicht nur unrealistisch, sondern sogar arrogant.

Warum ich? Die meisten von uns möchten ihr Leben nicht nur unter Kontrolle haben, sie möchten auch, dass es fair zu ihnen ist. Und wenn wir dann Leid erfahren, berufen wir uns auf unser Recht auf Gerechtigkeit und sperren uns gegen Umstände, die dem entgegenstehen. Wir verlangen, in einer Gesellschaft zu leben, in der Tugend belohnt und Untugend bestraft wird; in der harte Arbeit Erfolg garantiert und Faulheit den finanziellen Ruin; in der der Anständige gewinnt und der Boshafte verliert. Wir fühlen uns betrogen, wenn das Leben anders verläuft, wenn wir das bekommen, was wir nicht verdient haben, und das nicht bekommen, was wir meinen, verdient zu haben.

Ich glaube keine Sekunde daran, dass ich mit dem Unfall das bekommen habe, was ich verdient hatte. Ich bin nicht vollkommen und werde es auch niemals sein, aber ich bin sicherlich nicht schlechter und vielleicht sogar besser als manch anderer, dem alles zuzufallen scheint. Wer glaubt, dass Menschen gedeihen oder scheitern, je nachdem, wie gut oder leistungsfähig sie sind, macht es sich zu einfach. Das widerspricht einfach jeglicher Erfahrung. Ich kenne eine Mutter von vier Kindern, eine Frau von nicht einmal vierzig Jahren, deren Mann vor kurzem bei einem Flugzeugabsturz ums Leben kam. Sie ist der Inbegriff von Güte, Freundlichkeit und Aufrichtigkeit – genauso wie ihr

Mann. Was hat sie getan, um das zu verdienen? Ich kenne eine andere Frau, beinahe achtzig Jahre alt, die ihre drei Sprösslinge als Kinder vernachlässigt und missbraucht hat, die sich von zwei Männern scheiden ließ, bloß weil sie keine Lust mehr hatte, mit ihnen verheiratet zu sein, die raucht und trinkt und sich trotzdem bester Gesundheit erfreut, finanziell abgesichert ist und viele Freunde hat. Was hat sie getan, um einen solchen Segen zu verdienen?

Acht Monate nach dem Unfall stand der Fahrer des anderen Wagens wegen Unfallverursachung und mehrfachem Totschlag vor Gericht. Ich war als Zeuge der Anklage vorgeladen. Das bedeutete, dass ich noch einmal dem Mann in die Augen schauen musste, dem ich kurz nach dem Unfall begegnet war. Ich fürchtete mich vor der Fahrt nach Boise, wo die Verhandlung abgehalten wurde. Ich war so nervös, dass mir schlecht wurde. Ich wollte keine Rache, aber ich wollte Gerechtigkeit, sodass der Mann, den ich für den Tod von drei Menschen verantwortlich machte, eine gerechte Strafe für sein Unrecht bekam. So würde es wenigstens eine Art Ausgleich für das Leid geben, das er verursacht hatte.

Die Staatsanwaltschaft war sich ihrer Sache sicher. Der Fall schien so eindeutig. Doch die Verteidigung argumentierte, dass niemand beweisen könne, dass der Angeklagte den Wagen gefahren habe, da sowohl er als auch seine Frau aus dem Wagen geschleudert worden waren. So lag die Beweislast aufseiten der Anklage. Ein Zeuge hatte gesehen, wie der Angeklagte nur zehn Minuten vor dem Unfall auf der Fahrerseite in den Wagen gestiegen war. Andere Zeugen hatten gehört, wie der Angeklagte nach dem Unfall zugegeben hatte, den Wagen gefahren zu haben. Doch der Verteidiger schaffte es, genügend Zweifel an den Aussagen der Zeugen aufkommen zu lassen, um für seinen Mandanten einen Freispruch herauszuschlagen.

Nach der Verhandlung beherrschte mich eine rasende Wut. In meinen Augen war die Sache so unfair verlaufen wie der Unfall selbst.

Nach der Verhandlung beherrschte mich eine rasende Wut. In meinen Augen war die Sache so unfair verlaufen wie der Unfall selbst. Weder der Fahrer noch die Opfer – die lebenden wie die toten – bekamen, was sie verdient hätten. Der Prozess war ein Hohn und wurde für mich zum Symbol für die Unfairness des ganzen Unfallgeschehens. Ich hatte lange zu kämpfen, um nicht zynisch zu reagieren.

Doch mit der Zeit beschäftigte mich mehr der Gedanke, warum ich einfach angenommen hatte, ein Recht auf Fairness zu besitzen. Nehmen wir an, dass ich es nicht verdient habe, drei Angehörige zu verlieren. Doch hatte ich es denn verdient, dass ich sie überhaupt gehabt hatte? Lynda war eine ganz besondere Frau gewesen und sie hatte in schwierigen Zeiten treu zu mir gestanden und mir ihre Liebe geschenkt. Meine Mutter hatte bis zu ihrem Tod vielen Menschen geholfen und mir in den rebellischen Tagen meiner Pubertät viel Verständnis entgegengebracht. Diana Jane sprühte vor Lebensfreude und füllte unser Haus mit ihrem Geplapper und ihrer Begeisterung. Vielleicht hatte ich ihren Tod nicht verdient; aber ebenso wenig hatte ich verdient, dass sie Teil meines Lebens gewesen waren. Oberflächlich betrachtet gefällt mir der Gedanke, in einer vollkommen fairen Welt zu leben. Aber wenn ich genauer darüber nachdenke, kommen mir so meine Zweifel. In einer solchen Welt würde ich vielleicht niemals Leid erfahren; aber mir würde auch niemals Gnade widerfahren – insbesondere die Gnade, die Gott mir mit den drei wunderbaren Menschen geschenkt hat, die ich nun verloren habe.

Neulich unterhielt ich mich mit einer Frau, deren Tochter in einen Verkehrsunfall geraten war. Die Tochter hatte den Wagen gefahren und schwer verletzt überlebt. Ihre Beifahrerin jedoch war getötet worden. Diese Frau litt mit ihrer Tochter, die sich schuldig fühlte, obwohl sie den Unfall nicht verursacht hatte.

> *Vielleicht hatte ich ihren Tod nicht verdient; aber ebenso wenig hatte ich das Glück verdient, dass sie Teil meines Lebens gewesen waren.*

Erstaunlicherweise fühlt sich auch die Mutter schuldig. Sie versteht nicht, wie ihre Tochter verschont bleiben konnte, während die Tochter einer anderen Mutter getötet wurde. Sie sagte zu mir: „Dieses Mädchen war ein ebenso guter Mensch wie meine Tochter. Ihre Mutter war keine schlechtere Mutter als ich. Warum also musste sie sterben? Warum muss ihre Mutter trauern? Das ist nicht fair. Das ergibt keinen Sinn." Beide Mütter bekamen, was sie nicht verdient hatten: Die Tochter der einen starb, die der anderen wurde verschont. Doch die Mutter des überlebenden Mädchens scheint die Gnade nicht annehmen zu können, dass ihre Tochter weiterleben darf. Sie fühlt sich schuldig, weil sie etwas so Unverdientes nicht annehmen kann. Und es war unverdient, genauso unverdient wie der Tod des anderen Mädchens.

Wenn wir eine Welt erwarten, die vollkommen fair ist, ergibt sich ein Problem: In einer solchen Welt gibt es keine Gnade, denn *Gnade ist nur dann Gnade, wenn sie unverdient ist*. In *Les Miserable* erzählt Victor Hugo die Geschichte von Jean Valjean, der neunzehn Jahre im Gefängnis verbringt, weil er einen Laib Brot gestohlen hatte und anschließend versuchte, aus der Haft zu fliehen. Seine Strafe und sein Leid sind offensichtlich unverdient und eine Folge davon, dass er in einer ungerechten Gesellschaft lebt. Seine Erfahrung macht aus ihm einen düsteren, bitteren Mann. Seine Bitterkeit wächst noch mehr, weil er mit der Schande eines Ex-Sträflings in der französischen Gesellschaft des 19. Jahrhunderts leben muss.

Verzweifelt bittet er eines Abends um ein Nachtquartier im Hause eines katholischen Bischofs, der ihn freundlich aufnimmt. Valjean sieht dies in seiner Bitterkeit jedoch nur als eine Gelegenheit, die Freundlichkeit des Bischofs auszunutzen. In der Nacht stiehlt er das Tafelsilber des Bischofs, wird jedoch auf der Flucht von der Polizei aufgegriffen. Als die Polizisten ihn in das Haus des Bischofs bringen, damit dieser ihn identifiziert, erleben sie eine Überraschung. Der Bischof reicht Valjean zwei silberne Leuchter mit den Worten: „Die haben Sie vergessen", und deutet an, er habe Valjean das Tafelsilber gegeben. Nachdem die Polizeibeamten gegangen sind, wendet sich der Bischof an Valjean und beansprucht sein Leben für Gott: „Ich habe deine Seele für Gott gekauft", sagt er zu ihm. In diesem Augenblick zerbricht Valjeans Bitterkeit an der Barmherzigkeit des Bischofs.

Der verbleibende Teil des Romans zeigt, welche ungeheure Kraft in einem erlösten Leben steckt. Valjean hat allen Grund, andere Menschen zu hassen und auszubeuten, schließlich hat das Schicksal sich bis dahin doch so oft gegen ihn gewandt. Doch er wählt den Weg der Barmherzigkeit, so wie der Bischof es tat. Er zieht ein Waisenkind auf, das ihm anvertraut wurde, nach dem die Mutter gestorben war. Er schont das Leben eines Vollzugsbeamten, der ihn fünfzehn Jahre lang gejagt hat, und rettet einem jungen Mann, seinem zukünftigen Schwiegersohn, das Leben, obwohl ihn dies beinahe sein eigenes Leben kostet. Er erfüllt sein Schicksal mit Freude, vergilt überall Böses mit Gutem und gelangt schließlich an das Ziel seiner Sehnsucht, in den Himmel.

Valjean begann, indem er sich zu holen versuchte, was er verdient zu haben meinte. Als ihm das nicht gelang, war er voller Zorn und Bitterkeit. Dann aber änderte sich seine Einstellung. Durch die Begegnung mit dem Bischof und seiner Barmherzigkeit wurde er selbst zu einem barmherzigen Menschen. So oder so – er bekam nie das, was er verdient hätte. Sein Leben war zugleich elend und gut. Sein Leiden war ebenso unverdient wie seine Erlösung.

> *Ich werde das Schlimme ertragen müssen, das ich nicht verdient habe; ich werde aber auch das Gute empfangen, das ich nicht verdiene.*

Ich möchte Valjean in einem gleichen: Ich möchte lieber mein Glück in einem Universum versuchen, in dem ich bekomme, was ich nicht verdient habe – in jeder Hinsicht. Das bedeutet, dass ich Verluste erleide, so wie es bereits geschehen ist, doch es bedeutet auch, dass ich Gnade empfange. Das Leben wird im Endeffekt viel schlechter sein, als es sonst gewesen wäre; aber es wird auch viel besser sein. Ich werde das Schlimme ertragen müssen, das ich nicht verdient habe; ich werde aber auch das Gute empfangen, das ich nicht verdiene. Ich fürchte mich davor, unverdienten Schmerz zu ertragen, doch das ist es mir wert, wenn ich dafür auch unverdiente Gnade erfahren darf.

Wenn ich eines in den letzten drei Jahren gelernt habe, dann dieses: dass ich die Gnade Gottes nötig habe und dass ich mich verzweifelt nach dieser Gnade sehne. Ich habe Gnade an Stellen erlebt, wo ich es nicht erwartet hätte. Freunde haben zu mir gehalten und mich unterstützt, trotz all meiner Probleme. Nach und nach kehrten Ruhe, Zufriedenheit und Einfachheit in meine Seele ein, und das, obwohl ich nie so viel um die Ohren hatte wie heute. Ich gehe abends dankbar ins Bett und lasse die Ereignisse des Tages Revue passieren, bis ich einschlafe; und morgens wache ich auf und gehe voller Begeisterung in den neuen Tag. Mein Leben ist erfüllt und produktiv, wie das Ackerland im Spätsommer.

> *Wenn ich eines in den letzten drei Jahren gelernt habe, dann dieses: dass ich die Gnade Gottes nötig habe und dass ich mich verzweifelt nach dieser Gnade sehne.*

Meine Kinder sind für mich eine nie versiegende Quelle der Freude geworden, auch wenn meine Aufgabe als allein erziehender Vater anstrengend ist. Fast jeden Tag nehme ich mir ein paar Minuten Zeit, um ihnen zuzuhören, wenn sie ihre Instrumente üben, oder um mit ihnen ein Spiel zu spielen oder ein paar Körbe Basketball zu werfen, über den Tag zu sprechen oder ihnen etwas vorzulesen. Wenn sie ins Bett gehen, komme ich zu ihnen ins Zimmer, um sie zuzudecken. Und bevor ich in mein Bett krieche, schleiche ich noch einmal leise zu ihnen herein, um Gottes Segen über ihnen auszusprechen – diese Gewohnheit habe ich von Lynda übernommen. Seit vier Jahren trainiere ich Davids Fußballmannschaft und manchmal führe ich Catherine zu einem Konzert oder zum Abendessen aus. John, mein Jüngster, begleitet mich überall hin; Freunde haben ihn schon als meinen Klon und Schatten bezeichnet.

Ich war schon Jahre vor dem Unfall Christ. Aber seit diesem Ereignis ist Gott für mich so lebendig und real wie noch nie. Mein Vertrauen in Gott ist stiller geworden, aber auch stärker. Ich stehe nicht mehr unter dem Druck, Gott beeindrucken oder mich beweisen zu müssen; aber ich will ihm von ganzem Herzen und mit all meiner Kraft dienen. Mein Leben ist erfüllt von seiner grenzenlosen Güte, auch wenn ich den Schmerz über das Verlorene noch spüre. Die Gnade verwandelt mich – und das ist wunderbar. Ich habe nach und nach gelernt, welcher Platz Gott gebührt, und ihm gestattet, diesen Platz einzunehmen – im Zentrum des Lebens und nicht irgendwo am Rand.

> *Aber seit diesem Unfall ist Gott für mich so lebendig und real wie noch nie. Mein Vertrauen in Gott ist stiller geworden, aber auch stärker.*

Ich kann es nur wiederholen: Gott bewahre uns vor einem Leben, in dem die Regeln der Fairness gelten! In einer Welt voller Gnade zu leben ist weit besser, als in einer Welt absoluter Gerechtigkeit zu leben. In einer fairen Welt mag unser Leben nett sein, aber nur so nett wie wir selbst. Wir mögen bekommen, was wir verdienen, aber ich frage mich, wie viel das sein wird und ob wir damit wirklich zufrieden wären. In einer Welt voller Gnade werden wir mehr bekommen, als wir verdienen. Wir werden das Leben empfangen, selbst dort, wo wir Leid tragen.

Kapitel 10

Vergeben – und erinnern

*Und so entdeckte ich, dass das Heil der Welt
weder von unserer Vergebung noch von unserer Güte
abhängt, sondern allein von Gottes Vergebung und Güte.
Wenn er uns aufträgt, unsere Feinde zu lieben,
so gibt er uns mit dem Gebot auch die Liebe dazu.*

CORRIE TEN BOOM

Tragische und katastrophale Verluste sind oft das Ergebnis von Unrecht.

Manche Menschen erleiden Verluste, weil andere brutal, treulos oder boshaft handeln. Vor ein paar Tagen wurde eine junge Frau aus unserem Wohnort von zwei Jugendlichen entführt, ausgeraubt und umgebracht. Sie warfen ihre Leiche wie Müll in den Straßengraben. Dann fuhren sie mit ihrem Auto davon. Ein Fernsehreporter interviewte sie nach ihrer Verhaftung. Keiner von ihnen leugnete das Verbrechen, obwohl beide sich gegenseitig beschuldigten, abgedrückt zu haben. Einer der Festgenommenen kicherte sogar boshaft in die Kamera und prahlte: „Ich lebe halt nicht gern nach den Regeln. Ich hab's gern so, wie ich es will." Seine Dreistigkeit machte die Angehörigen und Freunde des Opfers fast rasend vor ohnmächtigem Zorn. Ihr Verlust war die böse Folge eines verheerenden Unrechts, begangen an einem unschuldigen Opfer.

Andere Menschen erfahren Verluste, weil jemand einen groben Fehler macht. Dummheit und Inkompetenz können ebenso großes Leid hervorrufen wie Bosheit und Brutalität. Vergangene Woche forderte ein Brand in einem Haus in der Nähe das Leben eines neunjährigen Mädchens. Das Feuer brach aus, weil ein Junge mit einem Feuerzeug gespielt hatte. Ihr Tod war die grausame Folge seiner Dummheiten.

Und wieder andere erleiden Verluste, weil andere ihnen Böses antun, ohne etwas dabei zu fühlen oder sich um die Konsequenzen zu scheren. Vor einigen Jahren verloren einige Leute in einer Kleinstadt in der Nähe ihre gesamten Ersparnisse, weil sie einen guten Bekannten damit beauftragt hatten, es zu investieren, dieser das Geld aber in Spekulationsgeschäften verjubelte. Letztes Jahr erhielt ich einen Weihnachtsgruß von einer Frau, die Mühe hat, ihre vier Kinder durchzubringen, nachdem ihr Mann die Familie im Stich gelassen hat. Er hatte einfach von Ehe und Familie die Nase voll und machte sich aus dem Staub, um seine Freiheit zu genießen. Nun haben sie und die Kinder zu kämpfen, weil ihm sein Wunsch nach Unabhängigkeit wichtiger war als die Sicherheit und das Glück seiner Familie. Es war seine *Entscheidung*, sich scheiden zu lassen; das passierte nicht einfach von selbst.

Diese Verluste sind nicht zufällig – wie ein Unfall oder eine Naturkatastrophe. Sie sind die Folge menschlichen Verhaltens, das von Böswilligkeit, Dummheit oder Inkompetenz gekennzeichnet ist; diese Menschen hätten anders handeln können und müssen. Ärzte machen Behandlungsfehler, Investoren treibt die Gier nach mehr, Leute nutzen das Entgegenkommen ihrer Nachbarn aus, Kinder werden von Verwandten missbraucht, Menschen werden von Fremden beraubt und ermordet, betrunkene Autofahrer fahren zu schnell und töten Menschen. Einzelne treffen Entscheidungen, die zerstörerische und verheerende Folgen über sie selbst und andere bringen.

Die meisten Opfer von Unrecht und Fehlverhalten wünschen sich aus gutem Grund, dass es eine Wiedergutmachung gibt. Sie spüren intuitiv, dass es in diesem Universum eine moralische Ordnung gibt. Die Verletzung dieser moralischen Ordnung verlangt nach Gerechtigkeit. Ohne sie wird die Ordnung selbst untergraben, Recht und Unrecht werden irrelevant und Menschen erhalten einen Freibrief, zu tun und zu lassen, was sie wollen. Alles wird möglich und alles ist erlaubt. Menschen, die einen Verlust erfahren haben, schrecken vor dieser Aussicht zurück. Sie sind das Opfer eines Unrechts geworden, das ein anderer an ihnen begangen hat. Ihr unverdienter und unwiderruflicher Verlust erinnert sie jeden Tag daran, dass Unrecht geschehen ist und wieder gutgemacht werden muss, dass eine Strafe festgelegt und die Rechnung beglichen werden muss, dass der Schaden erstattet werden muss.

Nach dem Unfall bestand für mich kein Zweifel daran, dass mir und meiner Familie ein schreckliches Unrecht angetan worden war. Auf dem Weg ins Krankenhaus fragte ich mich immer wieder: „Wie konnte der andere Fahrer nur so etwas tun?" Ein paar Tage später setzten sich Beamte der Polizei und bald darauf Vertreter der bundesbehördlichen Staatsanwaltschaft mit mir in Verbindung. Nach den Zeugenaussagen und der Untersuchung war sich die Staatsanwältin sicher, dass sie genügend in der Hand hatte, um eine Verurteilung des Unfallverursachers herbeizuführen. Jeder, der mit dem Fall zu tun hatte, war überzeugt von der Schuld des Angeklagten. Diese Überzeugung machte sie ihrer Sache zu sicher, wie sich herausstellen sollte. Sie nahmen die Untersuchung nicht ernst genug und machten ihre Anklage nicht wasserdicht. An die Stelle von Kompetenz trat Selbstsicherheit. In der Verhandlung acht Monate später gelang es der Staatsanwaltschaft nicht, die geschickten Argumente der Verteidigung zu entkräften. Am Ende siegte, wie es scheint, die Gerechtigkeit nicht.

Ich hatte nicht angenommen, dass eine Verurteilung so mir nichts dir nichts zustande kommen würde; auch nicht, dass sie zu meiner persönlichen Heilung notwendig war. Es war für mich nicht entscheidend, dass der Fahrer des anderen Wagens verurteilt wird, auch wenn ich es mir natürlich wünschte. Mir war klar, dass unser Justizsystem manchmal versagt. Manchmal werden Unschuldige verurteilt und Schuldige freigesprochen. Ich versuchte, den Prozess nicht zu nah an mich heranzulassen, um mein eigenes Wohlbefinden nicht davon abhängig zu machen, wie die Verhandlung ausging. Dennoch war ich nicht auf die Enttäuschung vorbereitet, die mich überfiel, als der Angeklagte freigesprochen wurde.

In den Monaten, die auf den Prozess folgten, dachte ich oft an den Fahrer des anderen Wagens. Ich stellte mir in Gedanken

> *Ich wollte ihn leiden sehen und erleben, dass er für das Unrecht, das er in meinen Augen begangen hatte, bezahlt.*

vor, wie es wäre, wenn ich in der Zeitung läse, dass er auf grausame Weise zu Tode gekommen war oder ein Verbrechen begangen hatte, das ihn für immer hinter Schloss und Riegel brachte. Ich wollte ihn leiden sehen und erleben, dass er für das Unrecht, das er in meinen Augen begangen hatte, bezahlt. Ich träumte sogar davon, dass er und ich wieder in einen Unfall verwickelt waren. Sein Fahrzeug kollidierte mit meinem. Es war eindeutig seine Schuld, so wie ich auch beim ersten Mal angenommen hatte. Doch diesmal standen Hunderte von Zeugen bereit, gegen ihn auszusagen.

Schließlich merke ich, dass diese Gedankenspiele Gift für mich waren. Sie zeigten mir, dass ich mehr wollte, als nur Gerechtigkeit. Ich wollte *Rache*. Hass begann sich in meinem Herzen einzunisten. Ich war drauf und dran, unversöhnlich zu werden und das scheinbare Versagen unserer Justiz als Vorwand für meine fehlende Vergebungsbereitschaft zu benutzen. Ich wollte den Übeltäter bestrafen und Vergeltung üben. Allein der Gedanke an Vergebung war mir ein Gräuel. Als ich das bemerkte, wurde mir klar, dass ich vergeben musste. Tat ich es nicht, würde meine eigene Unversöhnlichkeit mich verzehren.

> Auf die Enttäuschung, die mich überfiel, als der Angeklagte freigesprochen wurde, war ich nicht vorbereitet.

Nicht immer wird der Gerechtigkeit Genüge getan. Schlechte Menschen kommen manchmal mit ihren bösen Taten davon. Da wird ein Vergewaltiger nicht erwischt oder nicht überführt. Da findet ein treuloser Ehepartner nach der Scheidung sein Glück. Da treiben gierige Menschen ehrliche Leute in den finanziellen Ruin. Wenn wir darauf bestehen, dass es im Leben immer fair zugehen soll, werden wir enttäuscht. Menschen werden an uns schuldig, ohne dafür zu bezahlen. Systeme versagen oder sperren sich gegen Reformversuche. Und was machen wir dann?

Selbstverständlich versagt die Justiz nicht immer. Oft arbeitet sie gut und der Schuldige wird bestraft. Doch merkwürdigerweise sind die Opfer selbst dann oft nicht zufrieden, wenn die Gerechtigkeit siegt. Der gerechte Ausgang eines schrecklichen Vergehens kann sogar Enttäuschung und Depressionen hervorrufen. Denn manchmal wollen die Opfer mehr als bloße Gerechtigkeit. Sie wollen, dass der Übeltäter genauso leidet wie sie – auf genau die gleiche Weise und genauso lange wie sie selbst. Ein gerechter Ausgang macht ihnen nur bewusst, dass keine noch so schwere Strafe ihren Verlust wiedergutmachen und ihren Durst nach Rache stillen kann. Sie wollen demjenigen, der ihnen Unrecht getan hat, Leid zufügen. Ihr Verlangen nach Rache ist ein Fass ohne Boden. Dieses Verlangen kann nicht befriedigt werden, egal wie viel Vergeltung ihm auch ermöglicht wird.

Das eigentliche Problem ist jedoch nicht die Rachsüchtigkeit an sich, sondern das *unversöhnliche Herz,* das hinter den Rachegelüsten steht. Unversöhnlichkeit ist wie ein schwelendes Feuer in unserem Inneren, wie Rauch, der die Seele erstickt. Sie ist so zerstörerisch, weil sie so heimtückisch ist. Hin und wieder flackert sie in Form von bitteren Anschuldigungen und Wutausbrüchen auf, doch die meiste Zeit über hält sie sich bedeckt und verrichtet ihr tödliches Werk in aller Stille.

Unversöhnlichkeit sollte nicht verwechselt werden mit gesunden Reaktionen auf einen Verlust. In unserem Wunsch nach Gerechtigkeit zeigt sich zum Beispiel unser Glaube daran, dass unsere Welt von einer moralischen Ordnung geprägt ist. Wenn Unrecht geschieht, gehen wir davon aus, dass der Verursacher bestraft werden sollte. Wut ist eine legitime emotionale Reaktion auf das verursachte Leid. Wenn jemand uns wehgetan hat, wollen wir zurückschlagen und dem anderen auch wehtun. Und Trauer ist ein natürlicher Zustand, der jedem Verlust auf dem Fuß folgt. Wenn wir jemanden oder etwas verloren haben und vermissen, schreit unsere Seele vor

> *Wut ist eine legitime emotionale Reaktion auf das verursachte Leid. Aber Unversöhnlichkeit ist wie ein schwelendes Feuer in unserem Inneren, wie Rauch, der die Seele erstickt.*

Schmerz und Verzweiflung. Solche Reaktionen zeigen, dass der Betreffende sich nach dem erfahrenen Verlust auf den gesunden, aber schmerzhaften Weg der Heilung macht.

Unversöhnlichkeit ist etwas anderes als Wut, Trauer oder der Wunsch nach Gerechtigkeit. Sie ist so verheerend wie eine Seuche. Unversöhnlichkeit hat schon mehr Schaden angerichtet als alles Unrecht dieser Welt zusammen. Die zerstörerische Wirkung kann so groß sein wie in Nordirland oder im Nahen Osten. Sie kann aber auch im Kleinen wirken: in Bandenkriegen, Familienfehden und in den bitteren Auseinandersetzungen ehemaliger Freunde. Im Namen der Unversöhnlichkeit begehen Menschen schreckliche Dinge.

Die Unversöhnlichkeit nutzt die Tatsache, dass jemand das Opfer von Unrecht geworden ist, als Rechtfertigung. Unversöhnliche Menschen sind wie besessen von dem Unrecht, das man ihnen angetan hat, und sind schnell dabei zu behaupten: „Ihr habt ja keine Ahnung, wie unerträglich mein Leid ist! Ihr wisst gar nicht, wie sehr mich der andere verletzt hat!" Natürlich haben sie damit Recht. Niemand kann das wissen. Aber ich frage mich manchmal, ob Recht zu haben das alles wert ist. Ist es all das Leid wert? Ist Recht zu haben es wert, dafür unter der Knechtschaft der Unversöhnlichkeit zu leben? Ist es wert, dafür den Teufelskreis der Zerstörung aufrechtzuerhalten?

Es gibt sichtbare Hinweise darauf, dass im Untergrund ein unversöhnliches Herz schwelt – Zeichen, die uns alarmieren sollten, dass in unserer Seele etwas Schlimmes vor sich geht. Unversöhnliche Menschen machen schnell ihre Rechte geltend. Sie sind hochsensibel für das kleinste Unrecht, das ihnen widerfährt, als lägen bei ihnen am ganzen Körper die Nerven blank. Sie sind besessen von den schlimmen Dingen, die ihnen in der Vergangenheit widerfahren sind, und sie sind überzeugt davon, dass ihr Leben schlechter ist als das jedes anderen Menschen auf dieser Welt. Sie beziehen sogar eine gewisse Lustbefriedigung aus ihrer Opferrolle. Sie genießen ihr Elend, weil es ihnen das Gefühl vermittelt, Macht über ihre Feinde zu besitzen, die sie für ihre Probleme verantwortlich machen; ja sie gewinnen auf diese Weise sogar Macht über ihre Freunde, denen sie ihr Leid klagen und deren Mitgefühl und Verständnis sie einfordern.

Unversöhnlichkeit ist eine Versuchung, die beinahe jeden herausfordert, der einen Verlust zu bewältigen hat. Ich denke da zum Beispiel an Sven, der durch seine fehlgeschlagene Ehe gezwungen war sich zu entscheiden, ob er auf ewig ein Gefangener seiner Vergangenheit bleiben oder ob er das ihm angetane Unrecht vergeben wollte. Bevor er mir seine Geschichte erzählte, gestand er ein, dass dies *seine* Sicht der Ereignisse war. Er wollte nicht den Eindruck erwecken, als gäbe es nicht auch eine andere Perspektive.

Sven begann seine Geschichte weit in der Vergangenheit. Er hatte jung geheiratet, kurz nachdem er und seine zukünftige Frau Nina – beide stammten aus einem belastenden Umfeld – zum Glauben an Christus gefunden hatten. Nach der Hochzeit beschloss Sven, eine Bibelschule zu besuchen und Pastor zu werden. Nina folgte ihm. In der Zeit an der Bibelschule bekamen sie zwei Kinder, engagierten sich in einer Kirchengemeinde und schlossen viele Freundschaften.

Doch Nina wurde ruhelos und wollte berufstätig sein. Sie besorgte sich einen Job bei einer Zeitung. Bald hörte Sven Gerüchte, seine Frau würde am Arbeitsplatz herumflirten. Auch war er überrascht, als sie einen Kollegen zum Abendessen nach Hause einlud und der sie mit Geschenken und Aufmerksamkeiten zu überhäufen begann. Andere Alarmzeichen folgten und Svens Misstrauen wuchs.

Mehrere Monate später reiste Nina zur Beerdigung einer guten Freundin, die weit entfernt wohnte. An dem Abend kehrte Nina nicht nach Hause zurück. Sie verschwand spurlos. Am dritten Tag nach ihrem Verschwinden geriet Sven in Panik. Er rief Ninas Mutter an. Die sagte ihm, sie wüsste nichts von einer verstorbenen Freundin. Dann rief er bei Ninas Arbeitgeber an. Ihr Vorgesetzter sagte, sie habe nicht einen einzigen Tag gefehlt.

Sechs Tage später kehrte Nina schließlich nach Hause zurück. Sie sagte, sie wolle raus aus der Ehe und wenn er sich weigere, werde sie ihn dazu bringen, dass er sie hasste. Dann versicherte sie ihm noch, er brauche keine Angst zu haben, dass er die ganze Familie verliert: „Keine Sorge, die Kinder nehm ich dir nicht weg!"

Sven versuchte, sie zu besänftigen. Er schlug vor, wegzuziehen und ganz von vorne anzufangen. Er fragte, ob sie mehr Freiraum brauche. Nina willigte ein, noch etwas abzuwarten. Sie nahm sich ein Apartment, um eine Weile allein zu sein. Doch einen Monat später fand Sven heraus, dass sie mit einem anderen Mann zusammenlebte. Das war zu viel für ihn. Er packte die Habseligkeiten seiner Familie zusammen und zog mitsamt den Kindern in seine Heimatstadt zurück.

Dennoch verlor er nicht völlig die Hoffnung. Kurz vor seinem Umzug gab er Nina ein halbes Jahr Zeit, sich zu besinnen. Als er sie sechs Monate später traf, fragte er sie: „Kommst du zu uns zurück?" Ihre Antwort bestand aus einem schlichten „Nein!". Sven blieb nichts anderes übrig, als seine Hoffnungen zu begraben und in die Scheidung einzuwilligen.

Doch das Vergeben ließ sich nicht so leicht und schnell erledigen. Es war ein Weg mit Aufs und Abs.

Zunächst kam es Sven nicht in den Sinn, dass er Nina vergeben sollte. Sein Schmerz war zu groß. Doch drei Eindrücke zwangen ihn, sich ihrem Verhalten und seiner Bitterkeit zu stellen, und auch der Notwendigkeit, zu vergeben. Der erste Eindruck war die tiefe Scham, die er empfand, als er in seine Heimatstadt zurückkehrte. Drei Jahre zuvor hatte er seine Gemeinde als strahlender Held verlassen. Er war ein Problemkind gewesen, das sich zu einem wahren Heiligen gewandelt hatte. Nun konnte er den Menschen, die ihn mit so vielen Hoffnungen auf die Bibelschule geschickt hatten, nicht mehr in die Augen sehen. So ging er allen aus dem Weg, sogar seinen besten Freunden.

Der zweite Eindruck traf ihn, als es nach einem Jahr der Trennung an der Zeit war, seine Kinder zu einem Besuch zu ihrer Mutter zu schicken. Das Gericht hatte ihm die Kinder zugesprochen und Nina das Besuchsrecht. Es war ihr gestattet, die Kinder im Sommer einen Monat bei sich zu haben. Diese Regelung erschien Sven sinnvoll, bis der Moment kam, wo sie abreisen mussten. Da erinnerte er sich auch an Ninas Versprechen: „Ich werde dir die Kinder nicht wegnehmen!" Und nun war es so weit, dass sie ihm die Kinder „wegnahm". Er fühlte sich elend und auch seine Kinder waren nicht glücklich. Er fühlte sich schuldig, weil er seine Kinder einem Lebensstil aussetzte, den er ablehnte. In diesem einsamen Monat, während seine Kinder weg waren, stieg in ihm der Wunsch auf, Nina für den Schmerz zu bestrafen, den sie ihm zugefügt hatte.

Es war jedoch der dritte Eindruck, der ihn endgültig zwang, seiner eigenen Unversöhnlichkeit ins Auge zu sehen. Sven hielt sich für einen gläubigen Mann, der mit der Untreue seiner Frau und der Scheidung ganz gut umgegangen war. Doch einige seiner Freunde sahen das anders. Schließlich konfrontierte ein Freund ihn mit der Wahrheit und machte ihn auf seine negative Haltung aufmerksam, die besonders dann zum Vorschein kam, wenn er über Nina sprach. Sven hatte angefangen, die Opferrolle zu spielen. Dieses Gespräch war zwar schmerzlich, aber es zeigte Sven, wie es um sein Inneres stand. Er zog Bilanz und erkannte, was er sich, seinen Kindern und seinen Freunden antat. Er rang mit Gott und schließlich entschied er sich zu vergeben.

Doch das Vergeben ließ sich nicht so leicht und schnell erledigen. Es war, wie Sven heute sagt, ein Prozess. Er wollte vergeben, aber es brauchte Zeit, bis er tatsächlich dazu in der Lage war. Der erste Schritt bestand darin festzuhalten, womit Nina ihm Unrecht getan hatte. Er musste ihr die Verantwortung dafür geben, dass sie ihre Versprechen gebrochen hatte und ihren Pflichten als Ehefrau und als Mutter nicht nachgekommen war. Aber er musste auch erkennen, wie negativ seine Einstellung geworden war. Er erkannte, wie viel Bitterkeit sich in seinem Herzen eingenistet hatte, und er wollte dieser Bitterkeit den Nährboden entziehen. So bemühte er sich, seine Lebenseinstellung und sein Verhalten zu ändern. Mit Gottes

Hilfe gelang ihm das. Er begann zum Beispiel, bewusst positive Aussagen über seine frühere Ehe zu machen. Später begann er, Positives über Nina – so, wie sie war, und nicht so, wie er sie gerne gehabt hätte – zu sagen. Schließlich begann er, ihr Gutes zu wünschen, und indem er das tat, wurde es auch gut mit ihm. Er sagte zu mir: „Mein Leben ist wieder in Ordnung gekommen."

Sven entdeckte, dass mangelnde Vergebungsbereitschaft den Teufelskreis aufrechterhält, der durch das ursprüngliche Unrecht in Gang gesetzt wird. Unversöhnlichkeit kann den Schmerz nicht stoppen. Sie sorgt nur dafür, dass er sich ausbreitet. Durch Unversöhnlichkeit geht es anderen Menschen schlecht; Svens Freunde haben ihm das gesagt. Die Unversöhnlichkeit untergräbt Beziehungen durch Klagen, Bitterkeit, Selbstsucht und Rachegedanken. Ironischerweise belastet die Unversöhnlichkeit die unversöhnlichen Menschen selbst am meisten, weil sie mehr als alle andere mit den krank machenden Konsequenzen ihrer Unversöhnlichkeit leben müssen. Unversöhnliche Menschen finden immer eine Rechtfertigung für ihre fehlende Vergebungsbereitschaft, und das ist auch kein Wunder. Niemand kann ihr Leid ermessen und niemand kann sie davon freimachen. Doch unversöhnliche Menschen begreifen auch nicht, welchen Schmerz ihre Haltung über andere bringt.

> *Unversöhnlichkeit kann den Schmerz nicht stoppen. Sie sorgt nur dafür, dass er sich ausbreitet.*

Der Prozess der Vergebung beginnt, wenn das Opfer erkennt, dass nichts – weder Gerechtigkeit noch Rache noch irgendetwas sonst – das Unrecht ungeschehen machen kann. Vergebung kann den Opfern weder die Folgen des Verlustes ersparen noch das Leben zurückgeben, das sie einmal hatten. Die Opfer haben nicht die Macht, die Vergangenheit nachträglich zu ändern. Vergebung kann auch die Toten nicht wieder zum Leben erwecken oder den Schrecken einer Vergewaltigung auslöschen oder das veruntreute Vermögen wiederbringen. In

Fällen katastrophaler Verlusterfahrungen bleibt das, was Geschehen ist, unabänderlich. Es gibt kein Zurück.

Doch es bleibt ein Weg nach vorne offen. Wer zum Opfer geworden ist, kann das Leben wählen. Er kann beschließen, den Teufelskreis der Zerstörung zu durchbrechen und angesichts des geschehenen Unrechts das Rechte tun. Vergebung bedeutet, sich zu entschließen, das Richtige zu tun. Vergebung bringt Heilung anstelle von Verletzendem, stellt kaputte Beziehungen wieder her und ersetzt Hass durch Liebe. Vielleicht widerspricht Vergebung allem, was wir für fair und gerecht halten. Aber wer vergibt, entschließt sich dazu, lieber in einer barmherzigen Welt zu leben als in einer gerechten – und das sowohl um seiner selbst als auch um anderer Menschen willen. Das Leben ist niederträchtig genug; sie beschließen, es nicht noch schlimmer zu machen.

Vergebung bedeutet, sich zu entschließen, das Richtige zu tun.

Es war das Leid meiner Kinder, das mich jeden Tag daran erinnerte, dass sie genug durchgemacht hatten. Ich wollte nicht, dass sie noch mehr durchmachen mussten. Meine Unversöhnlichkeit, das wurde mir klar, würde ihren Schmerz nur verlängern. Ich wusste, dass sie mich bewusst oder unbewusst beobachteten, um zu sehen, wie ich auf das uns angetane Unrecht reagierte. Wenn ich unversöhnlich war, würden sie es vermutlich auch sein. Wenn ich von dem erlittenen Unrecht besessen war, wären sie es auch. Wenn ich den Rest meines Lebens in der Opferrolle verharrte, würden sie das vermutlich auch tun. Wenn ich jegliches Mitgefühl aus meinem Herzen verbannte, würden sie vermutlich meinem Beispiel folgen. Auch sie würden auf Fairness bestehen und, da sie diese vermutlich nicht bekämen, würden sie Vergeltung fordern. Ich wollte eine solche Plage nicht in mein Haus einschleppen. Ich wollte meine Kinder nicht zur Bitterkeit erziehen. Also entschloss ich mich zu vergeben, nicht nur um meinetwillen, sondern auch wegen meiner Kinder.

Ich kenne viele andere, die sich aus ähnlichen Gründen entschieden haben, Menschen zu vergeben, die ihnen schlimmes Unrecht zugefügt haben. Sven wollte ebenso wie ich seine Kinder schützen. Auch er wollte von der Bitterkeit frei werden, um die Chancen zu nutzen, die er vor sich sah. Mehrere Jahre nach der Scheidung lernte er Becky kennen. Er sah sie häufig, da sie seine beiden Kinder in der ersten Schulklasse unterrichtete. Er begann, sich für sie zu interessieren, sie kamen sich näher und schließlich heirateten sie. Er war frei für eine neue Liebe, weil er vergeben hatte. Die tiefe Beziehung der beiden heute zeigt, wie tiefgehend seine Heilung war. Kürzlich las ich von einer Frau, die angefangen hat, den Mörder ihres Sohnes im Gefängnis zu besuchen. Auch sie will den Teufelskreis der Rache stoppen, indem sie ihr Leben zu einem Motor des Guten macht.

Doch Vergebung hat ihren Preis. Wer vergeben will, muss sein Recht aufgeben, mit dem Täter abzurechnen – und das ist ein Recht, das man nicht so ohne weiteres loslässt. Wer vergeben will, muss Gnade walten lassen, obwohl das menschliche Empfinden eine Bestrafung fordert. Das soll nicht heißen, dass der Wunsch nach Gerechtigkeit falsch wäre. Ein Mensch kann gleichzeitig vergeben und Gerechtigkeit anstreben. Das Unrecht, das vergeben wurde, bleibt Unrecht und muss bestraft werden. Die Gnade schafft die Gerechtigkeit nicht ab, doch sie geht über die Gerechtigkeit hinaus.

Vergebung mag schwer sein – aber letztlich macht Vergebung den frei, der sie gewährt. Wer vergibt, überlässt Gott die Kontrolle über das Universum. Er überlässt es Gott, die Übeltäter so zur Rechenschaft zu ziehen, wie er es für richtig hält, und auch Gnade zu üben, wie es ihm gefällt. Zu diesem Schluss kamen auch Hiob und Josef, wie wir gesehen haben. Und das war auch die Haltung Jesu, als er im Sterben denen vergab, die ihn verklagt und ans Kreuz gebracht hatten.

> *Vergebung hat ihren Preis. Wer vergeben will, muss sein Recht aufgeben, mit dem Täter abzurechnen – und das ist ein Recht, das man nicht so ohne weiteres loslässt.*

Ich bin wohl letztlich deswegen nicht in meinem Rachebedürfnis hängen geblieben, weil ich daran glaube, dass Gott gerecht ist. Selbst wenn unser Justizsystem es nicht war. Letztlich wird jeder Mensch einmal vor Gott stehen müssen und Gott wird über jeden sein Urteil fällen – mit Weisheit und Unvoreingenommenheit. Menschliche Systeme mögen versagen, Gottes Gerechtigkeit nicht. Ich glaube außerdem, dass Gott barmherzig ist, und das in einem Maße, wie wir es weder für möglich halten noch aus uns heraus sein könnten. Es ist diese Spannung zwischen der Gerechtigkeit und der Gnade Gottes, die ihn befähigt, gerecht mit Menschen umzugehen, die selbst Unrecht begangen haben. Gott kann strafen, ohne zu zerstören; er kann vergeben, ohne zu nachgiebig zu sein.

Wer vergibt, schreibt sich selbst eine eher bescheidene Rolle im Leben zu. Vergebungsbereite Menschen lassen Gott Gott sein, damit sie selbst normale, glückliche Menschen sein können, die lernen zu vergeben. Statt zu meinen, sie müssten es den Tätern selbst heimzahlen und dafür sorgen, dass die Gerechtigkeit siegt und Unrecht bestraft wird, entscheiden sie sich dafür, verantwortungsbewusst und in einer Haltung der Demut zu leben, so gut sie es vermögen. Sie versuchen, etwas von der Gnade an Menschen weiterzugeben, oftmals an solche, die so gebrochen sind wie sie selbst, und die ebenfalls versuchen angesichts des vielen Unrechts das Rechte zu tun. Ungefähr ein Jahr nach dem Unfall wurde mir klar, dass ich niemals mit dem Unfallverursacher tauschen möchte, denn entweder quält ihn seine Schuld oder er ist für jede menschliche Empfindung taub. Meine Trauer war schlimm genug. Ich könnte mir nicht vorstellen, außerdem auch noch mit Schuldgefühlen leben zu müssen. Noch schlimmer aber, schlimmer als Trauer oder Schuld, ist ein Zustand, in dem man zu solchen Gefühlen gar nicht mehr fähig ist; denn das bedeutet, dass die Seele tot ist.

Wer vergibt, will, dass Gottes Gnade siegt.

Wer vergibt, will, dass Gottes Gnade siegt. Menschen, die

vergeben, wollen, dass die Welt von ihrem Schmerz geheilt und von dem Bösen, das nur darauf lauert, alles und jeden zu zerstören, befreit wird. Wenn Vergebung notwendig ist, damit Heilung geschieht, dann sind sie bereit zu vergeben. Sie erkennen, dass Unversöhnlichkeit die Seele nur kränker und kränker macht. Diese chronische Erkrankung hebt nur den Preis an, den sie zahlen müssen, um wieder gesund zu werden.

Unversöhnlichkeit macht den Menschen deshalb krank, weil sie Tag für Tag neu dieselben schmerzhaften Bilder in die Seele hineinprojiziert, wie eine Videoaufzeichnung, die sich ständig wiederholt. Jedes Mal, wenn die Szene erneut abläuft, durchlebt der Mensch den Schmerz von neuem und wird wieder zornig und bitter. Diese ständige Wiederholung vergiftet die Seele. Vergebung verlangt von uns, das Video anzuhalten und es ins Regal zu verbannen. Wir erinnern uns an den schmerzlichen Verlust und wir wissen, wer die Verantwortung dafür trägt. Aber wir spielen ihn nicht wieder und wieder durch. Stattdessen spielen wir uns heilsamere Filme vor. So nimmt die Vergebung nicht nur einem Täter die Last seiner Schuld ab; sie heilt auch die Krankheit der eigenen Seele.

Vergebung geschieht selten in einem Augenblick.

Vergebung geschieht selten in einem Augenblick. Sven brauchte Zeit, um vergeben zu können. Das Gleiche gilt für mich. Vergebung ist nicht so sehr ein Ereignis als vielmehr ein Prozess; sie ist eher eine Bewegung in unserem Innern als eine äußerlich sichtbare Tat, die sich z.B. in den Worten „Ich vergebe dir" ausdrückt. Vergebung ist ein lebenslanger Prozess, denn manchmal brauchen die Opfer katastrophaler Verluste ein ganzes Leben, um alle Dimensionen ihres Verlustes zu erfassen. Ich bilde mir nicht ein, dass ich dem Unfallverursacher abschließend und für alle Zeiten vergeben habe. Es kann sein, dass ich noch oft vergeben muss – zum Beispiel, wenn meine Kinder Hochzeit feiern oder wenn meine Enkel zur Welt kommen, denn solche Ereignisse werden mich nicht nur daran erinnern, dass mir viel geschenkt wurde, sondern auch daran, dass mir wertvolle Menschen genommen wurden.

Vergebung mag kein Ende haben, aber sie hat einen Anfang. Sie beginnt dort, wo die Opfer das an ihnen begangene Unrecht benennen und die Wut spüren, die als natürliche Folge in ihnen aufsteigt. Sie erkennen das, was ihnen widerfahren ist, als ein unentschuldbares Unrecht, das niemals hätte geschehen dürfen. Mit anderen Worten: Bevor Opfer Gnade gewähren können, müssen sie Gerechtigkeit fordern. Bevor sie vergeben können, müssen sie anklagen.

> *Vergebung hat auch Grenzen. Sie kann uns kein perfektes Leben verschaffen.*

Eine Haltung, die den Täter nicht zur Verantwortung zieht, ist nicht weniger als eine Beleidigung des Täters. Er wird auf diese Weise auf etwas reduziert, das sein Menschsein leugnet, denn das grundlegende Kennzeichen menschlicher Existenz ist, zu wissen, was recht und unrecht ist, und gewollt oder ungewollt die Verantwortung für sein Handeln zu übernehmen. Tieren muss man nicht vergeben, wenn sie aus Instinkt oder Hunger heraus töten. Aber Menschen muss man vergeben, wenn sie andere töten, denn sie töten aus freiem Willen. Unrecht mit dem Hinweis auf Unwissenheit oder psychische Krankheit oder ein schlechtes Lebensumfeld wegzuwischen, verletzt die Menschwürde des Täters. Vergebung beginnt damit, dass ich die Tatsache anerkenne, dass das, was der Täter getan hat, wahrhaftig Unrecht war. Er wusste es besser und hätte anders handeln können, ja, sogar anders handeln müssen.

Vergebung hat auch Grenzen. Sie kann uns kein vollkommenes Leben verschaffen. Diese Macht besitzt allein Gott. Sie kann den Täter nicht von seiner Schuld lossprechen. Sie kann die natürlichen Konsequenzen, die sich aus dem Unrecht ergeben (z.B. eine Gefängnisstrafe), nicht auslöschen. Und sie kann den Täter nicht mit Gott oder der Gesellschaft ins Reine bringen. Aber die Vergebung hat die Macht, die Folgen des Unrechts in der Beziehung zwischen Täter und Opfer zu beseitigen. Vergebungsbereite Menschen geben ihr Recht, den Täter zu bestrafen, auf. Die Vergebung hofft für den Täter, dass er ein gutes Leben findet – und gut heißt: erfüllt von der Gnade Gottes.

Vergeben heißt nicht vergessen. Angesichts des Ausmaßes der Tragödien, die Menschen erleiden, ist es für die meisten nicht nur unmöglich zu vergessen, es ist auch ungesund. Unsere Erinnerung an die Vergangenheit ist nicht neutral. Sie kann uns vergiften oder heilen, je nach dem, *wie* wir uns erinnern. Wenn wir uns an begangenes Unrecht erinnern, kann uns das zu einem Gefangenen von Schmerz und Hass machen. Es kann uns aber auch zu einem Empfangenden machen, der die Gnade, Liebe und heilende Kraft Gottes erfährt. Die Verlusterfahrung muss nicht dazu führen, dass die Erinnerung an das schmerzhafte Ereignis für sich steht und aus unserer Lebenslandschaft herausragt wie ein riesiges Monument, das alles beherrscht. Ein Verlust kann auch die Erinnerung an eine wunderbare Geschichte hinterlassen. Er kann wie ein Katalysator wirken, der uns in eine neue Richtung drängt, so wie eine gesperrte Straße uns zwingt, umzukehren und einen neuen Weg zu unserem Ziel zu suchen. Wer weiß, was wir entlang des Wegs entdecken werden?

> *Unsere Erinnerung an die Vergangenheit ist nicht neutral. Sie kann uns vergiften oder heilen, je nach dem, wie wir uns erinnern.*

Das Leid, das meine Kinder, meine Familie, meine Freunde und ich selbst erfahren haben, ist Teil einer Geschichte, die gerade erst geschrieben wird. Ich erinnere mich immer wieder an den Unfall. Wer könnte ein solches Grauen vergessen? Aber ich erinnere mich auch an das, was seitdem geschehen ist. Wer würde das Wunderbare daran vergessen wollen? Meine Erinnerung ist für mich zu einer Quelle der Heilung geworden. Sie erinnert mich an den Verlust. Aber sie sagt mir auch, dass der Verlust nicht einfach nur das Ende von etwas Gutem war;

es war auch der Anfang von etwas anderem. Und das hat sich auch als gut erwiesen.

Letztlich frage ich mich, ob es möglich ist, einem Täter zu vergeben, wenn man nicht zuvor Gott vertraut. Der Glaube macht es uns möglich, einem Täter im Licht der Souveränität Gottes zu begegnen. Die Unversöhnlichkeit war für mich eine Versuchung (und wird es möglicherweise auch in Zukunft wieder sein), aber es war keine unüberwindbare Versuchung. Ich wusste, dass Gott das alles irgendwie in seiner Hand hat. Wenn ich Hilfe finden konnte, dann bei Gott. Und wenn ich jemand anklagen wollte, dann auch Gott. Dieser Glaube an Gottes souveräne Macht war nicht immer ein Trost für mich, wie wir im nächsten Kapitel sehen werden. Aber ich konzentrierte mein Augenmerk weniger auf Menschen, so schlimm ihr Tun auch gewesen sein mag, als auf Gott. Ich machte Gott für meine Lebenssituation verantwortlich. Ich setzte mein Vertrauen auf ihn, aber ich stritt auch mit ihm. In allem spielte Gott die Schlüsselrolle.

> Wenn ich heute zurückblicke, erkenne ich, dass ich immer in Gottes Arme lief, egal wohin ich mich nach meinem Verlust auch wandte.

Der Glaube verändert auch unsere Haltung gegenüber Menschen, die uns Unrecht angetan haben. Denn er zwingt uns dazu, ihr Unrecht im Licht unseres eigenen Unrechts zu sehen. Wenn wir Gott kennen, erkennen wir auch uns selbst. Wir machen die Erfahrung, dass wir im Bild Gottes geschaffen sind, aber wir erkennen auch, dass wir Sünder sind. Menschen, die sündigen, brauchen Gottes Vergebung. Jesus hat gesagt, dass Menschen, denen viel vergeben wurde, auch viel Liebe besitzen. Die Erfahrung, dass uns vergeben wurde, macht uns bereit zu vergeben. Wenn wir uns erst einmal als Menschen sehen, die der Gnade Gottes bedürfen, werden wir auch anderen gegenüber eher gnädig sein.

Wenn ich heute zurückblicke, erkenne ich, dass ich immer in Gottes Arme lief, egal wohin ich mich nach meinem Verlust auch wandte. Ich erschauderte vor der Willkür dieses Unglücks. Ich fragte mich: „Warum ausgerechnet ich?" Ich kämpfte gegen meine eigene Unversöhnlichkeit an. Die Fragen, die ich stellte, die Versuchungen, denen ich ausgesetzt war, die Rache, die ich suchte, die Fassungslosigkeit, die ich empfand, und die Trauer, die ich durchlebte – all das warf mich unweigerlich auf Gott zurück. Wenn Gott wirklich Gott ist, wo war er dann, als sich die Tragödie ereignete? Warum unternahm er nichts? Wie konnte Gott so etwas Schreckliches zulassen? Kurz gesagt, mein Leid zwang mich dazu, mich der Frage nach Gottes souveräner Herrschaft zu stellen.

Kapitel 11

Die Abwesenheit Gottes

*Es heißt, dass niemand Gottes Angesicht schauen
und leben kann. Ich dachte immer, das bedeutet,
niemand könne seine Herrlichkeit schauen und leben.
Ein Freund sagte, vielleicht bedeute es, dass niemand
seinen Schmerz schauen und leben könne.
Oder ist vielleicht gerade sein Schmerz seine Herrlichkeit?*

NIKOLAS WOLTERSTORFF

Mich hat es schon ein paar Mal im Leben beinahe erwischt. Vor allem die Erinnerung an einen dieser Augenblicke ist mir über all die Jahre lebendig geblieben. Ich war damals zwölf Jahre alt und meine Familie verbrachte den Sommer in einem Wohnwagen in der Nähe von Holland in Michigan. Unsere Nachbarn waren gute Freunde von uns. Ihr Sohn David war mit seinen 18 Jahren gerade mal ein Jahr älter als meine Schwester. Eines Nachmittags fragte mich David, ob ich mitkommen wollte, um mit seinen beiden Freunden seine Schwestern vom Reiten abzuholen. Natürlich wollte ich mitkommen. Welcher Junge in meinem Alter hätte keinen Spaß daran gehabt, mit einem Haufen Teenager im Auto spazieren zu fahren? Aber meine Eltern waren gerade mitten in einem Wortgeplänkel, als ich um Erlaubnis bat, mitfahren zu dürfen. Mein Vater schnitt mir mit einem kurzen „Nein" das Wort ab. Kaum eine Stunde später kamen alle fünf bei einem schrecklichen Verkehrsunfall ums Leben.

Meine Religiosität hielt sich damals ziemlich in Grenzen. Trotzdem erinnere ich mich daran, wie erschrocken und zugleich erleichtert ich war, dass Gott mir einen so grauenvollen und frühzeitigen Tod erspart hatte – erschrocken, weil ich dem Tod um Haaresbreite entgangen war, und erleichtert, weil Gott in seiner souveränen Macht mein Leben bewahrt hatte. Vielleicht war ich zu jung und egozentrisch, um die Tragödie aus dem Blickwinkel der Opfer zu betrachten. Wenn Gott mich verschont hatte, sollte das bedeuten, dass Gott die anderen getötet hatte? Wenn ich auf der Siegerseite der Herrschaft Gottes gelandet war, waren die anderen dann auf der Verliererseite gelandet?

Ich glaube immer noch, dass Gott souverän über Raum und Zeit und die gesamte Schöpfung herrscht. Er hat die uneingeschränkte Kontrolle über alles, was sich ereignet. Das hebräische Wort für den Gottesnamen, Jahwe, kann mit „Ich bin, der ich bin" übersetzt werden. Das bedeutet, Gott ist der Eine, der wirklich ist. Gott ist die letztgültige Wirklichkeit. Gott ist souverän. Gott besitzt die absolute Autorität über das Universum.

Gottes Souveränität mag sich logisch aus der Definition von Gott ergeben. Sie mag unsere Erfahrung widerspiegeln, dass Gott der ist, der uns verschont und segnet. Doch diese positive Deutung der Souveränität Gottes kann sich plötzlich ins Gegenteil umkehren, wenn uns etwas sehr Kostbares genommen wird. Wie können wir in einer solchen Situation Gottes souveränes Handeln mit dem menschlichen Leid versöhnen? Wie verträgt sich Gottes Lenkung mit unserem Schmerz – insbesondere wenn wir davon ausgehen, dass Gott nicht nur mächtig ist, sondern auch gut?

> *Wenn ich auf der Siegerseite der Herrschaft Gottes gelandet war, waren die anderen dann auf der Verliererseite gelandet?*

Diese Frage bringt uns zum ungelösten Problem der Theodizee, dem Versuch des Menschen, den offensichtlichen Widerspruch zwischen menschlichen Leiderfahrungen und der Existenz eines guten und allmächtigen Gottes aufzulösen. Es scheint zwei mögliche Antworten zu geben: Entweder ist Gott allmächtig, aber nicht gut – also ein grausamer Gott, der Leid verursacht. Oder Gott ist gut, aber nicht allmächtig – also ein schwacher Gott, der das Leid nicht verhindern kann, obwohl er es gerne täte. Beide Antworten bereiten Schwierigkeiten, weil sie das untergraben, was wir über Gott glauben *wollen*, nämlich, dass Gott sowohl allmächtig als auch gut ist.

Nach dem Unfall vermied ich jeden noch so flüchtigen Gedanken daran, dass alles, was geschieht, der Souveränität Gottes untersteht. Allein der Gedanke, dass der Gott, dem ich all die Jahre zu vertrauen und nachzufolgen versucht hatte, eine solche Tragödie zulassen oder gar verursachen könnte, war für mich undenkbar – so abstoßend für mein religiöses Empfinden wie es der Tod der geliebten Menschen für mein menschliches Empfinden gewesen war. Doch mit der Zeit erkannte ich, dass meine Trauer mich auf einen direkten Kollisionskurs mit Gott brachte und dass ich mich irgendwann dieser schwierigen Frage stellen musste. Ich würde entweder meinen Frieden mit Gottes souveräner Macht schließen oder Gott endgültig ablehnen oder mich mit einem geringeren Gott zufrieden geben müssen, der nicht die Macht oder nicht den Willen besaß, den Unfall zu verhindern.

Allein der Gedanke, dass der Gott, dem ich all die Jahre zu vertrauen und nachzufolgen versucht hatte, eine solche Tragödie zulassen oder gar verursachen könnte, war für mich undenkbar.

Angesichts meines Verlustes erschien mir Gott erschreckend und unergründlich. Lange Zeit war der Gedanke an seine souveräne Allmacht für mich wie eine hohe Klippe im Winter – vereist, kalt und von Stürmen umtobt. Ich stand in meinem Elend am Fuß der Klippe und schaute hinauf zu dieser unheilsschwangeren, unbezwingbaren Wand. Ich fühlte mich erdrückt, eingeschüchtert und bedroht von dieser gewaltigen Masse. Nichts daran war einladend oder tröstlich. Sie türmte sich drohend über mir auf – völlig unberührt von meiner Gegenwart und meinem Schmerz. Sie war nicht zu bezwingen und spottete meiner Erbärmlichkeit. Ich schrie Gott an, er solle mein Leid anerkennen und die Verantwortung dafür übernehmen. Doch ich vernahm nichts als nur das einsame Echo meiner eigenen Stimme.

Vielleicht haben die meisten Menschen, die eine persönliche Tragödie zu verkraften haben, einen ähnlichen Eindruck von Gott und seiner Souveränität. Wir bestürmen Gott mit Fragen: „Warum musste ich leiden?" Aber Gott scheint uns nicht zu hören oder nicht antworten zu wollen, als wären wir zu unbedeutend. Wir suchen bei Gott nach einer neuen Sicht, nach Trost und Erlösung, doch wir empfangen nichts davon. Stattdessen sehen wir uns einer Granitwand gegenüber, die auf unsere Not und unser Schreien nicht antworten kann oder will. Gott mag existieren – übernatürlich, allgegenwärtig und allwissend. Aber wir scheinen ihm egal zu sein. Und so fragen wir uns: „Wer braucht schon einen solchen Gott?"

Vielleicht existiert Gott ja überhaupt nicht. Schweres Leid kann uns in unseren Zweifeln so weit bringen, dass wir beim Atheismus landen. Vielleicht ist Gott nur eine Erfindung des Menschen, wie Ludwig Feuerbach behauptet; eine kosmische Projektion des Menschen. Dann ist Gott vielleicht nicht mehr als eine hilfreiche Fiktion, die unsere Herkunft erklärt, unserer Wirklichkeit einen Sinn gibt und uns in einem riesigen unpersönlichen Univerum Sicherheit verschafft. Und je mehr wir über das Universum erfahren und je mehr wir die Natur unter unsere Kontrolle bringen, umso weniger brauchen wir Gott.

> *Ich schrie Gott an, er solle mein Leid anerkennen und die Verantwortung dafür übernehmen. Doch ich vernahm nichts als nur das einsame Echo meiner eigenen Stimme.*

Es gab eine Zeit, da glaubten die meisten Menschen, Gott habe das Universum geschaffen. Seit Charles Darwin glauben immer mehr Menschen, das Universum sei das Ergebnis zufällig wirkender Kräfte und natürlicher Selektionsprozesse. Ebenso gab es eine Zeit, da glaubte die meisten Menschen, Gott habe die Seele erschaffen und so dem Menschen die Fähigkeit gegeben, Gott zu erkennen. Seit Sigmund Freud glaubt eine wachsende Zahl von Menschen, die menschliche Natur sei das Ergebnis unbewusster Triebe und externer Einflüsse. Wenn Gott eine hilfreiche Fiktion ist, dann scheint sein instrumenteller Wert immer mehr abzunehmen. Schließlich führt die Zunahme unseres Wissens vielleicht sogar dahin, dass Gott völlig überflüssig erscheint.

Darwin, Freud, Feuerbach und viele andere westliche Denker weckten *intellektuelle* Zweifel an Gott und stellten sogar seine Existenz in Frage. Ihre Anfragen waren für viele

Menschen beunruhigend und manche sind durch sie ganz vom Glauben abgekommen. Doch die Zweifel, die durch Leid hervorgerufen werden, sind *emotionale* Zweifel. Gott mag existieren oder nicht, aber wer will schon einen Gott, der Leid zulässt, obwohl er angeblich etwas dagegen tun könnte? Wer will schon einen Gott, der vor dem Leid kapituliert und dem die Macht fehlt, es zu lindern? Da scheint es doch fast besser, wenn Gott erst gar nicht existiert. Gar keinen Gott zu haben, scheint doch allemal besser, als einen schwachen oder einen grausamen Gott zu haben.

> Wer will schon einen Gott, der vor dem Leid kapituliert und dem die Macht fehlt, es zu lindern?

Diese Frage ist nicht so abstrakt und spekulativ, wie es klingen mag; sie ist nicht nur die Angelegenheit von Intellektuellen. Leid gestattet uns nicht den Luxus, die Fragen aus sicherer Distanz heraus abzuhandeln. Leid zwingt uns vielmehr, über das Wesen Gottes nachzudenken. Ist Gott souverän? Ist Gott gut? Können wir ihm vertrauen? Nach vielen Jahren der Kinderlosigkeit wurde Lynda schließlich schwanger. Für uns war das ein Wunder, weil wir alle medizinischen Möglichkeiten ausgeschöpft hatten und an dem Punkt angekommen waren, wo wir bereit waren, die entmutigende Prognose des Arztes anzunehmen. Lynda war bereits 32 Jahre alt und ging davon aus, dass dieses Baby ihr einziges bleiben würde. So machten wir uns umgehend daran, unser Heim für die Ankunft des Neugeborenen und uns selbst auf die Geburt vorzubereiten. Lynda war überglücklich.

Doch sieben Wochen später hatte sie eine Fehlgeburt. Sie war am Boden zerstört und wurde zutiefst traurig und desillusioniert. Viele Monate war sie wütend auf Gott. Sie sagte einmal zu mir: „Mein irdischer Vater hätte mir so etwas niemals angetan, aber mein himmlischer Vater tut mir so etwas an." Das war die dunkelste Stunde ihres Lebens.

Dieser innere Kampf legte sich erst eineinhalb Jahre später, als Catherine geboren wurde. Lynda empfand tiefes Mitgefühl mit Paaren, deren Kinderwunsch sich nicht so befriedigend löste wie unserer. Aus diesem Mitgefühl heraus vermied sie es, aus den Geburten unserer vier Kinder, die ein Wunder waren, ein gefühlsbetontes Glaubenszeugnis zu machen. Sie wollte das stumme Leid so vieler unfruchtbarer Ehepaare nicht noch verschlimmern. Sie erkannte auch, dass die Kinderlosigkeit zwar letztlich einem guten geistlichen Zweck gedient hätte, dass sie aber trotzdem den glücklichen Ausgang, den es für sie genommen hatte, vorzog. Einmal grinste sie mich verschmitzt an und meinte: „Ich wollte sowieso lieber Mutter sein als eine Heilige."

Die Frage nach der souveränen Macht Gottes ist auch für mich kein abstraktes Thema mehr. Ich bin Dozent geworden, weil ich über große Fragen wie diese nachdenken *wollte*; das hatte mich schon immer fasziniert. Doch nach dem Unfall *musste* ich über solche Fragen nachdenken. Besonders über die Frage nach der Allmacht Gottes, die sich mir durch meine Lebenskrise aufdrängte. Jahrelang hatte ich Gott jeden Morgen darum gebeten, er möge meine Familie vor Schaden und Gefahren bewahren. Jeden Abend hatte ich Gott gedankt, dass er dieses Gebet erhört hatte. In der Nacht nach dem Unfall dankte ich Gott nicht, und ich zögerte noch viele Monate später, Gott um irgendetwas zu bitten. Mich quälte die Frage: Wo war Gott an diesem Abend? Ich fragte mich, ob ich jemals wieder in der Lage sein würde, ihm zu vertrauen.

Ich sehnte mich danach, weiter an Gott glauben zu können. Es war schlimm genug, drei Familienangehörige zu verlieren. Warum sollte ich die Sache noch schlimmer machen, indem ich Gott auch noch verlor? Mir wurde bewusst, dass er das einzige Fundament war, auf das ich mein kaputtes Leben aufbauen konnte. Trotzdem konnte ich nicht anders, als die Frage zu stellen: „Was wäre, wenn der Gott, dem ich so

> *Ich sehnte mich danach, weiter an Gott glauben zu können. Es war schlimm genug, drei Angehörige zu verlieren. Warum sollte ich die Sache noch schlimmer machen, indem ich Gott auch noch verlor?*

lange vertraut habe, gar nicht existiert?" Ich ging dieser Frage eine Weile nach, um zu sehen, wohin sie mich führen würde. Da mein Leid es mir, zumindest eine Zeit lang, schwer machte, an Gott zu glauben, beschloss ich zu untersuchen, welche Konsequenzen es haben würde, nicht an Gott zu glauben. Würde der Unglaube mir in meinem Leid etwas bieten, das mir der Glaube an Gott nicht bieten würde oder könnte?

Je mehr ich dem Pfad dieser Frage folgte, umso unruhiger wurde ich. Ich entdeckte, dass die Trauer auf die Existenz Gottes angewiesen ist. Nur so kann sie als eine gesunde und legitime Empfindung gelten. Wenn es keinen Gott gibt, fallen alle menschlichen Gefühle in einem erschreckenden Relativismus in sich zusammen; dann ist es egal, wie wir auf einen Verlust reagieren. Unsere Reaktion wird völlig subjektiv, so wie jeder seinen individuellen Geschmack im Blick auf Eiscreme hat. Auf der Beerdigung hatte ich geweint, weil ich drei Menschen verloren hatte, die ich liebte. Aber warum? Ich könnte auch grinsen und die ganze Sache hinter mir lassen. Wir trauern, wenn eine Ehe auseinander geht. Und wieder die Frage: Warum? Warum zelebrieren wir nicht unsere Freiheit und raten Verheirateten, die Sache lockerer zu nehmen? Wir trauern, wenn ein Mensch einen tragischen Unfall hat und schwere Behinderungen davonträgt. Aber warum lachen wir nicht über seine Situation? Wir fühlen mit einem Ehepaar, dessen Kind mit Down Syndrom geboren wird. Warum raten wir ihnen nicht, das Kind in ein Heim zu stecken und es noch einmal zu versuchen?

Wenn es keinen Gott gäbe, gäbe es auch keinen letzten Grund, warum wir so oder anders empfinden sollten. Denn dann hätten Gefühle wie Traurigkeit oder Glück keine Basis in einer größeren, objektiven Realität außerhalb unserer selbst. In einem atheistischen Weltbild ist es unmöglich, Wahrheit und Unwahrheit, Gut und Böse, Recht und Unrecht als absolute Be-

> *Würde der Unglaube mir in meinem Leid etwas bieten, das mir der Glaube an Gott nicht bieten würde oder könnte?*

griffe zu begründen. Also scheint es auch keinen objektiven Grund zu geben, warum wir Verluste als schlecht ansehen und daran leiden sollten. Wie alles menschliche Erleben wären dann auch die Gefühle relativ. Nicht dass Atheisten nicht genauso an schmerzlichen Erfahrungen leiden wie religiöse Menschen. Leid tut weh, unabhängig vom Weltbild des Menschen, dem das Leid widerfährt. Es ist die Tatsache, dass wir etwas als schlecht bezeichnen, die mich zu der Frage veranlasst: „Woher haben wir denn überhaupt unsere Überzeugungen über Gut und Böse?"

Wenn Menschen innerlich leiden, hat das einen Grund. Sie *empfinden* ihr Leid als schlimm, weil der Verlust, den sie erfahren mussten, schlimm *ist*. Ein tragischer Tod ist etwas Schlechtes, ebenso wie Untreue in der Ehe, sexueller Missbrauch, tödliche Krankheiten oder eine schwere Behinderung. Wir wissen, dass solche Verluste schlecht sind, weil wir wissen, was gut bedeutet – das ist nicht nur eine persönliche Präferenz oder eine Meinung oder ein Gefühl, es ist eine Erkenntnis. Und eine solche Erkenntnis kann nur aus der Existenz Gottes entspringen.

Mir ist klar, dass andere Menschen, die ähnlich Schweres erfahren haben wie ich, in dieser Frage zu einem anderen Schluss gekommen sind. Manche glauben, unsere Erkenntnis über Gut und Böse gewinnen wir aus dem Wirken irgendeines Naturgesetzes, das das moralische Universum ebenso regiert wie die physikalische Welt. Andere glauben, dass unsere Einschätzung von Gut und Böse aus dem Einfluss sozialer Konventionen erwächst. Doch diese Deutungen werden der Frage nicht gerecht. Woher stammt das Naturgesetz? Wo ist die Quelle, aus der sich unsere sozialen Konventionen speisen? Diese Fragen bringen mich vom Atheismus weg und werfen mich erneut auf Gott.

Die Grundannahmen des Atheismus sind für mich nicht akzeptabel. So schwer es auch manchmal sein mag, an Gott zu glauben, der Glaube an eine atheistische Welt ist noch problematischer. Er raubt uns die objektive Sicht der Wirklichkeit, die wir brauchen, um unsere Gefühle zu begründen. Schmerz, Wut und Traurigkeit sind ein authentischer Ausdruck der Seele, wenn diese einen legitimen Grund verspürt, erschüttert zu sein. Die Seele leidet darunter, dass das Böse über das Gute zu triumphieren scheint. Die Existenz Gottes ist es, die uns Kategorien für unsere moralischen Urteile liefert und die es uns möglich macht, emotional angemessen zu reagieren. Wir haben also guten Grund, unsere Verluste zu betrauern. Tränen auf einer Beerdigung, im Krankenhaus, vor dem Scheidungsrichter oder im Sprechzimmer eines Therapeuten sind Ausdruck unserer Trauer angesichts eines zu Recht so empfundenen Verlustes. Was wir verloren haben, war gut; was wir verloren haben, macht uns zu Recht traurig. Das Sinnsystem, das es uns angesichts des Verlustes schlecht gehen lässt – und uns das *Recht* dazu zuspricht –, spiegelt ein Universum wider, in dem Gott im Zentrum steht. Es mag andere Erklärungen geben, aber diese ergibt für mich am ehesten einen Sinn.

> *Ich habe noch keine einfache Erklärung gefunden und bin mir auch nicht sicher, ob ich sie jemals finden werde oder finden will.*

Der Pfad atheistischer Gedankengänge, dem ich folgte, führte mich geradewegs zum Glauben an Gott zurück. Trotzdem stand ich fassungslos vor seiner souveränen Macht. Sie stand immer noch drohend vor mir wie eine riesige Klippe aus Granit. Ich habe noch keine einfache Erklärung gefunden und bin mir auch nicht sicher, ob ich sie jemals finden werde beziehungsweise finden will. Gottes Wege sind zu geheimnisvoll, als dass wir sie so einfach erklären könnten. Dennoch umkreise ich dieses Geheimnis; ich betrachte es immer wieder aus verschiedenen Blickwinkeln heraus. Und in diesem Prozess habe ich drei Perspektiven entdeckt, die mir weitergeholfen haben.

Der erste Aspekt hat mit einem anderen Verständnis von Gottes souveräner Macht zu tun. Vor dem Unfall hatte ich ein enges Verständnis von seiner Allmacht, obwohl mir das damals nicht bewusst war. Ich neigte zu der Überzeugung, dass Gott einfach an den Fäden zog und die Ereignisse unseres Lebens bestimmte, als wären wir Marionetten und Gott der Puppenspieler, der uns vollkommen unter Kontrolle hat. Das ist ein offensichtlich deterministisches Weltbild, in dem Gott das Leben diktiert und wir es nur unbeteiligt erleiden. Er gibt den Kurs vor, dem wir zu folgen haben. Gott handelt aktiv, wir sind die passiven Opfer. Wir besitzen keine sinnvollen Alternativen, keine wirkliche Entscheidungsfreiheit. Gemäß diesem Weltbild sind wir eher Marionetten als Menschen.

Seit dem Unfall habe ich begonnen, dieses Weltbild in Frage zu stellen. Mein Verständnis von Gottes souveränem Handeln hat sich erweitert, sodass es die menschliche Freiheit nicht mehr für null und nichtig erklärt, sondern vielmehr mit einbezieht. Ich habe erkannt, dass ich Gottes souveräne Macht anerkennen kann und trotzdem Mensch bleiben kann und nicht zur Marionette werden muss. Ich glaube heute, dass meine frühere Vorstellung von Gottes Allmacht viel zu klein war. Seine souveräne Macht umfasst das gesamte Leben – also zum Beispiel nicht nur die tragischen Erfahrungen, sondern auch unsere Reaktion darauf. Sie hüllt jede menschliche Erfahrung ein und integriert sie in ein größeres Ganzes. So wird selbst die menschliche Freiheit zu einer Dimension der souveränen Herrschaft Gottes. Das ist so, als wäre Gott der Autor eines Romans, der so reale Charaktere entworfen hat, dass diese zu eigenständigen Entscheidungen fähig sind. Als Autor steht Gott außerhalb der Erzählung und kontrolliert sie durch sein Schreiben. Doch als Charaktere des Romans sind die Menschen frei, zu handeln und über ihr eigenes Schicksal zu bestimmen. Gottes Souveränität übersteigt die menschliche Freiheit also, löscht sie jedoch nicht aus. Beide sind real – nur real in einem unterschiedlichen Sinn und auf unterschiedlichen Ebenen.

> *Der Pfad atheistischer Gedankengänge, dem ich folgte, führte mich geradewegs zum Glauben an Gott zurück. Trotzdem stand ich fassungslos vor seiner souveränen Macht.*

Der Glaube an Gottes souveräne Macht gibt uns die Sicherheit, dass Gott die Dinge in der Hand hat, sie weist uns aber auch die Verantwortung zu, von unserer Freiheit Gebrauch zu machen, klug zu entscheiden und ihm treu zu bleiben. Sie gibt uns die Versicherung, dass Gott unsere Wirklichkeit übersteigt, ohne uns die wichtige Rolle zu nehmen, die wir dabei spielen. An Gottes Allmacht zu glauben erlaubt es uns, zu glauben, dass er größer ist als unsere Lebensumstände und dass er unser Leben durch diese Umstände besser machen wird.

> Der Gott, den ich kenne, hat selbst Leid erfahren und versteht somit mein Leid. In Jesus habe ich die Tränen Gottes gespürt.

Der zweite Aspekt betrifft den eigentümlichen Zusammenhang zwischen der souveränen Macht Gottes und seiner Menschwerdung. Gottes Allmacht besagt, dass Gott letztlich alles in der Hand hat. Seine Menschwerdung bedeutet, dass Gott als verletzliches menschliches Wesen in diese Welt kam. Gott wurde von einer Frau, von Maria, geboren. Man gab ihm einen Namen: Jesus. Er lernte zu laufen und zu sprechen, zu lesen und zu schreiben, einen Hammer zu schwingen und Geschirr abzuspülen. Gott ließ sich auf die menschliche Erfahrungswelt ein und lebte mit all den Widersprüchlichkeiten und inneren Kämpfen, die das Leben auf dieser Erde kennzeichnen. Am Ende wurde er das Opfer von Ungerechtigkeit und Hass, litt grauenhaft am Kreuz und starb einen entsetzlichen Tod. Die souveräne Macht Gottes kam in Jesus Christus zu uns, um mit uns und für uns zu leiden. Christus stieg tiefer in den Sumpf als irgendein Mensch. Seine souveräne Macht bewahrte ihn nicht vor Verlusterfahrungen. Eher noch brachte sie ihn dazu, um unsertwillen Verlusterfahrungen zu durchleiden. Gott ist also kein fernes Wesen, das die Welt auf geheimnisvolle Weise kontrolliert. Gott hat sich zu uns auf den Weg gemacht und lebte unter uns. Die eisige Klippe wurde zu einem Häufchen Sand vor unseren Füßen.

Der Gott, den ich kenne, hat selbst Leid erfahren und versteht somit mein Leid. In Jesus habe ich die Tränen Gottes gespürt, erbebte vor seinem Tod am Kreuz und wurde Zeuge der erlösenden Kraft seines Leidens. Die Menschwerdung Gottes bedeutet: Wir sind ihm so wichtig, dass er beschloss, Mensch zu werden und die Erfahrung von Verlust zu machen, obwohl er es nicht nötig gehabt hätte. Ich habe lange und tief und intensiv getrauert. Aber ich fand Trost in dem Wissen, dass der souveräne Herrschergott, der alles in seiner Hand hat, auch der Gott ist, der den Schmerz durchlitten hat, mit dem ich tagein tagaus lebe. Wie tief ich auch in das Leid hinabsteigen muss – ich werde dort unten Gott finden. Er steht nicht über meinem Leid, sondern kommt mir nahe, wenn ich leide. Er lässt sich von unserem Schmerz berühren, weint um uns und kennt unsere Trauer. Gott ist ein leidender Herrscher, der den Schmerz dieser Welt mitfühlt.

Die Menschwerdung Gottes hat einen bleibenden Eindruck bei mir hinterlassen. Drei Jahre weine ich nun schon bei jedem Abendmahlsgottesdienst, den ich besuche. Ich habe meinen Schmerz nicht nur vor Gott gebracht, ich habe auch wie nie zuvor den Schmerz gespürt, den Gott um meinetwillen leidet. Ich habe vor Gottes Angesicht getrauert, weil ich wusste, dass auch Gott getrauert hat. Gott versteht unser Leid, weil Gott gelitten hat.

Der letzte Aspekt betrifft das Wesen des Glaubens, den Gott offensichtlich jedem abverlangt, der ihn kennen lernen will. Ich habe mich lange Zeit gefragt, warum der Glaube so wichtig ist. Warum zeigt Gott sich uns nicht deutlicher? Warum hat Gott es uns nicht leichter gemacht zu glauben?

> *Ich habe meinen Schmerz nicht nur vor Gott gebracht, ich habe auch wie nie zuvor den Schmerz gespürt, den Gott um meinetwillen leidet.*

Mir scheint, dass wir genug wissen, um glauben zu können, aber nicht so viel, dass wir gezwungen wären zu glauben. Die Bibel spricht von der Schönheit und Ordnung dieser Welt und sieht darin einen Hinweis auf die Existenz Gottes. Sie zeigt uns bestimmte Epochen der Geschichte, die ein Beweis für Gottes Wirken in der Welt sind. Und sie deutet das Kommen Jesu auf diese Erde als die sichtbare und konkrete Gestalt der Liebe Gottes zu uns Menschen. Doch wir können die natürliche Welt auch so anschauen, dass Gott darin keinen Platz hat. Wir können Geschichte ohne ein göttliches Einwirken deuten. Und wir können Jesus einfach als einen großartigen Lehrer, als radikalen Revolutionär oder als geistesgestörten Fanatiker interpretieren. Wir können ein normales und produktives Leben auf dieser Erde führen und Gott trotzdem ablehnen. Wir können beschließen, Atheisten zu sein, und damit davonkommen.

Der Punkt ist, dass wir *die Wahl haben*. Mehr als um alles andere wirbt Gott um unsere Liebe. Aber echte Liebe kann man nicht erzwingen. Die Freiheit ist es, die Liebe überhaupt erst möglich macht. Darum wird uns Gott nie in eine Beziehung zu ihm hineinzwingen. Der Glaube gestattet es uns, uns in Freiheit für Gott zu entscheiden. Es ist möglich, an ihn zu glauben, aber es ist auch möglich, *nicht* an ihn zu glauben. Wenn wir an Gott glauben, dann deshalb, weil wir uns dafür *entschieden* haben – und das, obwohl allein schon die Möglichkeit der freien Entscheidung ein Geschenk Gottes ist.

Einen schweren Verlust zu erleben mag die Existenz Gottes in Frage stellen. Der Schmerz scheint Gott vor uns zu verbergen und macht es uns schwer zu glauben, dass es inmitten all dieses Leids einen Gott geben kann. In unserem Schmerz sind wir versucht, Gott abzulehnen, doch irgendetwas hält uns davon ab, diesen Weg einzuschlagen. Und so sinnen wir nach und beten. Wir bewegen uns auf Gott zu und wieder von ihm weg. Wir ringen darum, an ihn zu glauben. Und schließlich entscheiden wir uns für ihn; und indem wir das tun, erfahren wir, dass er sich schon längst für uns entschieden hat und uns zu sich gezogen hat. Wir nähern uns ihm in Freiheit: mit einem Geist, der sowohl zweifeln als auch glauben kann; mit einem Herzen, das sowohl Schmerz als auch Freude empfinden kann; mit einem Willen, der sich gegen Gott entscheiden kann oder für ihn. Wir entschließen uns, in der Beziehung zu Gott zu leben. Und dann entdecken wir, dass Gott in seiner souveränen Macht schon längst entschieden hat, dass er mit uns in Beziehung leben will.

Letztlich jedoch glaube ich nicht, dass ich Gottes souveräne Herrschaft jemals begreifen kann. Dieser Begriff übersteigt die Fähigkeit des Verstandes, ihn zu ergründen. Dennoch habe ich eine Teillösung gefunden. Ich habe mit seiner Allmacht Frieden geschlossen und darin Trost gefunden. Ich stoße mich nicht länger daran. Dieser Friede erreichte mich in Form eines Wachtraums. Wie ich bereits erwähnt habe, brannten sich die Bilder des Unfalls umgehend in mein Gedächtnis ein. Lange Zeit quälten sie mich. Als ich eines Nachts schlaflos im Bett lag, sah ich den Unfall in einem neuen Licht. Ich stand zusammen mit meinen drei Kindern in einem Feld in der Nähe des Unfallortes. Wir schauten zu, wie unser Minivan die Kurve durchfuhr. Ein entgegenkommender Wagen kam von der Spur ab, genau wie in dem Unfall, und stieß frontal mit unserem Wagen zusammen. Wir wurden Zeugen der zerstörerischen Gewalt, des Chaos, des Sterbens, genauso wie wir es im wirklichen Leben erfahren hatten. Plötzlich war die Szene von einem wunderschönen Licht eingehüllt. Es erleuchtete alles. Das Licht zwang uns, die Einzelheiten der Zerstörung, die der Unfall angerichtet hatte, umso deutlicher zu sehen. Aber es befähigte uns auch, die Gegenwart Gottes an diesem Ort zu erkennen. Ich wusste in dem Augenblick, dass Gott bei dem Unfall gegenwärtig war. Gott war da gewesen, um unsere geliebten Angehörigen im Himmel willkommen zu heißen. Gott war da gewesen, um uns zu trösten. Gott war da gewesen, um uns, den Überlebenden, eine neue Richtung für unser Leben zu zeigen.

> *In dem Augenblick wusste ich, dass Gott bei dem Unfall gegenwärtig war. Gott war da gewesen, um uns zu trösten. Gott war da gewesen, um uns, den Überlebenden, eine neue Richtung für unser Leben zu zeigen.*

Dieser Wachtraum gab mir keine Antwort auf die Frage, warum der Unfall passiert war, und er brachte mich auch nicht zu der Überzeugung, dass der Unfall gut gewesen wäre. Er löschte meinen Schmerz nicht aus, er machte mich nicht glücklich. Aber er gab mir ein gewisses Maß an Frieden. Von da an begann ich, Schritt für Schritt zu glauben, dass Gottes souveräne Herrschaft ein Segen ist und kein Fluch. Die Klippe erhebt sich immer noch über mir. Aber nun vermittelt sie mir ein Gefühl von Sicherheit und erfüllt mich mit ehrfürchtigem Staunen.

Kapitel 12

Das Leben hat das letzte Wort

*An den Rändern Gottes sind die Tragödien.
In den Tiefen Gottes sind Freude, Schönheit
und Auferstehung. Die Auferstehung antwortet
auf die Kreuzigung, das Leben auf den Tod.*

MARJORIE HEWITT SUCHOCKI

Nach dem Unfall versuchte ich, so schnell wie möglich wieder zum normalen Alltag zurückzukehren. Dazu gehörte unter anderem, abends aus der Bibel vorzulesen. Etwa sechs Wochen nach dem Unfall setzten wir vier uns abends zusammen aufs Sofa, um einen Abschnitt aus der Apostelgeschichte zu lesen – die Geschichte, wie Petrus einen Mann von den Toten auferweckte. Gleich, nachdem wir die Geschichte gelesen hatten, platzte Catherine heraus: „Warum hat Gott das für uns nicht auch gemacht? Warum hat Gott zugelassen, dass Mami, Diana Jane und Oma gestorben sind? Warum sind wir Gott egal?" Ihre Frage steckte alle an. Sie drückten ihren Zorn über Gott aus, der unsere Familie zerstört hatte, und weinten bittere Tränen. Nachdem ich sie ins Bett gebracht hatte, ging ich hinüber zum Haus eines Freundes und weinte genauso bitterlich wie sie.

Dieses Erlebnis machte mir zum ersten Mal die schmerzhafte Wahrheit bewusst, dass ich meine Kinder nicht vor Leid bewahren, sondern sie nur darin begleiten kann. Es machte mir auch zum ersten Mal bewusst, dass der Tod der eigentliche Feind – der letzte große Feind – ist. Als ich sie an jenem Abend ansah, wurde mir klar, dass auch sie eines Tages sterben werden, so wie ihre Mutter, ihre Schwester und ihre Großmutter. Natürlich hatte ich das zuvor auch schon gewusst, aber an jenem Abend sank dieser Erkenntnis auf eine tiefere Ebene. Ich spürte das Sargtuch des Todes, das über jedem Leben hängt.

Wir nehmen die Tatsache, dass wir sterblich sind, nicht begeistert und bereitwillig an. Unsere Sterblichkeit ist ein Affront gegen alles, was uns teuer ist. Wir würden unser Leben gern in die Hand nehmen und es so gestalten, dass es gut ist und gut endet: Erfolg im Beruf, Glück in der Ehe, die perfekten Kinder, gute Freunde, ein schönes Zuhause, eine friedliche Nachbarschaft. Verluste erinnern uns daran, dass wir nicht das letzte Wort haben. Das letzte Wort hat der Tod, ob es nun der Tod eines Ehepartners, einer Freundschaft, einer Ehe, eines Arbeitsplatzes oder unserer Gesundheit ist. Letztlich bezwingt der Tod alles.

> *Ich kann meine Kinder nicht vor Schmerz bewahren, ich kann sie nur darin begleiten.*

Es ist also unvermeidlich, dass wir der Realität des Todes ins Auge schauen, wenn wir in irgendeinem Bereich einen Verlust erfahren. Hat der Tod wirklich das letzte Wort? Viele Menschen glauben, dass dem so ist. Manche versuchen angesichts dieser grimmigen Aussicht, heldenhaft ihrem Schicksal zu trotzen. Andere wollen nur noch für den Augenblick leben, jedes Vergnügen mitnehmen und sich so viel Kontrolle über ihr Leben sichern wie möglich. Wieder andere erkennen, wie absurd das Leben ist, und setzen ihm durch Selbstmord ein frühes Ende.

Wie jeder, der eine Verlusterfahrung durchleidet, wollte ich meine Lebensumstände umkehren und meine Angehörigen wieder ins Leben holen. Das Problem an diesem Wunsch ist allerdings, dass ich diese geliebten Menschen am Ende nur erneut verlieren würde. Lynda wäre auf eine andere Weise zu Tode gekommen, und wer weiß, wie schrecklich dieser Tod gewesen wäre. Meine Mutter wäre wieder gestorben und vielleicht hätte sie zuvor jahrelang gelitten. Diana Jane hätte sicher irgendein Leid erfahren, bevor schließlich auch sie gestorben wäre. Unsere Sehnsucht nach dem, was war, ist trügerisch, weil das Gewesene niemals ewig so bleiben kann, selbst wenn wir das, was uns verloren ging, für eine Weile zurückgewinnen.

Ich musste erkennen, dass der Tod der größte Feind ist, mit dem wir es je zu tun haben; er meldet seinen Anspruch an jedem und allem an. Kein Wunder kann uns letztlich vor ihm bewahren. Ein Wunder ist nur eine vorübergehende Lösung.

Wir aber brauchen mehr als ein Wunder – wir brauchen eine Auferstehung, damit das Leben auf ewig erneuert wird. Wir sehnen uns nach einem Leben, in dem der Tod ein für alle Mal vernichtet ist.

In vielen Religionen gibt es Erzählungen über ein Leben nach dem Tod. Es sind mythische Erzählungen, die ihren tiefen Sinn besitzen, weil sie die tiefste Sehnsucht des Menschen ausdrücken. Meines Wissens behauptet jedoch nur eine Religion, dass eine historische Person gestorben und wieder auferstanden ist. Diese Religion ist, wie wir wissen, das Christentum. Die historische Person ist Jesus von Nazareth.

Man kann die Verlässlichkeit der Geschichten über die Auferstehung Jesu leicht anzweifeln. Sie könnten bloße Erfindung sein, zurechtgeträumt von seinen Anhängern, die ihn so sehr geliebt und verehrt haben, dass sie ihn nach seinem Tod nicht loslassen wollten. Die Auferstehung könnte eine willkommene und erfindungsreiche Weise gewesen sein, ihn am Leben zu halten, obwohl er tatsächlich doch am Kreuz gestorben und niemals wieder lebendig geworden ist.

Erst durch meine persönliche Erfahrung von Unglück und Trauer gewann ich eine veränderte Sichtweise der Auferstehungsberichte. Mein Verlust half mir, ihren Verlust zu verstehen. Verluste bringen einen erbarmungslosen Schmerz mit sich und zwingen uns, unserer Sterblichkeit ins Auge zu sehen. Man kann diese schreckliche Wahrheit, wie wir alle wissen, eine Zeit lang verdrängen. Der Schock ermöglicht uns dies im ersten Moment; und das erklärt auch, warum Menschen, die einen Angehörigen verlieren oder eine andere Verlusterfahrung durchmachen, im einen Moment niedergeschlagen und im nächsten euphorisch sein können. Doch der Schock lässt mit der Zeit nach. Dann kommt – mit wechselnder Intensität – das Verleugnen und Verhandeln, die Alkoholexzesse und die Wut.

Ein Wunder ist nur eine vorübergehende Lösung. Die vom Tod Auferweckten werden wieder sterben. Wir aber brauchen mehr als ein Wunder – wir brauchen eine Auferstehung.

Diese Methoden, sich den Schmerz vom Hals zu halten, funktionieren eine Weile, aber schließlich müssen sie wie der Schockzustand der gewaltigeren Macht des Todes weichen. Am Ende bleiben nur tiefe Traurigkeit und Bedrücktheit. Der Verlust wird zu dem, was er in Wahrheit ist: eine Erinnerung daran, dass der Tod wieder einmal in irgendeiner Form Leben bezwungen hat. Der Tod bleibt immer Sieger.

Doch es gibt eine bemerkenswerte Ausnahme. Die Anhänger Jesu waren hingebungsvoll mit ihm verbunden. Sie hatten viel aufgegeben, um ihm zu folgen. Und plötzlich war ihr Held fort. Der Bericht sagt uns, dass sie durch diesen Gang der Ereignisse zutiefst desillusioniert waren; sie fürchteten zudem auch um ihr eigenes Leben. Und so zerstreuten sich die Jünger wie Samen im Wind und verbargen sich ängstlich und fassungslos vor den römischen Machthabern. Sie zerbrachen förmlich am Tod Jesu. Sie besaßen nicht mehr die Kraft, froh und mutig zu sein – da ging es ihnen nicht anders als mir, nachdem ich meine Angehörigen sterben sah. Sie konnten die Geschichte mit der Auferstehung in der Zeit nach dem Tod Jesu ebenso wenig erfunden haben, wie ich das in meinem Schmerz hätte fertig bringen können. Sie hatten genauso wenig Energie und Fantasie, eine neue Religion zu begründen, wie ich nach diesem Verlust gehabt hätte. Sie hätten es – ebenso wie ich auch – versuchen können, aber sie wären mit ihren kläglichen Versuchen gescheitert. Die Realität hätte die Oberhand gewonnen. Der Tod ist nicht so leicht zu bezwingen. Er bekommt, was er will.

> *Der Tod ist nicht so leicht zu bezwingen. Er bekommt, was er will. Der Tod bleibt immer Sieger. Doch es gibt eine bemerkenswerte Ausnahme.*

Doch ein paar Wochen später verkündeten diese Jünger Jesu lautstark, dass Jesus wieder lebt – nicht als ein wiederbelebter Leichnam, dem es nur gelungen ist, das Unvermeidliche ein wenig hinauszuschieben, sondern als ein von den Toten Auferweckter, der nie wieder sterben wird. Sie behaupteten sogar, Jesus gesehen, ihn gesprochen und berührt zu haben. Sie bestanden darauf, dass Jesus gestorben sei, drei Tage im Grab gelegen habe und dann auferstanden sei. Sie waren sich dieser Erfahrung so sicher, dass die Apostel überall darüber predigten und sogar zu Märtyrern wurden, weil sie sich weigerten, es zu leugnen. Die Jünger lebten mit einer Freude, Hoffnung und Zielorientierung, wie man es in der Geschichte selten gesehen hat. Es gibt keine Berichte darüber, dass Einzelne von ihren Überzeugungen abgefallen wären, die Osterberichte zurückgewiesen oder sie als Erfindung eingestanden hätten. Es gibt keinen Zweifel daran, dass die Jünger Jesu fest an das glaubten, was sie verkündeten.

> *Der Tod hat nicht das letzte Wort. Das Leben hat das letzte Wort.*

Es ist möglich, ihren Glauben als Täuschung oder Halluzination der gesamten Jüngerschar zu erklären. Solche Erklärungen sind noch fantasievoller als die einfache und offene Behauptung der Jünger, Jesus sei getötet worden, habe die Sünde, das Böse und den Tod irgendwie in sich aufgenommen, um dann von den Toten auferweckt zu werden. Die Auferstehung ist seine Rechtfertigung. Der Tod hat nicht das letzte Wort. Das Leben hat das letzte Wort. Tod und Auferstehung Jesu haben das möglich gemacht. Nun besitzt er die Vollmacht und den Willen, allen Leben zu schenken, die es wollen und brauchen.

Die Erfahrung des Sterbens ist universal, die Erfahrung einer Auferstehung ist es nicht. Was die Jünger von uns allen, die wir einen tragischen Verlust verschmerzen müssen, unterscheidet, ist nicht die Verlusterfahrung an sich, sondern die Erfahrung der Auferstehung Jesu.

In seinem Wirken auf dieser Erde tat Jesus Zeichen und Wunder, die Gottes Gegenwart in der Welt verdeutlichen sollten. Taube hörten, Blinde wurden sehend, Lahme gingen und Tote wurden wieder lebendig. Aber früher oder später wurden die, deren Gehör wiederhergestellt wurde, wieder taub – wenn nicht vor dem Tod, dann doch spätestens im Augenblick ihres Todes. Die sehend geworden waren, wurden wieder blind; die wieder gehen konnten, wurden wieder lahm; und die, denen das Leben zurückgegeben worden war, starben wieder. Das Leid und der Tod behielten am Ende doch den Sieg.

Mit anderen Worten: Die Wunder, die Jesus tat, waren nicht der eigentliche Grund für sein Kommen. Sein größter Sieg bestand nicht in den Wundern, sondern in der Auferstehung. Das Grab konnte ihn nicht zurückhalten, so vollkommen war sein Leben und so vollkommen war das Opfer seines Todes. Jesus hat den Tod besiegt und wurde von Gott zu neuem Leben auferweckt – zu einem Leben, das nicht wieder im Tod enden sollte. Die Ostergeschichte erzählt uns, dass das letzte Kapitel der Menschheit nicht mit dem Tod, sondern mit dem Leben endet. Die Auferstehung Jesu ist die Garantie dafür. Alle Tränen und aller Schmerz und alle Trauer werden aufgenommen werden vom ewigen Leben und in eine reine Freude verwandelt, die durch nichts mehr ausgelöscht werden kann.

Natürlich – das ist die Zukunft. Wir aber leben in der Gegenwart, die oft voller Trauer und Schmerz ist. Sofern wir an die Auferstehung glauben, bringt Leid uns in einen Zwiespalt. Wir spüren das Schmerzhafte unserer gegenwärtigen Lebensumstände, die uns an das Verlorene erinnern, und doch hoffen wir auf Befreiung und den endgültigen Sieg über das Leid in der Zukunft. Wir zweifeln und versuchen doch zu glauben; wir leiden und sehnen uns doch nach echter Heilung; wir nähern uns Stück für Stück dem Tod und

In unserem Herzen wohnt ein Empfinden für die Ewigkeit.

sehen den Tod doch als Tor zur Auferstehung. Dieser Zwiespalt in unserem Innern verweist auf eine Spannung, die dem Leben überhaupt innewohnt. Wir sind Geschöpfe, die aus Staub geschaffen wurden, aber wir wissen auch, dass wir zu etwas Höherem geschaffen wurden. In unserem Herzen wohnt ein Empfinden für die Ewigkeit. In dieser Spannung zu leben ist nicht nur schwierig; es ist zugleich notwendig. Sie stellt unsere Seele auf eine Zerreißprobe; sie fordert uns heraus, unsere Sterblichkeit einzugestehen und doch auf den letztendlichen

Sieg zu hoffen – auf den Sieg, den Jesus in seinem Tod und in seiner Auferstehung für uns gewonnen hat; einen Sieg, der erst jenseits des Grabes auf uns wartet.

Diese Spannung ist ein ständiger Begleiter meines Lebens geworden. Ich empfinde Traurigkeit und Hoffnung zugleich. In letzter Zeit hat mein Sohn David wieder größere Schwierigkeiten, den Tod seiner Mutter zu akzeptieren. Neulich erzählte er mir, er fühle sich die ganze Zeit über so traurig und mag gar nicht mehr so glücklich sein, wie er es war, als sie noch lebte. In seinen Augen wäre es beinahe ein Sakrileg, wieder glücklich zu sein. Vorgestern Abend begingen wir den dritten Jahrestag des Unfalls. Während des Abendessens sagte David: „Papa, wenn ich doch nur nach dem Powwow noch mal auf die Toilette gegangen wäre, dann würde Mama noch leben. Oder wenn du mehr zu tun gehabt hättest an dem Tag, dann würde sie noch leben." Er will nicht, dass es wirklich passiert ist. Manchmal mache ich mir Sorgen um ihn – nein, eigentlich um alle drei. Manchmal mache ich mir sogar Sorgen um mich selbst. Dann falle ich in dieses Loch voller Traurigkeit, das mir weismachen will, ich würde nie wieder richtig leben. Meine gedrückte Stimmung überschattet alles, sogar meinen Glauben. In solchen Momenten finde ich es schwer, überhaupt an irgendetwas zu glauben.

Aber dann bemühe ich mich um eine andere Perspektive. Ich mache mir bewusst, dass wir nicht die Einzigen sind, die Leid erfahren. Es ist das Schicksal aller Menschen. Wenn diese Welt die einzige wäre, die es gibt, dann hätte das Leid das letzte Wort und wir alle wären ziemlich kläglich dran. Aber vor uns und nach uns gibt es Generationen von Christen, die glauben, was ich von tiefstem Herzen glaube. Jesus steht im Zentrum aller Dinge. Er hat Sünde und Tod besiegt. Dann wird es allmählich wieder hell in meinem Herzen und die Hoffnung kehrt zurück. Ich finde Sinn und Mut, weiter zu leben und zu glauben. Und meine Seele weitet sich, um beides zu empfinden: Hoffnung und Trauer. Ich gewinne einen Glauben, der tiefer und froher ist als zuvor, selbst in meinem Schmerz.

Kapitel 13

Gemeinschaft der Zerbrochenen

*Ich weinte nicht um die sechs Millionen Juden
oder die zwei Millionen Polen oder die eine Million Serben
oder die fünf Millionen Russen. – Ich war nicht darauf
vorbereitet, um die gesamte Menschheit zu weinen. –
Aber ich weinte um diese anderen, die mir auf die eine
oder andere Weise am Herzen lagen.*

WILLIAM STYRON

Verlusterfahrungen sind universal. Wie bei körperlichen Schmerzen wissen wir, dass sie real sind, weil früher oder später jeder von uns diese Erfahrung macht. Aber ein Verlust ist auch eine sehr einsame Erfahrung. Wieder ist es wie bei einem körperlichen Schmerz, den wir nur daran als real erfahren, weil wir ihn in unserem eigenen Körper spüren. Wenn jemand sagt: „Du weißt gar nicht, was ich durchgemacht und wie sehr ich gelitten habe", dann müssen wir zugeben, dass dieser Mensch Recht hat. Wir wissen es nicht; ja, wir können es gar nicht wissen.

Aber andersherum gilt auch: Dieser Mensch kann nicht wissen, was wir durchgemacht und wie sehr wir gelitten haben. Die Erfahrungen eines Menschen sind etwas ganz Persönliches, selbst wenn sie oberflächlich betrachtet den Erfahrungen anderer Menschen ähneln. Ja, Leid ist eine universale Erfahrung. Aber jede einzelne Leiderfahrung ist einzigartig, weil der Mensch, der sie durchlebt, einzigartig ist. Wer dieser Mensch vor der Verlusterfahrung war, wie er sich angesichts des Verlustes fühlt und wie er darauf reagiert, unterscheidet seine Erfahrung von der aller anderen. Darum ist das Leid eine einsame Erfahrung. Und darum muss sich letztlich jeder von uns ganz allein dieser Erfahrung stellen. Niemand kann uns von dem Schmerz erlösen, ihn an unserer statt tragen oder ihn für uns lindern.

Doch ein Verlust muss nicht dazu führen, dass wir uns von anderen isolieren und uns einsam fühlen. Obwohl der Verlust eine einsame Erfahrung darstellt, spiegelt jeder Verlust auch eine allgemeine Erfahrung, die uns in die Gemeinschaft mit anderen führen kann. Die gemeinsame Erfahrung kann eine Leidensgemeinschaft ins Leben rufen. Wir müssen ganz allein in die Dunkelheit eintauchen, aber wenn wir erst einmal darin sind, werden wir andere finden, mit denen wir unser Leben teilen können.

Als ich nach dem Unfall im Krankenhaus eintraf, erwarteten mich bereits einige enge Freunde. Innerhalb der nächsten 24 Stunden kamen Freunde aus dem ganzen Land, um mit mir und meiner Familie zu trauern. Ich war überwältigt von dieser Unterstützung. Seitdem habe ich mit vielen von ihnen über diese Erfahrung gesprochen und insbesondere über ihre ersten Reaktionen auf die Tragödie. Freunde, die aus Chicago gekommen waren, erzählten mir vor kurzem, wie verzweifelt und unfähig zu helfen sie sich fühlten, als ich anrief und ihnen von dem Unfall erzählte. Als Steve und Kathy nach ihrem Flug bei uns eintrafen, schauten sie sich in die Augen, bevor sie aus dem Auto stiegen. Dieser Blick sagte mehr als alle Worte. Fragen beschäftigten sie und die Antworten fehlten. Sie beschlossen in diesem Augenblick, einfach nur da zu sein, egal wie hilflos und verzweifelt sie sich fühlten. Sie legten alle vorsichtige Zurückhaltung beiseite und nahmen mich bei Eintreten mit Tränen in den Augen in den Arm, obwohl sie keine Ahnung hatten, wie sie mich und die Kinder trösten sollten. Sie öffneten sich einfach für unser Leid – sie waren da und bereit, sich davon berühren zu lassen. Sie wurden ein Teil unserer Leidensgemeinschaft.

Doch Gemeinschaft entsteht nicht automatisch aus einer Verlusterfahrung und das hat mindestens zwei Gründe. Zum einen bewirkt ein so öffentlicher tragischer Verlust wie der meine eine breite Unterstützung, die ebenso schnell wieder abflaut, wie sie entstanden ist. Wir sollten unseren Freunden keine Vorwürfe machen, wenn ihre Unterstützung nur von kurzer Dauer und

> *Wir müssen ganz allein in die Dunkelheit eintauchen, aber wenn wir erst einmal darin sind, werden wir andere finden, mit denen wir unser Leben teilen können.*

nur oberflächlich ist. Ich habe mich auch schon so verhalten. Oft habe ich jemandem, den Schweres getroffen hatte, eine Karte geschickt, ihn ein- oder zweimal besucht, in den darauf folgenden Wochen oder Monaten sporadisch für ihn gebetet und ihn dann mehr oder weniger vergessen. Ich wollte mein Mitgefühl ausdrücken. Aber ich habe mich nicht auf sein Leid eingelassen und zugelassen, dass es mich verändert. In den meisten Fällen fehlten mir die Zeit und die Energie dazu; in einigen Fällen fehlten mir aber auch die Bereitschaft und der Mut. Auf jeden Fall hielt ich mich in sicherem Abstand und vermied die Unannehmlichkeiten, die mit einer solchen Aufopferungsbereitschaft verbunden sind, die leidende Menschen eigentlich von uns brauchen. Wie die meisten Menschen wollte ich mich nicht dem Schmerz aussetzen, weil er meiner Suche nach Glück im Wege stand.

Ich wollte mein Mitgefühl ausdrücken. Aber ich habe mich nicht auf sein Leid eingelassen und zugelassen, dass es mich verändert.

Manchmal ist eine solche Distanz unvermeidlich, ja sogar gesund. Ich habe in den Wochen nach dem Unfall Dutzende von Mahlzeiten gekocht bekommen, erhielt unzählige Anrufe und Hunderte von Karten und Briefen. Diese Gesten der Anteilnahme und Sympathie haben unserer ganzen Familie viel bedeutet. Allein die Menge zeigte, wie wichtig wir den Menschen waren. Trotzdem hatte ich weder Zeit noch Kraft, mit all diesen besorgten Freunden zu sprechen. Ich hatte in meiner Seele nicht genug Raum für sie alle. Ich konnte dieselbe Geschichte nicht immer wieder von Neuem erzählen, den Leuten mitteilen, wie es meinen Kindern gerade ging, oder ihnen erklären, was ich in den vielen dunklen Tagen und Monaten nach dem Unfall dachte oder fühlte. Die Mehrzahl derer, die mit uns getrauert hatten, mussten zu ihrem Alltag zurückkehren – um ihrer selbst willen und um unsertwillen. Ich musste die Zahl der Besucher begrenzen und die mir angebotene Hilfe zurückweisen. Einmal nutze ich eine Bibelstunde, die ich sonntags in unserer Gemeinde hielt, um

Freunden und anderen Interessierten zu berichten, wie ich und die Kinder mit der Situation zurechtkamen und die Tragödie verarbeiteten. Sie wollten und sollten das wissen; aber ich konnte nicht mit jedem persönlich darüber reden. So war es nur natürlich, dass ein solcher Ausleseprozess die Zahl der Menschen, die zu meiner unmittelbaren Leidensgemeinschaft gehörten, deutlich reduzierte.

Der zweite Grund, warum aus einer Leiderfahrung nicht automatisch eine Leidensgemeinschaft entsteht, hängt mit der sehr persönlichen und manchmal schambehafteten Natur vieler Verluste zusammen. Mein Verlust ereignete sich überwiegend in der Öffentlichkeit und die Reaktionen darauf waren überwiegend von Mitgefühl gekennzeichnet. Das geschieht oft bei Tragödien wie der unseren. Doch andere Arten von Verlusten wie sexueller Missbrauch oder Kinderlosigkeit sind in der Regel eine sehr private Angelegenheit. Die meisten Menschen erfahren überhaupt nichts davon und wenn sie davon hören, dann oft gerade mal so viel, dass sie unangemessen auf die spezifischen Verhaltensweisen reagieren, die sich möglicherweise zeigen. Statt für die Betroffenen zu einer Leidensgemeinschaft zu werden, verschlimmern oder verlängern sie das Leid dieser verwundeten Menschen womöglich noch aus Unwissenheit oder mangelnder Sensibilität – auch wenn sie dafür oft nichts können.

Ich höre immer noch die Ratschläge, die Lynda in den langen Jahren ihrer Kinderlosigkeit gegeben wurden. Sie waren hilfreich gemeint, in der Regel aber wirkten sie eher verletzend: „Entspann dich, du wirst schon noch schwanger." „Der Herr hält seinen Segen nur zurück, bis du so weit bist, ihn zu empfangen." „Hast du's schon mal mit … probiert?" „Je länger du warten musst, umso kostbarer wird dir dein Kind nachher sein." Solche Ratschläge verletzten Lynda. Sie hätte sich Menschen gewünscht, die lieber sensibel zuhörten oder sich einfach um ihren eigenen Mist kümmerten. Leere Floskeln waren ein schlechter Ersatz für echtes Mitgefühl. Vielleicht glaubten diese Freunde ja ihren eigenen Ratschlägen, die für sie eine alte

Weisheit darstellten, die von einer Generation an die nächste weitergegeben wurde. Oder sie plapperten ihre Ratschläge heraus, ohne wirklich selbst an ihre Worte zu glauben, nur weil sie Lyndas schmerzhaftes Schweigen nicht ertragen konnten und das Bedürfnis hatten, irgendetwas Hilfreiches zu sagen. Sie nahmen an, dass Worte, egal wie abgedroschen sie auch waren, wie ein Wundermittel wirken würden. Sie machten Lärm, obwohl es hilfreicher und klüger gewesen wäre zu schweigen.

Es gibt Verluste, wie eine Scheidung, eine unheilbare Krankheit, eine Behinderung oder Langzeitarbeitslosigkeit, die unerfreuliche Aspekte umfassen, die Menschen abstoßen oder dazu bringen, eher zu urteilen als Mitgefühl zu entwickeln, eher mit Angst als mit Verständnis zu reagieren. Eine Scheidung zum Beispiel zwingt die Leute oft, sich auf eine Seite zu stellen. Sie wirkt trennend und entfremdend und verärgert Menschen, die Unterstützung geben könnten, aber oft der vielen Konflikte müde sind und nicht verstehen können, warum zwei erwachsene Menschen ihre Differenzen nicht beseitigen können. Und diejenigen, die loyal bleiben, sind oft am wenigsten geeignet, den Betroffenen durch ein kluges Urteil über die Situation weiterzuhelfen.

Auch unheilbare Krankheiten, Aids oder Behinderungen schrecken andere ab. Manche fragen sich, ob sie sich mit irgendeinem exotischen Erreger anstecken können. Sie schrecken zurück vor Menschen, die Haare, Gewicht, Schönheit oder Körperkraft verloren haben. Sie fühlen sich in Krankenhäusern unwohl und scheuen das Schweigen, wenn ihnen die Worte fehlen. Und so bleiben sie auf Abstand; eigentlich würden sie gerne helfen, aber sie haben doch Angst, sich dem Leid zu öffnen. Sie sind abgestoßen von der Krankheit oder Behinderung, weil diese sie drohend daran erinnert, dass ihnen leicht ein ähnliches Schicksal blühen könnte. Oder sie meiden den Schmerz des anderen, weil der ihre Abwehrmechanismen gegen die eigenen Verlusterfahrungen zum Einsturz bringen könnte. Sie schützen sich selbst und wollen sich ihrer Sterblichkeit nicht stellen.

Meine erste Begegnung mit dem Tod als junger Pastor erinnert mich daran, wie leicht man vor dem Geruch und der Hässlichkeit dahinsiechender Menschen zurückschreckt. Als ich den alten Mann in seinem Bett erblickte, dachte ich: „O Gott, sieht der schrecklich aus! Was will ich überhaupt hier?" Ich betete für ihn und flüchtete dann so schnell ich konnte. Ich fühlte mich unwohl in seiner Gegenwart. Er war für mich wie ein Mensch aus einer fremden und bedrohlichen Welt. Der Tod war in diesem Raum zu nah, zu spürbar, zu sehr mit diesem unangenehmen Geruch verbunden – wie ein stiller, Unheil verheißender Besucher. Ich wollte unbedingt vor ihm fliehen, denn seine bedrückende Gegenwart raubte mir den Atem.

In einem früheren Kapitel erwähnte ich bereits meinen Freund Steve, der querschnittsgelähmt ist. Steve erzählte mir, dass nach dem Unfall die meisten seiner Freunde aus verschiedenen Gründen nach und nach wegblieben. Manche wollten ihre Zeit und Kraft nicht in das Zusammensein mit ihm investieren. Andere fühlten sich unwohl und hilflos in seiner Gegenwart. Sie wussten entweder nicht, was sie sagen sollten, oder das Bedrohliche seiner Behinderung schreckte sie ab. Denn wenn es ihm passiert war, konnte es sie auch treffen. Der unbewegliche Körper, der da vor ihnen lag, war nicht der Steve, den sie gekannt hatten, und nicht der, den sie kennen wollten. Sie wollten Steve nicht besuchen, weil der Freund, den sie einmal gehabt hatten, nicht mehr da war. So verlor Steve sein Beziehungsnetz nach dem Unfall, abgesehen von einem Cousin, der bis heute zu ihm steht.

Gemeinschaft entsteht nicht einfach spontan, außer in wenigen Ausnahmen, in denen die Umstände günstig sind. Nicht einmal die besonderen Umstände eines tragischen Verlustes reichen aus, um Gemeinschaft zu stiften. Wenn Menschen eine

> *Der Tod war in diesem Raum zu nah, zu spürbar – wie ein stiller, Unheil verheißender Besucher. Ich wollte unbedingt vor ihm fliehen, denn seine bedrückende Gegenwart raubte mir den Atem.*

Gemeinschaft finden, die sie in ihrem Leid durchträgt, dann geschieht dies als Folge bewusster Entscheidungen, die sie oder andere gefällt haben.

Als Erstes bedarf es einer Entscheidung auf Seiten der Menschen, die Leid tragenden Freunden eine tragende Gemeinschaft bieten wollen. Sie müssen bereit sein, sich vom Verlust eines anderen Menschen verändern zu lassen, auch wenn sie selbst von diesem Verlust vielleicht gar nicht unmittelbar betroffen sind. Guter Trost braucht Mitgefühl und die Bereitschaft, auf die Umstände einzugehen, und manchmal verlangt er große Opfer. Wer trösten will, muss bereit sein, sich den Schmerz eines anderen zu Eigen zu machen und sich dadurch verändern zu lassen. Er wird nach diesem Entschluss nicht mehr derselbe sein. Auch seine eigene Welt wird sich durch die Anwesenheit des Leidtragenden für immer verändern. Distanz, Kontrolle und Bequemlichkeit sind vorbei. Wer einen anderen tröstet, wird sich nie wieder einreden können, die Welt sei ein sicherer Ort voller netter Menschen, positiver Erfahrungen und günstiger Lebensumstände.

Wer trösten will, muss bereit sein, sich den Schmerz eines anderen zu Eigen zu machen und sich dadurch verändern zu lassen

Immer wieder habe ich die gleichen Sätze von meinen engsten Freunden gehört: „Du weißt gar nicht, Jerry, wie sehr uns das, was du erlebt hast, verändert hat." Die sprachen davon, dass die Tragödie Auswirkungen darauf hatte, wie sie Beziehungen leben, wie sie ihre Prioritäten setzen und wie sie nach einem Sinn für ihr Leben suchen. Sie wurden verändert, weil sie beschlossen hatten, sich auf mein Leid einzulassen und es zu ihrem eigenen zu machen. Sie wollten mir nicht nur einen Monat oder ein Jahr lassen, um nach dem Verlust wieder zu einem normalen Leben zurückzukehren. Weil sie wussten, dass mein Leben nie wieder dasselbe sein würde, beschlossen sie, dass auch ihres nie wieder dasselbe sein sollte.

John war zum Zeitpunkt des Unfalls gerade mal zwei Jahre

alt. Plötzlich fand er sich mit einem gebrochenen Oberschenkel, einer verstorbenen Mutter und einem verzweifelten Vater wieder. Seine Welt verwandelte sich in ein Chaos, als habe man ihn in einen Strudel hineingeworfen. Ron und Julie, gute Freunde aus dem College, besuchten mich täglich im Krankenhaus. Eines Tages fragten sie mich, ob ich schon eine Idee hätte, wer sich um John kümmern könnte, während ich arbeitete. Noch bevor ich antworten konnte, bot Julie mir an, „auch wenn's auf lange Sicht ist", wie sie es nannte, Johns Ersatzmutter zu sein. Zunächst gefiel mir der Gedanke nicht. Aber sie hatte auf jede meiner Fragen eine stichhaltige Antwort und zeigte die für Mütter typische Entschlossenheit. Und so kam es, dass Julie nun seit drei Jahren Johns Tagesmutter ist; und auch Ron hilft mit. Julie hat sich um einige der Verpflichtungen in der Grundschule gekümmert. Sie ist mit John zum Arzt gegangen, wenn ich verhindert war. Sie hat ihn in ihre Familie aufgenommen und ihm ihre besondere Aufmerksamkeit geschenkt. Was sie für John getan hat, kann ich gar nicht hoch genug

> Weil meine Freunde wussten, dass mein Leben nie wieder dasselbe sein würde, beschlossen sie, dass auch ihres nie wieder dasselbe sein sollte.

einschätzen. Ich glaube, dass John sich heute glücklich und geborgen fühlt, ist größtenteils das Ergebnis all der Liebe und Fürsorge, die Julie in ihn investiert hat.

Eine kleine Gruppe von Kollegen und Nachbarn beschloss nach dem Unfall, sich wöchentlich mit mir zu treffen, um mich zu unterstützen, und oft sah ich sie auch bei anderen Gelegenheiten. Diese Gruppe trifft sich seit drei Jahren regelmäßig und längst geht es nicht mehr nur um mich und meine Situation. Meine Fakultätskollegen haben sich liebevoll um mich gekümmert und dies ist bis heute der vertrauteste Kreis, in dem ich je beruflich mit anderen zusammengearbeitet habe. Andere Kollegen am College haben mir Mut gemacht, meine beruflichen Ziele trotz der reduzierten Stundenzahl, die mir zur Verfügung steht, weiterzuverfolgen. Freunde in der Nachbarschaft haben mich weiterhin in die sozialen Kreise eingeladen, zu denen ich als Verheirateter gehört hatte.

Vor allem aber haben mir meine Schwester Diane und mein Schwager Jack geholfen, mich an das Leben als Alleinerziehender zu gewöhnen, zu Hause ein neues Zusammenleben aufzubauen und den Kurs für die Zukunft festzulegen. Seit Jahren schon waren wir die besten Freunde gewesen. Im ersten Jahr nach dem Unfall unterhielten wir uns endlose Stunden am Telefon, und auch heute sprechen wir uns noch zwei- bis dreimal die Woche. Sie haben mir wichtige Ratschläge für die Kindererziehung und kreative Ideen für ein effektives Haushaltsmanagement gegeben. Wir haben gemeinsam über das Geschehene nachgedacht, um einen Sinn in der Tragödie zu finden und den Verlust im Licht unseres Glaubens zu begreifen. Über viele Gedanken, die in diesem Buch auftauchen, habe ich zuerst mit Diane und Jack gesprochen.

Ich habe auch meine Gemeinde von ihrer besten Seite erlebt. Gemeindeglieder boten sofort ihre Unterstützung an. Sie überhäuften unsere Familie mit vorgekochten Mahlzeiten und emotionaler Zuwendung und nahmen Anteil an meiner Trauer über den Verlust. Und zugleich konnten sie ihrer eigenen Trauer Ausdruck geben. Da meine Tragödie öffentlich war, gab sie vielen Gemeindegliedern eine Möglichkeit, offen über ihre eigenen Verlusterfahrungen zu trauern, die manche über Jahre hinweg vergraben und ignoriert hatten. Ich habe schon wie viele andere beobachtet, wie Gemeinden versagten. Das sollte niemanden überraschen. Aber ich erlebte das Mitgefühl und die Loyalität meiner Gemeinde. Ich ging das Risiko ein und gab meiner Gemeinde eine Chance, und die Gemeinde bestand den Test für mich und meine Familie.

Mit anderen Worten: Die Gemeinschaften, zu denen ich vor dem Unfall gehört habe, sind dieselben, zu denen ich seit dem Unfall gehöre. Sie haben mich in dem ganzen Prozess der Trauer, der Anpassung an neue Umstände und der eigenen Veränderung unterstützt. Ihre Entschlossenheit, zu mir zu stehen, bewahrte mich davor, mich noch an einer weiteren Stelle auf

Neues einstellen und einen neuen Freundeskreis aufbauen zu müssen. Ihre Treue schuf die Stabilität und Kontinuität in meinen Beziehungen, die ich brauchte, um mich der Dunkelheit zu stellen und nach dem Verlust ein neues Leben zu finden. Ich trauerte *mit* diesen Freunden. Ich trauerte *wegen* dieser Freunde; denn ihre Gegenwart erinnerte mich an eine verlorene Vergangenheit. Aber ich gewann auch an Reife wegen dieser Freunde, die mir in einer Welt, die völlig in sich zusammengestürzt war, Sicherheit und etwas Gewohntes gaben. Sie machten das Leben für mich zugleich schwerer und leichter: sie erinnerten mich an das Leben, das ich einmal hatte, und forderten mich heraus zu entdecken, wie mein Leben nach dem Unfall sein könnte.

> *Alles in unserem Haus erinnerte mich daran, dass Lynda und Diana Jane nicht mehr da waren. Es quälte mich jedes Mal, wenn ich zur Tür hereinkam; ich war wie ein Verhungernder, der seine Lieblingsmahlzeit riechen, aber nicht essen kann.*

Im selben Haus zu wohnen hatte einen ähnlichen Effekt. Zunächst war es nicht einfach, in diesem gewohnten Terrain zu leben, im selben Bett zu schlafen und Hunderte von Gegenständen zu sehen – Bilder, Alben, Dekorationen, Bücher, Poster und all das –, die Erinnerungen an das Leben vor dem Unfall weckten. Alles in unserem Haus erinnerte mich daran, dass Lynda und Diana Jane nicht mehr da waren. Es quälte mich jedes Mal, wenn ich zur Tür hereinkam; ich war wie ein Verhungernder, der seine Lieblingsmahlzeit riechen aber nicht essen kann. Doch das alles bot mir auch eine vertraute Umgebung, in der die Kinder und ich unsere neue Identität als vierköpfige Familie entwickeln konnten. Unser Zuhause wurde zu einem Labor, in dem wir herumexperimentierten und unsere Entdeckungen machten. Es brachte uns zum Weinen; aber es half uns auch zu wachsen.

Gut ein Jahr nach dem Unfall beschloss ich, zu Thanksgiving lieber zu Hause zu bleiben, als die Verwandtschaft am anderen Ende des Bundesstaates zu besuchen. Der Winter setzte in diesem Jahr sehr früh ein und so waren wir buchstäblich im Haus festgesetzt. Zudem litt ich unter einer schweren Depression, in die ich am ersten Jahrestages des Unfalls verfallen war. Diese Depression verstärkte das Gefühl von Leere und Isolation, das ich an dem Thanksgiving-Wochenende empfand; die vier Tage schienen zu Jahren zu werden. Trotzdem tat uns vieren die gemeinsame Zeit gut. Wir fühlten uns wohl als vierköpfige Familie, die die freien Tage gemeinsam genoss und feierte. Wir aßen gut und spielten viel. Dennoch lastete dieses Wochenende auf mir, als wäre ein umgestürzter Baum auf meiner Brust gelandet. Manchmal konnte ich kaum atmen, so sehr erdrückte mich meine Traurigkeit. Doch ich wurde auch zuversichtlich, dass wir vier es selbst an solchen Familienfesten gut schaffen konnten. Es waren die schwierigsten Festtage, die ich bisher erlebt habe, aber es waren auch die befreiendsten.

Ich musste die Verantwortung für mein Leben wieder selbst übernehmen – wie verzweifelt ich auch sein mochte.

Die Erfahrung von Gemeinschaft hat mich noch etwas anderes gelehrt. Es geht nicht nur darum, dass sich Menschen, die nicht direkt betroffen sind, bewusst für das Leid anderer öffnen. Es geht auch darum, dass die, die Trost brauchen, diesen auch bewusst annehmen. Zu ihren Aufgaben gehört es, sich der Dunkelheit mutig zu stellen, neue Fähigkeiten einzuüben und sich um Gegenseitigkeit in den Beziehungen zu anderen zu bemühen. Mit anderen Worten: Sie müssen, soweit sie es können, die Verantwortung für ihr Leben selbst übernehmen, so beladen und verzweifelt sie auch sein mögen. Ich lernte diese Lektion vor allem durch den sanften Zuspruch von Freunden, die mich ermahnten, bei all meiner Trauer dafür zu sorgen, dass ich die Weichen richtig stellte. So legte ich zum Beispiel zusammen mit Ron und Julie klare Grenzen fest, die verhindern sollten, dass ich ihre Hilfe ausnutzte oder dass sie sich über mich ärgerten. Julie und ich erarbeiteten einen Zeitplan für die Betreuung und ich stellte Monica stundenweise als Kindermädchen ein. Eine von Monicas Aufgaben war es, in den Zeiten auf Julies jüngstes Kind aufzupassen, in denen sie als Krankenschwester Dienst hatte und ihr Mann ebenfalls außer Haus war.

Susan, eine gute Bekannte, bot sich an Catherine und David zur Schule zu fahren und nach dem Unterricht wieder abzuholen. Diesen wertvollen Dienst tut sie nun schon seit drei Jahren für mich. Trotzdem brachte ich mich, sobald es ging, in die Fahrdienste mit ein und fahre ihren Sohn nun schon seit drei Jahren zum Fußballtraining. Mein Wunsch, so viel Verantwortung wie möglich selbst zu übernehmen, verlangte ein hohes Maß an Organisation, Effektivität und Zeitmanagement von mir, damit mein Haushalt und meine Familie rund laufen konnten.

Natürlich gelang das nicht immer. Ich habe schon so manches völlig verkochte oder verbrannte Mittagessen serviert, habe hier und da einen Probentermin verschwitzt, kam zu spät zum Training oder vergaß, den Kindern ein Schulbrot mitzugeben. Einmal war ich gerade mitten in einer Vorlesung vor fünfzig Studenten, als mir einfiel, dass ich vergessen hatte, Catherine von der Schule abzuholen und zu einem wichtigen Konzert zu fahren. Es wäre weniger peinlich gewesen, wenn wir nur vorgehabt hätten, als Zuhörer zu dem Konzert zu gehen. Aber Catherine war als eine von nur drei Sopranstimmen eingeplant und so würde ihre Abwesenheit von allen wahrgenommen werden, ganz besonders vom Direktor. Ich rannte aus dem Hörsaal und rief in der Schule an. Aber es war bereits zu spät. Wir verpassten die Veranstaltung. Natürlich entschuldigte ich mich später beim Direktor, aber das war natürlich keine große Hilfe für die, die die Aufführung ohne Catherine zuwege bringen mussten.

> *Ich erkannte schon bald nach dem Unfall, dass ich noch eine weitere wichtige Verantwortung trug: Ich musste meine Erfahrung für andere übersetzen.*

Ich erkannte schon bald nach dem Unfall, dass ich noch eine weitere wichtige Verantwortung trug: Ich musste meine Erfahrung für andere übersetzen. Meine Freunde wollten mir zuhören und Anteil nehmen, aber sie wollten auch aus meiner Erfahrung lernen, sie wollten über das Leid nachdenken und dem allen für ihr eigenes Leben einen Sinn abgewinnen. So wurden wir zu einer nachdenklichen Gemeinschaft. Ich habe diesen Freunden schon oft für ihre mitfühlende Fürsorge gedankt. Und sie haben mir oft gesagt, wie dankbar sie dafür sind, dass sie durch meine Leiderfahrung Sinn für ihr Leben finden konnten. Sie waren bereit, sich verändern zu lassen, ich war bereit, meine Verantwortung auszuüben. Sie fühlten sich nicht manipuliert oder benutzt; ich fühlte mich nicht bevormundet und unter Druck gesetzt. Das Ergebnis davon war, dass unsere Beziehungen auf Gegenseitigkeit beruhten. Alle gaben ihren Teil hinein, und alle zogen einen Gewinn daraus.

> Schließlich musste ich mich entscheiden, meinen Beitrag für die Gemeinschaft wieder zu leisten – nicht nur Liebe zu nehmen, sondern auch Liebe zu geben.

Das Ergebnis war Liebe. Wir fanden zu einer tieferen Liebe. Das gilt besonders, wenn auch nicht ausschließlich für mich. Ich zögerte zunächst, mich neu auf Liebe und Nähe einzulassen. Da war so ein Schutzreflex in mir, der den Wunsch in mir bewirkte, mich von allen Menschen, ja selbst von meiner Familie zurückzuziehen. Meine Erfahrung lehrte mich, dass Menschen durch Verluste beinahe völlig auf ihre Verzweiflung und ihre Verletzlichkeit reduziert werden. Ich spürte den Schmerz nicht nur wie eine offene Wunde; mein Leben war eine einzige offene Wunde. Als Folge davon befand ich mich, was Liebe und Freundschaft anging, in der Regel in der Position des Nehmenden. Schließlich musste ich mich jedoch dazu entscheiden, meinen Beitrag für die Gemeinschaft wieder zu leisten – nicht nur Liebe zu nehmen, sondern auch Liebe zu geben.

Das war keine einfache Entscheidung. Sie ist niemals einfach. Es ist nur natürlich, dass Menschen zurückhaltend sind, wenn es darum geht zu lieben, weil sie Angst vor einem erneuten Verlust haben. Wer würde sich denn bei klarem Verstand wünschen, einen solchen Schmerz mehr als einmal zu durchleiden? Ist die Liebe dieses Risiko wert? Ist es überhaupt möglich, nach einem solchen Verlust noch einmal zu lieben, wenn man weiß, dass weitere Verlusterfahrungen folgen werden? Ich habe oft darüber nachgedacht, wie vernichtend es für mich wohl wäre, noch ein weiteres Kind zu verlieren – besonders jetzt, nachdem ich so viel von mir in sie investiert habe. Vor dieser Aussicht graut mir. Und doch kann ich mir nicht vorstellen, sie nicht zu lieben, denn davor würde mir noch mehr grauen als vor dem Gedanken, sie zu verlieren.

> *Wer möchte, dass seine Seele an einer Verlusterfahrung wächst, der muss sich dazu entscheiden, noch tiefer zu lieben als zuvor.*

Das Risiko eines weiteren Verlustes stellt uns also vor ein Dilemma. Entscheide ich mich dafür, erneut zu lieben, lebe ich fortan mit der Bedrohung, das, was ich liebe, zu verlieren. Entscheide ich mich jedoch, nicht zu lieben, so gefährde ich damit die Gesundheit meiner Seele, die sich nach einem liebevollen Umfeld sehnt. Menschen mit Seele lieben; Menschen ohne Seele lieben nicht. Wer also möchte, dass seine Seele an einer Verlusterfahrung wächst, der muss sich letztlich dazu entscheiden, noch tiefer zu lieben als zuvor. Seine Reaktion auf den Verlust muss die sein, sich mit neuer Energie und Entschlossenheit der Liebe zuzuwenden.

Das war die Entscheidung, vor der ich auf jeden Fall stand. Sie hat am unmittelbarsten mit meinen Kindern zu tun, die verzweifelt einen Vater brauchten, der sie liebevoll durch die Folgen der Tragödie begleitete. Ich erkannte bereits kurz nach dem Unfall, dass die Art und Weise, wie meine Kinder auf die Tragödie reagieren würden, zu einem Teil davon abhing, wie gut ich mich als ihr Vater um sie kümmerte. Etwa sechs Monate nach dem Unfall erhielt ich einen ungewöhnlichen Telefonanruf von einer fremden Frau, die mit mir über den Tod ihrer Mutter sprechen wollte. Es war das einzige Mal, dass wir miteinander sprachen. Ich erinnere mich nicht einmal mehr an ihren Namen. Sie sagte mir, ihre Mutter wäre gestorben, als sie zehn Jahre alt gewesen sei. Mit zwanzig begann sie, zu einem Therapeuten zu gehen, den sie mit Unterbrechungen über sechs Jahre hinweg aufsuchte. Meine spontane Reaktion auf diese Information waren Wut und Angst. Ich fragte mich, warum sie mich wohl angerufen hatte, wenn sie mir keine bessere Nachricht geben konnte. Aber dann erklärte sie, warum sie zum Therapeuten gegangen war. Es ging nicht, wie ich angenommen hatte, um den Verlust ihrer Mutter. Es ging um den Verlust ihres Vaters, der zum Zeitpunkt unseres Gesprächs noch lebte. Ihr Vater habe, so erzählte sie mir, auf den Tod seiner Frau mit einem völligen Rückzug von den Kindern reagiert. Sie lebten zwar weiter unter einem Dach, aber er zog sich emotional immer mehr zurück und wurde völlig unzugänglich. Seine Reaktion auf den Tod seiner Frau wurde für die Tochter zum schlimmsten Verlust, weil sie jemanden verlor, der noch am Leben war und sie hätte lieben können, der sich aber entschied, es nicht zu tun.

Dieser Anruf war ein Segen für mich. Er machte mir bewusst, welche Chance und welches Vorrecht es war, dass ich als Vater drei traumatisierte und ratlose Kinder großzuziehen hatte. Ich wollte nicht, dass ein Verlust – der Verlust der Mutter – zu einem weiteren genauso unerträglichen Verlust führt – zum „Tod" eines Vaters, der eigentlich noch am Leben ist. Es war schon genug Zerstörung angerichtet worden. Ich war nicht bereit, noch mehr dazu beizutragen, indem ich mich von meinen Kindern zurückzog und ihnen die Liebe vorenthielt, die sie so nötig hatten. Ich wollte das Böse mit Gutem überwinden.

Trotzdem erkannte ich damals wie heute, dass es eine unheilvolle Dimension in der Liebe gibt, gerade nach einem Verlust. Verlusterfahrungen erhöhen unsere Liebesfähigkeit, doch das wird auch unseren Schmerz steigern, wenn uns erneut Leid trifft. Für dieses Dilemma gibt es keine Lösung. Wenn wir uns von den Menschen zurückziehen, um uns zu schützen, so schadet das unserer Seele; wenn wir beschließen, umso tiefer zu lieben, werden wir mit Sicherheit neues Leid erfahren, denn zu der Entscheidung zu lieben gehört der Mut zu trauern. Wir wissen, dass Verluste keine einmalige Erfahrung im Leben sind. Da ist es nur natürlich, dass wir uns vor den noch vor uns liegenden Verlusterfahrungen fürchten. Aber größer als die Verlusterfahrung selbst ist der Verlust, den wir erleiden, wenn wir uns weigern, wieder zu lieben, denn das kann zum Tod der eigenen Seele führen.

Zu lieben, wenn man verzweifelt ist, braucht einen ungeheuren Mut. Doch ich frage mich, ob die Liebe nicht umso authentischer ist, wenn sie aus einem zerbrochenen Herzen kommt. Diese Zerbrochenheit zwingt uns, nach einer Quelle der Liebe außerhalb unserer selbst zu suchen. Diese Quelle ist Gott. Sein Wesen ist Liebe. Es mag paradox scheinen, Verzweiflung und Liebe in diesen Zusammenhang zu stellen, aber ich glaube, sie gehören zusammen.

> Zu lieben, wenn man verzweifelt ist, braucht einen ungeheuren Mut.

Ich hatte in den letzten drei Jahren wunderbare Begegnungen mit Menschen. Am bedeutungsvollsten waren die, die aus einer gemeinsamen Leiderfahrung entstanden. Ein Freund aus dem College musste hilflos zusehen, wie seine Frau ein Jahr lang wegen Brustkrebs behandelt wurde. Meine Tragödie und seine Sorge um seine Frau schweißten uns in tiefer Freundschaft zusammen. Bei einer Angestellten am College wurde vor kurzem ein Tumor diagnostiziert. Und wieder berührten unsere Gespräche uns beide zutiefst. Kürzlich sprach ich mit einer Frau aus der Gemeinde, die durch eine Bluttransfusion an Aids erkrankt ist. Sie hat kleine Kinder und macht sich Sorgen um sie; sie liebt ihren Ehemann und fühlt mit ihm. Wir sprachen über ihre persönliche Situation. Wir suchten nach einem Sinn in dem Ganzen. Es war sehr bewegend, ihre Geschichte zu hören und meine eigene zu erzählen.

Meine Wertschätzung für Menschen ist seit dem Unfall immens gewachsen, obwohl ich mich noch nie so zerbrechlich und unzulänglich gefühlt habe. Meine Verlusterfahrung brachte meine Zerbrochenheit mit Liebe in Berührung. Mein zerbrochenes Herz trieb mich in die Arme der Liebe und ich fand eine Quelle der Liebe, die ich in mir selbst nicht vorfinden konnte. Ich fand sie in der Gemeinschaft und in dem Gott, der zerbrochenen Menschen wie mir Gemeinschaft schenkt und erhält.

Kapitel 14

Eine Wolke von Zeugen

*Galaxien drehen sich im Kreis und Dinosaurier brüten
und der Regen fällt und Menschen verlieben sich
und Onkels rauchen billige Zigarren und Menschen
verlieren ihren Job und wir alle sterben –
alles zu unserem Wohl, für das fertige Produkt,
Gottes Kunstwerk, das Reich Gottes. Außerhalb des Himmels
gibt es nichts außer der Hölle. Die Erde ist nicht außerhalb
des Himmels; sie ist des Himmel Werkstatt,
des Himmels Mutterschoß.*

PETER KREEFT

Lynda liebte die Musik von Johann Sebastian Bach und hörte oft Aufnahmen seiner Orgel- und Choralwerke. Es war nicht nur die Musik, die sie bewegte, sondern auch die Motivation, aus der heraus Bach diese Werke geschrieben hatte. Jede fertig gestellte Komposition unterschrieb er mit „Soli Deo Gloria" – „Gott allein die Ehre". Bach fand die Quelle seiner Inspiration in seinem Glauben und in der Bibel. Viele seiner Choralwerke basieren auf biblischen Texten und wurden für den Gottesdienst geschrieben. Die Musik, die er schrieb, war sein Glaubenzeugnis. Auch für mich wurde seine Musik in den letzten drei Jahren ein Zeugnis für die Wahrheit des Glaubens, für den Bach gelebt hat und für den ich heute leben will.

Die Bibel erzählt die Geschichten der großen „Wolke von Zeugen" (Hebr 12,1; Luther), die vor uns ins Grab gesunken sind und von denen viele Verluste durchlebt haben, die den unseren heute ähneln. Sie vertrauten in ihren Anfechtungen auf Gott, liebten ihn von ganzem Herzen und gehorchten seinem Wort, selbst wenn dieser Gehorsam große Opfer oder gar ihr Leben forderte. Diese unterschiedlichen Gestalten – zu denen auch die bereits erwähnten Hiob und Josef gehörten – haben mir geholfen zu glauben. Ihr Vorbild ließ mich nicht aufgeben; ihre Lieder haben Emotionen ausgedrückt, die in mir waren und die ich nicht übergehen durfte; ihre Gedichte haben mir eine Sprache gegeben, um meiner Klage, meinem Schmerz und meiner Hoffnung Ausdruck zu verleihen; und ihre Überzeugungen haben mir bei der Entscheidung geholfen, was für mich das Wichtigste im Leben sein soll. Ihre Geschichten haben mir Orientierung gegeben. Ich bin mir nicht sicher, was ich getan hätte oder wie es mir ergangen wäre ohne die Lebensgeschichten dieser Menschen, die gekämpft und gesiegt haben, so wie ich heute kämpfe und auf einen Sieg hoffe. An ihnen erkenne ich, dass ich nur einer unter Millionen von Menschen bin, die in ihrem Leid trotzdem daran festhalten, dass Gott immer noch Gott ist.

Zu dieser großen Schar von Zeugen gehören nicht nur die biblischen Gestalten, auch wenn sie offensichtlich eine Schlüsselfunktion haben und uns zeigen sollen, wer Gott ist und dass man ihm selbst im Leid vertrauen kann. Ich habe in den vergangenen Jahren bei den verschiedensten Personen und Berichten Inspiration und Ermutigung gefunden, und meine Kinder ebenfalls.

> *Musik hat den Schmerz in meiner Seele berührt und mir Frieden gebracht.*

Die Musik hat meine Seele besänftigt. Ich habe seit dem Unfall Aufführungen von Bachs *Matthäuspassion* und seiner *Messe in h-Moll* besucht. Diese Konzerte erinnerten mich daran, welche Kraft die Musik besitzt, das menschliche Herz in seiner ganzen Tiefe zu berühren. Ich entdeckte Gabriel Faurés *Requiem* ein paar Monate nach dem Unfall. Ein Requiem ist eine Totenmesse und dieser Text fleht Gott an, er möge den verstorbenen Seelen „ewige Ruhe" und Erlösung vom „ewigen Tod" schenken. Faurés Requiem schließt mit der Beschreibung eines Paradieses, nach dem ich mich allein aufgrund der Erhabenheit dieser Musik sehne. In den Monaten nach dem Unfall hörte ich beinahe jeden Abend Musik wie die von Fauré oder Bach, manchmal bis in die Morgenstunden. Diese Musik hat den Schmerz in meiner Seele berührt und mir Frieden geschenkt.

Dichter haben mir Metaphern und Bilder gegeben, um meine Trauer zu begreifen und auszudrücken. Ein Kollege schickte mir William Blakes Gedicht *Can I See Another's Woe*, einen Text, der unsere menschlichen Leiderfahrungen im Lichte des Leidens Gottes betrachtet.

Kann ich den Jammer eines anderen erblicken,
ohne selbst Trauer zu tragen?
Kann ich den Kummer eines anderen sehen,
ohne nach einem Weg zu suchen, ihm freundlich beizustehen?
Kann ich eine Träne fallen sehen,
ohne selbst den Schmerz zu fühlen?
Kann ein Vater sein Kind weinen sehen,
ohne von Kummer erfüllt zu werden?
Kann eine Mutter unbewegt bleiben,
wenn ein Säugling seufzt oder ein Kind sich ängstigt?

Nein! Nein! Niemals kann das sein! Nie, niemals kann das sein!

Und kann der, der alle freundlich ansieht,
den leisen Schmerz des Zaunkönigs vernehmen,
die Trauer und Sorge des kleinen Vogels hören,
den Kummer des Säuglings, ohne sich zum Nest zu gesellen
und das Tier mit Mitleid zu überströmen;
ohne sich an die Wiege zu setzen und jede Träne
des Kindes mit einer eigenen Träne zu beantworten;
ohne Tag und Nacht bei uns auszuharren,
um all unsere Tränen abzuwischen?

Nein! Nein! Niemals kann das sein! Nie, niemals kann das sein!

Er schenkt seine Freude allen. Er wird ein kleiner Säugling.
Er wird ein Schmerzensmann, der selbst den Jammer fühlt.
Glaube nicht, du könntest auch nur einen Seufzer tun,
ohne dass dein Schöpfer bei dir ist.
Glaube nicht, du könntest auch nur eine Träne weinen,
ohne dass dein Schöpfer dir nahe ist.
Oh! Er schenkt uns seine Freude,
um unseren Jammer zu zerstören;
bis unser Kummer fliehen muss,
so lange harrt er klagend mit uns aus.

Ich las Bücher und Tagebücher, in denen es um den Glauben angesichts von großem Leid ging. Ein Tagebucheintrag von Thomas Shepherd nach dem Tod seiner Frau gibt die Ambivalenz, die ich damals empfand, sehr treffend wieder, obwohl seine Worte vor mehr als 300 Jahren niedergeschrieben wurden. In einem Abschnitt hält Shepherd fest, was sein Glaube ihm abverlangt – auszuhalten, dass das Leben auf dieser Erde vergänglich und voller Leid ist und dass das wahre Leben die Glaubenden im Himmel erwartet. Er erkannte, dass manche Heilige leiden, weil sie Gottes Strenge und Gnade nötig haben. Letztlich jedoch kam er zu dem Schluss: „Ich gehöre dem Herrn und er kann mit mir tun, was ihm gefällt. Er lehrte mich, eine kleine Gnade, die an einem Kreuz erworben wurde, als Entschädigung zu schätzen, die alle äußeren Verluste wettmacht." Doch im nächsten Abschnitt beschreibt er mit tiefer Zuneigung und Sehnsucht die Wesenszüge seiner Frau und wie schön ihr gemeinsames Leben gewesen war. Ihr Tod erschütterte ihn zutiefst, weil sie eine so außergewöhnliche Frau gewesen war.

> Doch dieser Verlust war sehr groß. Sie war eine Frau von unvergleichlicher Bescheidenheit gewesen – besonders mir gegenüber – und sehr liebevoll; mit großer Umsicht nahm sie sich der Belange meiner Familie an und ordnete sie, war weder zu verschwenderisch noch zu gierig … Sie besaß einen Geist des Gebetes, der über das normale Maß ihrer Zeit und Erfahrung hinausging. Sie war bereit zu sterben, lange bevor sie tatsächlich starb. …

Shepherd bezeugt die souveräne Macht Gottes und die Verheißung des Himmels, aber er trauert auch um den Verlust des guten Lebens, das er auf Erden erlebt hatte: „Nun wird das Leben etwas weniger süß sein und der Tod etwas weniger bitter."

Zu dieser Wolke von Zeugen gehören Menschen aus anderen Kulturkreisen, die trotz oder vielleicht gerade wegen ihres Leids am Glauben festgehalten haben. Ich habe Geschichten von mutigen Katholiken in Lateinamerika gelesen, die sich der Unterdrückung entgegengestellt und dafür mit dem Leben bezahlt haben. Ich traf eine Frau aus China, die zu langjähriger Zwangsarbeit auf einem landwirtschaftlichen Kollektiv verurteilt worden war, weil sie Christin war. Heute erst nahm ich an einer Sitzung teil, zu der eine Teilnehmerin namens Jenny einen zweijährigen Jungen aus Kolumbien mitbrachte. Er wird die nächsten acht Monate mit Unterstützung der Organisation *Heal the Children* in ihrer Familie verbringen. Er wurde in die USA gebracht, damit er medizinisch versorgt und seine multiplen Geburtsfehler korrigiert werden können. Jenny und ihre Familie werden an seinem Leid Anteil nehmen. Diese und ähnliche Heilige gehören zu der Wolke von Zeugen. Sie haben viel schlimmere Leiderfahrungen durchgemacht als ich und doch haben sie ausgehalten und am Glauben festgehalten. Sie erinnern mich tagtäglich daran, dass ich nicht allein bin, sondern Teil einer riesigen Gemeinschaft Leid tragender Menschen, die über die Grenzen von Zeit und Raum hinweg besteht. Ich bin dankbar, dass ich mich in ihrer Gesellschaft wissen und von ihnen lernen kann.

Diese Menschen forderten mich heraus zu glauben, sie inspirierten mich, mich in einer Welt einzusetzen, die unter so viel Elend leidet. Es ist keine Überraschung, dass Verlusterfahrungen Menschen oft dazu bewegen, sich für einen guten Zweck aufzuopfern. Sie wissen, wie schmerzhaft ein solcher Verlust ist. Wenn sie andere leiden sehen, handeln sie aus Barmherzigkeit, um die Not zu lindern und Veränderungen herbeizuführen. Die Gründerin von *MADD (Mothers Against Drunken Drivers* – „Mütter gegen betrunkene Autofahrer") verlor ein Kind durch einen Unfall, der von einem betrunkenen Fahrer verursacht worden war. Der Gründer von *Prison Fellowship,* einer Organisation, die sich um Häftlinge und ihre Familien kümmert, hatte selbst im Gefängnis gesessen. Einige der besten Therapeuten, die ich kenne, stammen selbst aus dysfunktionalen Familien. Oft haben die, die am wirksamsten helfen, selbst Leid erfahren und aus ihrem Schmerz eine Motivation gemacht, sich für andere einzusetzen.

Meine Kinder haben eine ähnliche Gemeinschaft von Zeugen gefunden, die ihnen in ihrer Trauer geholfen und ihnen neue Hoffnung gegeben hat. Eine Studentin unseres Colleges traf sich mit Catherine, um ihr zu erzählen, wie sie selbst den Verlust ihrer eigenen Mutter erlebt hatte; sie war damals so alt wie Catherine. Andere, uns zum Teil völlig unbekannte Menschen schrieben Briefe, um uns von ihren Verlusterfahrungen zu berichten und von dem Wachstum, das daraus entstanden war. Die Kinder lasen Bücher und schauten Filme an, die das Thema Verlust berührten. John bat mich nach dem Unfall unzählige Male, ihm die *Bambi*-Geschichte vorzulesen. Immer wenn wir an die Stelle kamen, wo es um den Tod von Bambis Mutter ging, wollte er, dass ich eine Pause machte. Manchmal sagte er nichts, dann saßen wir beide schweigend beieinander. Manchmal weinte er. Er sprach darüber, wie sehr Bambis Geschichte seiner eigenen ähnelte. „Bambi hat auch seine Mami verloren", sagte er mehr als einmal; und fügte dann hinzu: „Und wurde der Prinz des Waldes." David interessierte sich für die biblische Josefsgeschichte. Catherine fand Trost in der Disney-Version von *Die Schöne und das Biest,* weil die Hauptfigur, Belle, ohne Mutter aufwuchs und, wie Catherine meinte, eine selbstständige, intelligente und schöne Frau wurde.

Zu dieser Gemeinschaft von Glaubenszeugen gehören Männer und Frauen der Bibel, historische Heldengestalten, Dichter, Geschichtenerzähler, Komponisten und Menschen aus aller Welt – sie alle zeigen uns, dass wir nicht allein sind in unserem Leid und dass unser Leid nicht umsonst war.

Sie rufen uns in Erinnerung, dass das Leben mehr ist als unsere Verluste, weil Gott größer ist. Sie legen Zeugnis ab für die Wahrheit, dass Schmerz und Tod eben nicht das letzte Wort haben, sondern Gott.

Dieses letzte Wort umfasst mehr als das Leben auf dieser Erde, es umfasst auch den Himmel, das letzte Ziel dieser großen Wolke von Zeugen. Ich denke oft über den Himmel nach. Das Leben auf dieser Welt ist real und gut. Ich habe es einmal mit den Menschen genossen, die ich nun verloren habe, und ich genieße es heute noch ohne sie. Doch das Leben hier ist nicht alles. Die Wirklichkeit ist größer als wir denken. Es gibt eine größere Wirklichkeit, die unsere irdische Wirklichkeit einhüllt. Die Erde ist nicht außerhalb des Himmels, wie Peter Kreeft geschrieben hat, sie ist des Himmels Werkstatt, des Himmels Mutterschoß. Die Menschen, die ich geliebt und verloren habe, sind in diesen Himmel eingegangen und haben sich denen angeschlossen, die vor ihnen gestorben sind. Sie sind jetzt im Himmel, weil sie an Jesus geglaubt haben, der um ihretwillen gelitten hat, um ihretwillen gestorben und auferstanden ist. Sie leben in der Gegenwart Gottes und in einer Wirklichkeit, in die ich gerne eintreten möchte – wenn die Zeit gekommen ist.

> Die Menschen, die ich geliebt und verloren habe, leben in der Gegenwart Gottes und in einer Wirklichkeit, in die ich gerne eintreten möchte – wenn die Zeit gekommen ist.

Die Offenbarung beschreibt als zukünftiges Ereignis, wie Jesus selbst die Menschen aufnimmt und wiederherstellt, die gelitten haben und gestorben sind. Er wischt ihre Tränen ab und heilt ihre Zerbrochenheit. Dann heißt er sie willkommen in seinem ewigen Reich voller Glück, Herrlichkeit und Frieden (vgl. Offb 21). Diese Szene erinnert mich daran, dass der Himmel unsere eigentliche Bestimmung ist, egal wie gut das Leben auf dieser Erde auch zu sein scheint. Der Himmel ist unser wahres Zuhause, nach dem wir uns schon immer gesehnt haben.

Kapitel 15

Vermächtnis auf dem Friedhof

*Die Geschichte ist ein einziger Wandteppich.
Kein Auge kann sich daran wagen,
mehr als eine Handbreit des Bildes zu erfassen. ...
Es gibt kein Glück, das dem vergleichbar ist,
sich der Tatsache bewusst zu werden,
dass man Teil eines Designs ist.*

THORNTON WILDER

Wann immer wir nach Lynden fahren, besuche ich mit meinen Kindern den Friedhof, auf dem Lynda, Diana Jane und meine Mutter begraben sind. Ich denke, sie mögen diese Besuche. Wir sprechen dann über die Verstorbenen, über den Unfall und über das, was seitdem geschehen ist; wir fragen uns, was heute anders wäre, wenn sie nicht gestorben wären. Manchmal sagen meine Kinder, sie wünschten sich, dass auch sie bei dem Unfall gestorben wären; das erscheint mir normal und verständlich, da ich selbst manchmal ebenso denke. Außerdem schlendern wir über den Friedhof und entziffern Grabsteine. Ich erzähle ihnen von den Verstorbenen, die ich gekannt habe, und gemeinsam überlegen wir, wie ihr Leben wohl war, wie sie gelebt haben und gestorben sind und wer zurückgeblieben ist und um sie trauert. Diese Besuche auf dem Friedhof vermitteln uns so etwas wie eine Tradition, ein Vermächtnis.

Mir war das, was uns als Vermächtnis früherer Generationen überliefert wurde, schon immer wichtig, aber noch nie so wichtig wie in den letzten drei Jahren. Viel von dem, was ich bin, ist Ergebnis dessen, was mir bei meiner Geburt mitgegeben wurde. Meine Geschichte ist Teil einer größeren Geschichte, die ich mir nicht ausgesucht habe. Mir wurde eine Rolle zugewiesen, für die ich mich nicht beworben habe. Dennoch steht es in meiner Macht, darüber zu entscheiden, wie ich diese Rolle spiele und wie ich die Geschichte ins Leben umsetze. Ich will meine Geschichte gut umsetzen und meine Rolle so verantwortungsbewusst und freudig spielen, wie ich nur kann.

Sowohl meine Mutter als auch meine Schwiegermutter waren noch recht klein, als sie ihre Mütter verloren. Meine Kinder müssen heute ertragen, was ihre Großmütter mit dem Verlust der eigenen Mutter vor vielen Jahren durchmachen mussten. Und ich stehe vor den gleichen Herausforderungen wie meine Großväter vor zwei Generationen, als sie Witwer wurden. Ich habe oft darüber nachgedacht, was meine Großväter wohl gemacht haben, nachdem ihre Frauen in so jungen Jahren gestorben waren. Diese Männer müssen eine Situation erlebt haben, die niederschmetternd war und sie an die Grenzen ihrer Kräfte gebracht hat. Ich habe mich gefragt, wie sie wohl mit dem Druck, dem Schmerz und der Verantwortung umgegangen sind. Sie mussten eine Geschichte ins Leben umsetzen, die sie sich nicht ausgesucht hatten. Sie wurde ihr Schicksal.

> Mir wurde eine Rolle zugewiesen, für die ich mich nicht beworben habe. Aber es steht in meiner Macht, zu entscheiden, wie ich diese Rolle spiele.

Nun habe ich meine eigene Geschichte zu leben, mein eigenes Schicksal zu erfüllen. Eines Tages wird meine Geschichte zu einem Vermächtnis für andere werden; ein Vermächtnis, das sie erben und worüber sie reden, während sie über den Friedhof schlendern und meinen Namen und meine Lebensdaten auf einem Grabstein lesen. Ich habe großen Gewinn aus meinem Vermächtnis und meiner Gemeinschaft gezogen; nun bin ich entschlossen, auch selbst viel zu geben. Ich will das Vermächtnis, das meine Mutter mir überliefert hat, bewahren und stärken, wenn ich kann, und eine Tradition von Glauben und Werten weitergeben, die zukünftige Generationen brauchen werden. Ich möchte die Toten ehren, die vor mir gegangen sind, und die Lebenden segnen, die nach mir kommen werden. Ob und in welchem Maße mir das gelingt, wird von den Lebensentscheidungen abhängen, die ich fälle, und von der Gnade, die mir geschenkt wird.

Meine Kinder empfinden immer noch Trauer und ich vermute, daran wird sich für den Rest ihres Lebens nichts ändern. Vorgestern kam David um Mitternacht die Treppe herauf und suchte mich. Er weinte sehr. Er setzte sich auf meinen Schoß und saß eine Weile nur da. Dann sprach er davon, wie sehr er sich nach seiner Mutter sehne. Catherine fragte mich neulich, wie sie denn „ohne Mutter zu einer Frau werden sollte". John zieht oft immer noch sein Fotoalbum heraus und betrachtet die Bilder, die ihn als Baby und Kleinkind zeigen. Häufig sagt er sehnsüchtig: „Mir fehlt die Mami." Solche Momente der Trauer erleben wir regelmäßig in unserer Familie. Sie gehören so natürlich dazu wie das Lärmen und Spaßhaben und Raufen. Der Verlust ist ein Teil unserer Identität als Familie.

> *Die Auswirkungen einer Tragödie enden niemals wirklich, nicht nach zwei, nicht nach zehn und nicht nach hundert Jahren*

Die Auswirkungen einer Tragödie enden niemals wirklich, nicht nach zwei, nicht nach zehn und nicht nach hundert Jahren. Meine Cousine Leanna hat sich gerade einer Stammzellentransplantation unterzogen; mit diesem massiven Eingriff soll das multiple Myelom bekämpft werden. Das ist wieder ein mahnendes Zeichen dafür, dass ihr Lebensweg unumkehrbar ist. Sie – und mit ihr ihre ganze Familie – hofft und betet, dass Gott sie heilt, doch sie klagt auch über die Mühen der vergangenen drei Jahre und über die Ungewissheit ihrer Zukunft. Ich bekam vor kurzem einen Brief von Andy und Mary, in dem sie mir von Sarahs Fortschritten berichteten. Ihr Brief war voller Hoffnung und Dankbarkeit, aber er enthielt auch sehr realistische Töne. Sarah hat ihren Lebensweg unwiderruflich verändert und sie sind sich der vor ihnen liegenden Probleme sehr wohl bewusst. Sie spüren, welche Folgen dieser Verlust hat, wann immer sie Sarah weinen hören oder mit ihr zum Arzt gehen oder die Rechnungen für die Medikamente bezahlen oder ihre Zukunft planen. Auch von Steve hörte ich: Er ist dankbar dafür, dass sein Gesundheitszustand so stabil ist, sodass er tagsüber die meiste Zeit im Rollstuhl verbringen kann und nicht im Bett liegen muss. Er macht das Beste aus seinem Leben, baut seinen Druckereibetrieb aus und arbeitet am Computer. Doch er weiß, dass diese Phasen, in denen er nicht von wund gelegenen Stellen, Nierensteinen oder anderen gesundheitlichen Problemen geplagt wird, nicht von Dauer sind. Steve wird, falls Gott ihn nicht heilen sollte, bis an sein Lebensende querschnittsgelähmt bleiben. Jeden Tag muss er dieser grimmigen Realität ins Auge sehen.

Ebenso werde ich für den Rest meines Lebens die Narben der Tragödie an mir tragen, auch wenn sie über die Jahre etwas verblassen werden. Selbst wenn ich wieder heiraten und Kinder adoptieren sollte, werde ich den Verlust bis ans Ende meiner Tage spüren. Ich werde immer wieder neue Dimensionen der Tragödie entdecken und erleiden. Die Verlusterfahrung wird mein Leben auch weiterhin begleiten. Ich kann nur hoffen, dass Gutes daraus entsteht.

Da ist es kein Wunder, wenn ich noch Trauer empfinde. Ich blicke voller Sehnsucht auf die Fotos, denke oft an die Beziehungen, die ich gerne heute noch zu meinen verstorbenen Angehörigen hätte, spüre ihre Abwesenheit jeden Tag und erst recht bei besonderen Anlässen wie Fußballturnieren oder musikalischen Aufführungen, bei denen die Kinder mitwirken, Feiern und Geburtstagen. Die Zeit hat den Schmerz, die Angstattacken und das Chaos gelindert. Doch sie hat mir auch umso deutlicher bewusst gemacht, wie weitreichend die Folgen des Verlustes sind. Ich bin immer noch nicht „darüber hinweg". Ich habe ihn immer noch nicht „überwunden". Ich wünschte mir immer noch, mein Leben wäre anders verlaufen und sie wären noch am Leben. Aber ich habe mich verändert und bin an dem Verlust gewachsen.

Auch spüre ich diese Leere, die dort entsteht, wo jemand sich einer Herausforderung oder Gefahr stellen musste und nun ist sie vorbei. Ich habe von Vietnamveteranen gehört, die

> *Ich werde für den Rest meines Lebens die Narben der Tragödie an mir tragen, auch wenn sie über die Jahre etwas verblassen werden.*

nach ihrer Rückkehr eine tiefe Enttäuschung empfunden haben. Es fehlte ihnen diese konzentrierte Anspannung, die sie gebraucht hatten, um im Kampf zu überleben. Obwohl sie den Krieg als etwas Grauenhaftes erlebt hatten, waren sie in dieser Zeit wenigstens gezwungen gewesen, ihre Sinne und ihre Lebensenergie konzentriert einzusetzen; sie hatten gespürt, dass sie lebendig sind. In ähnlicher Weise musste auch ich alles daransetzen, den Verlust zu überleben, und nun habe ich das Gefühl, nicht mehr so viel Energie und Konzentration zu besitzen, auch wenn ich zuvor weniger Zufriedenheit erlebt habe. Ich erkenne, dass es an der Zeit ist, manche meiner Energien umzulenken. Dennoch vermisse ich auf merkwürdige Weise dieses bewusste Erleben und diese Vitalität, die ich empfunden hatte, als ich mich der Dunkelheit stellen und neuen Sinn finden und das Leben inmitten des Todes behaupten musste.

> *Ich vermisse auf merkwürdige Weise dieses bewusste Erleben und diese Vitalität, die ich empfunden habe, als ich mich der Dunkelheit stellen und das Leben inmitten des Todes behaupten musste.*

Der Unfall selbst ist für mich heute noch so verwirrend wie vor drei Jahren. Viel Gutes ist daraus geworden. Aber alles Gute in dieser Welt reicht nicht aus, um den Unfall selbst gut zu machen. Er bleibt für mich ein grauenhaftes, tragisches und böses Erlebnis. Selbst wenn diese Tragödie einer Million Menschen helfen würde, so wäre das nicht ausreichend, um sie damit zu erklären oder zu rechtfertigen. Das Schlechte des Ereignisses selbst und das Gute seiner Folgen hängen zusammen, das ist sicher, aber sie sind nicht ein und dasselbe. Das Zweite ist eine Folge des Ersten, aber das Zweite macht das Erste nicht legitim oder richtig oder gut. Ich glaube nicht, dass ich drei Familienangehörige verloren habe, *damit* ich mich zum Guten verändere, drei gesunde Kinder großziehe oder ein Buch schreibe. Ich wünsche mir die Verstorbenen immer noch zurück, und daran wird sich auch nichts ändern, egal, welche positiven Folgen ihr Tod auch haben mag.

Und doch ist die Trauer, die ich spüre, süß und bitter zugleich. Meine Seele ist noch immer betrübt, und doch wache ich morgens fröhlich auf und freue mich auf den neuen Tag. Nie habe ich einen solchen Schmerz empfunden wie in den letzten drei Jahren, und doch habe ich auch nie eine solche Freude am Leben und den ganz gewöhnlichen Dingen gehabt. Nie habe ich mich innerlich so zerbrochen gefühlt, und doch war ich nie ganzer und heiler als jetzt. Nie war mir meine Schwachheit und Verletzlichkeit bewusster als heute, und doch habe ich mich nie so zufrieden und stark erlebt. Nie war meine Seele so tot und doch zugleich so lebendig. Was ich früher als Gegensätze angesehen habe, die einander ausschließen – Traurigkeit und Freude, Schmerz und Vergnügen, Tod und Leben – ist Teil eines größeren Ganzen geworden. Meine Seele wurde geweitet.

> *Nie habe ich einen solchen Schmerz empfunden wie in den letzten drei Jahren, und doch habe ich auch nie eine solche Freude am Leben und den ganz gewöhnlichen Dingen gehabt.*

Vor allem aber habe ich eine neue, tiefe Einsicht in die Kraft der Gnade Gottes gewonnen und darein, dass ich diese Gnade brauche. Ich bin innerlich gewachsen, weil meine Seele für Gottes Güte und Liebe sensibel gemacht wurde. Gott war in diesen vergangenen drei Jahren bei mir – selbst im Augenblick des Unfalls war er auf eine mysteriöse Weise gegenwärtig gewesen. Gott wird auch weiter gegenwärtig sein – bis ans Ende meines Lebens und in alle Ewigkeit. Gott lässt meine Seele wachsen; er schafft Raum in ihr und füllt diesen Raum mit seiner Anwesenheit. Mein Leben wurde verwandelt. Obwohl ich Leid erfahren habe, glaube ich, dass daraus etwas Wunderbares erwachsen wird.

Lynda, Diana Jane und meine Mutter Grace sind vor mir gestorben. Eines Tages werde auch ich sterben, so wie Catherine, David und John. Solange ich lebe, will ich so fröhlich, ernsthaft und fruchtbar leben, wie ich nur kann. Das Vermächtnis hat den Maßstab vorgegeben, und ich betrachte es als eine Ehre, mich an ihm messen zu dürfen.

Zur größten Herausforderung jedes Menschen, der einen traumatischen Verlust erfährt, gehört es, sich einerseits der Dunkelheit des Verlustes zu stellen und andererseits mit neuer Lebenskraft und Dankbarkeit zu leben. Diese Herausforderung nehmen wir an, wenn wir lernen, dem Verlust in uns Raum zu geben, sodass unsere Seele weiter wird und unsere Fähigkeit, recht zu leben und Gottes Nähe zu erfahren, zunimmt. Vor dem Verlust zu fliehen, ist weit weniger gesund – und weit weniger realistisch, wenn man bedenkt wie vernichtend solch ein Verlust sein kann –, als daran zu wachsen. Eine Verlusterfahrung kann uns berauben; sie kann uns aber auch reicher machen. Wieder hängt es ab von unseren Entscheidungen und von der Gnade, die uns geschenkt wird. Ein Verlust kann wie ein Katalysator wirken, der eine Veränderung in Gang setzt. Er kann uns zu Gott führen, zum Einzigen, der das Verlangen und die Macht hat, uns Leben zu geben.

> *Was ich früher als Gegensätze angesehen habe, die einander ausschließen – Traurigkeit und Freude, Schmerz und Vergnügen, Tod und Leben – ist Teil eines größeren Ganzen geworden. Meine Seele wurde geweitet.*

Lynda und ich planten unsere Hochzeit mit großer Sorgfalt. Wir schenkten der Bedeutung der Ehe mehr Aufmerksamkeit als den Details der Hochzeitsfeier. Das passte gut zu Lyndas Persönlichkeit, weil sie schon immer mehr an den Inhalten interessiert war als am äußeren Schein. Wir entschieden uns für das Kirchenlied *Be Thou My Vision*. Das gleiche Lied wählte ich für die Beerdigung. Es drückt aus, woran wir glaubten, als wir heirateten, und woran ich heute glaube und was ich bis ins Grab hinein glauben werde.

Dich will ich sehen, o Herr meines Herzens.
Nichts soll mir mehr gelten als du allein.
Du bist mein bester Gedanke, am Tage und in der Nacht.
Ob ich wache oder schlafe, so sei deine Gegenwart mein Licht.

Reichtum, Eitelkeit und schnöden Ruhm erstrebe ich nicht.
Du bist mein Erbteil, jetzt und immer –
Dir allein gehört mein Herz,
Herr des Himmels, mein Schatz bist du.

Schenke mir Weisheit und das Wort deiner Wahrheit.
Du in mir und ich in dir, Herr, auf immer.
Dein Herz in meinem Herzen, was auch immer geschieht.
Dich will ich sehen, o Herrscher über alles.

Nachwort

Seit *A Grace Disguised* 1996 erschienen ist, habe ich Tausende von Briefen, E-Mails und Telefonanrufen bekommen. Die meisten Autoren erfahren selten, wie die Leser über ihre Bücher denken. Das habe ich anders erlebt. Ich betrachte es als eine Ehre und ein Privileg, von so vielen Menschen zu hören. Diese Briefe erzählen in der Regel von Verlusterfahrungen, drücken den Dank der Verfasser darüber aus, dass ich ihre Gedanken und Gefühle in Worte gefasst habe, und stellen Fragen. Diese Fragen sind sehr breit gefächert, aber eine Frage taucht immer wieder auf. Überraschenderweise ist es keine theologische, sondern eine ganz menschliche, praktische und schmerzliche Frage: „Wird mein Leben jemals wieder gut werden?"

Ich bin mir nie sicher, wie ich darauf antworten soll. Ich könnte nein sagen und träfe damit die Wahrheit, so pessimistisch das auch klingen mag. Gravierende Verluste sind so niederschmetternd und gewaltig und ihre Konsequenzen so weitreichend, dass es unwahrscheinlich oder unmöglich scheint, dass wir jemals wieder das Gute im Leben erfahren werden – zumindest wenn wir gut mit dem gleichsetzen, was wir einst besaßen oder erhofften: eine gute Ehe zum Beispiel oder gesunde Kinder oder eine sinnvolle Arbeit. Manchmal hinterlässt ein Verlust eine Schneise bleibender Verwüstung, die den Weg zu dem guten Leben, das wir einst besaßen oder erhofften, für immer blockiert.

> Ich kann es nur als pure Gnade beschreiben. Wie konnte so viel Gutes aus etwas so eindeutig Schlechtem kommen?

Der Verlust, den meine Kinder und ich erlitten haben, lässt sich ganz offensichtlich nicht rückgängig machen. Ich werde Lynda, Diana Jane und meine Mutter niemals wiederbekommen. Das Gute, das sie zu meinem Leben (und zum Leben so vieler anderer) beigetragen haben, und das Gute, das wir miteinander erlebt haben, sind für immer Vergangenheit. Und doch kann ich, ohne auch nur einen Moment zu zögern, sagen, dass mein Leben seit dem Unfall gut gewesen ist, wenn auch nicht in der Weise, wie ich es mir vorgestellt oder geplant hatte. Das ist für mich so überraschend wie ein millionenschweres Erbe von irgendeinem verrückten, bis dahin unbekannten Onkel. Ich kann es weder ergründen noch erklären. Ich kann es nur als pure Gnade beschreiben. Wie konnte so viel Gutes aus etwas so eindeutig Schlechtem kommen?

Ich bin Zeuge für das Gute, das sich ereignet hat, aber nicht seine Ursache.

Das hat nichts mit mir zu tun – mit meinen Fähigkeiten oder meiner Tugendhaftigkeit oder damit, dass ich ein guter Mensch wäre. So viel weiß ich: Ich bin nicht weniger fehlbar, zerbrechlich und töricht, als ich vor zwölf Jahren auch war – eher das Gegenteil. Ich bin Zeuge für das, was sich ereignet hat, aber nicht seine Ursache. Ich kann nur auf Weniges hinweisen, das ich getan habe. Ich habe keine einfachen Lösungen oder klugen Ratschläge. Ich werde niemals eine Anleitung für die Bewältigung von Verlusterfahrungen schreiben.

Jemand erzählte mir vor Jahren von einem Mann, dessen Frau mit nur 38 Jahren an Krebs gestorben war. Er hatte sechs Kinder im Alter von drei bis fünfzehn. Nach dem Tod seiner Frau entschied er, der Erziehung seiner Kinder die oberste Priorität zu geben. Aus irgendeinem Grund ist mir seine Geschichte in Erinnerung geblieben und hat mich inspiriert. Ich weiß noch genau, wie ich zu mir sagte: „Wenn er sechs Kinder großziehen konnte, dann werde ich doch wohl meine drei groß kriegen."

Gestern Abend traf ich eines seiner Kinder ganz zufällig bei einem Basketballspiel. Die junge Frau erzählte mir, dass alle sechs inzwischen erwachsen sind, sich gut im Leben zurechtfinden und ihren Vater über alles lieben. Er ist inzwischen im Ruhestand und arbeitet stundenweise für die Gemeinde, der einer seiner Söhne als Pastor vorsteht. Ich fragte sie, ob ihr Vater jemals wieder geheiratet habe. „Nein", antwortete sie,

„er hatte sich in anderes investiert – in uns zum Beispiel!" Ich blieb noch lange wach und dachte über diesen Mann nach. Ich denke, er hat sich lieber in seine Kinder investiert als in sein eigenes Glück und das hat ihn letztlich glücklich gemacht. Er scheint eine sehr kluge Wahl getroffen zu haben. Ich werde ihn nächste Woche treffen und freue mich sehr darauf. Wir scheinen einiges gemeinsam zu haben.

Irgendwann ist mir klar geworden, dass ich meine Vorstellung von einem guten Leben revidieren muss. Die alte Definition dieses Begriffs starb 1991 auf einem einsamen Highway in Idaho. Die neue Definition entwickelte sich so schleichend und still, dass ich mir nicht sicher bin, ob ich sie wirklich verstehe. Doch eines weiß ich: Ich musste die alte Definition eines guten Lebens erst sterben lassen, ohne zu wissen, ob und wie die neue Gestalt gewinnen würde. Diese Zeit, in der Altes sterben musste, ohne dass ich etwas Neues in Händen hielt, war sehr schwer für mich. Ein Akt meines Lebens war vorüber, der nächste hatte noch nicht begonnen. Ich fühlte mich gefangen in diesem scheinbar nie enden wollenden Zwischenstadium.

> Irgendwann ist mir klar geworden, dass ich meine Vorstellung von einem guten Leben revidieren muss.

Lange Zeit erschien mir nichts mehr in meinem Leben gut. Ich hatte meine Frau verloren, meine Mutter und eine Tochter. Meine überlebenden Kinder standen so unter dem Eindruck dieser Erfahrung, dass ich nicht wusste, ob sie sich jemals davon erholen würden. Die Welt erschien mir trostlos, die Zukunft so düster wie die Dämmerung an einem grauen Winterabend. Ich musste irgendwie daran festhalten, dass das Leben auch wieder gut werden würde, obwohl wenig dafürzusprechen schien.

Heute spricht vieles dafür. Mein Leben ist so reich wie das anderer auch, obwohl ich lange brauchte, um an diesen Punkt zu kommen. Mein Leben wurde völlig verwandelt. Es ist ein gutes Leben, aber auf andere Weise gut, als ich es erwartet und erhofft hatte.

Drei Veränderungen, die dazu geführt haben, dass ich das Gute im Leben heute neu und anders erfahre, fallen mir sofort ein. Die erste ist eine Veränderung in mir. Der Unfall hat mich als Person geprägt und verändert; er hat beeinflusst, was ich glaube, welche Ziele ich habe und wie ich lebe. In den Monaten nach dem Unfall brachte ich viele Stunden damit zu, über mein Leben nachzudenken, und entdeckte darin viel Hässliches. Ich entdeckte Selbstsucht, Ehrgeiz und Ungeduld. Diese Schwächen schienen so tief in mir drinzustecken, dass ich mich außerstande sah, etwas daran zu ändern. Meine eigene Fehlbarkeit lähmte mich und so betete ich zu einem Gott, dem ich kaum zu vertrauen wagte, und bat ihn, alles zu tun, was nötig war, um mein Leben zu verändern.

> *Gott benutzte ganz gewöhnliche Alltagsereignisse, um meine Schwächen aufzuzeigen und meinen Charakter zu formen.*

Mir fällt nichts ein – kein Augenblick oder Ereignis, keine Entscheidung oder Bemühung meinerseits –, was den Wendepunkt markiert oder zu einem entscheidenden Durchbruch verholfen hätte. Ich bin mir nicht einmal sicher, ob wirkliche Veränderungen auf diese Weise zustande kommen. Gott benutzte ganz gewöhnliche Alltagsereignisse, um meine Schwächen aufzuzeigen und meinen Charakter zu formen. Der Prozess verlief so fließend und subtil, dass ich ihn nicht bewusst wahrnahm. Er ereignete sich so langsam und gewiss wie das Wachstum eines Baumes. Ich steuerte das Rohmaterial meines Lebens bei und gab es, wie Paulus das ausdrückt, als ein lebendiges Opfer Gott hin. Das war das Beste, was ich tun konnte, und wie mir heute bewusst ist, auch das Einzige. Ich ließ Gott mit mir machen, was ihm gefiel.

Nehmen Sie zum Beispiel mein Bedürfnis nach Kontrolle. Ich habe gerne die Fäden in der Hand, besonders wenn es um meine Zeit geht. Ich reagiere ungeduldig und gereizt, wenn ich unterbrochen werde oder auf die Ansprüche anderer Rücksicht nehmen soll. Meine Freunde sagen, ich arbeite „zielorientiert".

Meine Kinder werfen mir vor, dass es beinahe unmöglich sei, meine Aufmerksamkeit zu bekommen, wenn ich gerade an einer Sache dran bin. Sie müssen dann immer quengeln: „Papa, Papa, Papa ..."; so lange bis ich – aufgeschreckt von der plötzlichen Wahrnehmung, dass sie tatsächlich existieren – endlich reagiere. Mein Leben in den letzten zwölf Jahren war eine einzige Kette von störenden Unterbrechungen. Ich habe nur sehr wenig in der Hand, außer der Art und Weise, wie ich auf meinen Mangel an Kontrolle reagiere! Ich lerne, das Leben so zu nehmen, wie es kommt, und alles, was geschieht, als ein Zeichen für Gottes Eingreifen in meinem Leben anzusehen. Ich bin immer noch der typische Macher, aber vielleicht bin ich ein Stück über mich hinausgewachsen und habe etwas an Freiheit und Leichtigkeit gewonnen.

> *Ich lerne, das Leben so zu nehmen, wie es kommt, und alles, was geschieht, als ein Zeichen für Gottes Eingreifen in meinem Leben anzusehen.*

Die zweite Veränderung war die Art und Weise, wie ich mich als Vater erlebt habe. Ich werde nie erfahren, wie ich als Vater funktioniert hätte, wenn es nicht zu dem Unfall gekommen wäre. Ich war auch vor Lyndas Tod ein aktiver Vater, doch nicht so wie heute. Früher erfüllte ich meine Vaterrolle, heute *bin* ich in der Tiefe meines Wesens Vater. In den Monaten nach dem Unfall nahm ich – fälschlicherweise, wie sich zeigen sollte – an, dass das Leben bald wieder so normal wie bisher verlaufen würde. Und bei „normal" dachte ich an Ehe, bzw. in meinem Fall an Wiederheirat. Aber ich habe nicht wieder geheiratet, und ich wollte es auch nicht. Ich habe eine tiefe Freude darin gefunden zu lernen, was es heißt, ein allein erziehender Vater zu sein.

In dieser Sache steckt mehr Ironie des Schicksals, als auf den ersten Blick erkennbar ist. Ich wünschte mir Kinder um Lyndas willen, nicht meinetwegen. Die Kinder waren ihre Verantwortung, außer wenn ich hier und da einen kurzen Augenblick einsprang, um ihr eine Verschnaufpause zu verschaffen.

Plötzlich stand ich ohne Lynda da und fand mich als Erbe einer riesigen Last wieder, die ich eigentlich vornehmlich als die ihre betrachtet hatte. Ich musste mich zusammenreißen und entscheiden, was zu tun war. Die vielen Kleinigkeiten des Haushalts zu organisieren, war viel einfacher, als ich es mir vorgestellt hatte. Ich lernte zu kochen, Wäsche zu waschen, mich mit anderen Eltern zusammenzuschließen und Wochenpläne aufzustellen. Die Kunst, ein guter Vater zu sein, war viel schwerer zu erlernen, weil dazu nicht nur Intelligenz und ein paar Grundfertigkeiten gehören. Dazu gehören Mut und Entschlossenheit, Weisheit und Charakter – Qualitäten, die mir entschieden fehlten. Und so stolperte ich vor mich hin, lernte, so viel ich konnte, und betete, als würde mein Leben – und das meiner Kinder – davon abhängen. Und das tat es ja auch. Ich habe Catherine, David und John auf Knien liegend großgezogen.

> *Ich musste in die Vaterrolle hineinwachsen, so als würde ich jeden Tag Kleider anziehen, die mir nicht passten.*

Psalm 16 war Lyndas Lieblingspsalm. „Was du mir gibst, ist gut. Was du mir zuteilst, gefällt mir", heißt es da in Vers 6. Ich habe das Glück gehabt zu erleben, dass meine Kinder sich gut entwickeln. Das ist kein Eigenlob. Ich bin nicht der geborene Vater. Meine Unzulänglichkeiten und meine Selbstsucht sind zu offensichtlich. Ich musste in die Vaterrolle hineinwachsen, so als würde ich jeden Tag Kleider anziehen, die mir nicht passten. Heute kann ich mir nicht mehr vorstellen, kein Vater zu sein. Meine Kinder machen mir Freude. Ich schaue sie an und frage mich: „Wo kommt ihr denn her? Wie kommt es, dass ihr so gut geraten seid? Was ist geschehen, dass ihr so außergewöhnliche Kinder seid?" Sie erscheinen mir wie ein Wunder; wie Steine, aus denen Brot wurde; wie Wasser, das in Wein verwandelt wurde. Wie konnte jemand, der so unzulänglich ist wie ich, Menschen großziehen, die mir so offensichtlich überlegen sind? Ich kann das nur der Gnade und Güte Gottes zuschreiben.

Erinnerungen steigen hoch. Mein Vater starb im Jahr 2000.

Er hatte ein schweres Leben gehabt. Meine Schwester, mein Schwager und ich standen an seinem Bett, als er seinen letzten Atemzug tat. Nichts kann die widersprüchlichen Gefühle ausdrücken, die wir empfanden. Wir starrten ihn nur an, unfähig zu weinen oder etwas zu sagen. Plötzlich klingelte das Telefon uns riss uns aus unseren Gedanken. Ich nahm den Hörer ab, um die Stille wiederherzustellen. Es war meine Tochter Catherine, die damals gerade auf die Highschool gekommen war. Sie hatte keine Ahnung, was gerade geschehen war. Noch bevor ich etwas sagen konnte, meinte sie: „Papa, ich habe gerade die erste Rolle in *Sound of Music* bekommen. Ich singe die Maria. Wollte Mami nicht auch immer die Maria spielen?" Das Nebeneinander dieser beiden Ereignisse war beinahe unerträglich. Ich brach in Tränen aus.

Mein Sohn David studiert inzwischen. Im vergangenen Sommer fuhr er als Mitarbeiter auf ein Sommerlager mit. Es war das gleiche Lager, an dem er früher als kleiner Junge teilgenommen hatte. Ich erinnere mich daran, wie ich David vor vielen Jahren dort ablieferte. Er schien damals so verstört und verletzt und wütend; für sich selbst ein Fremder und für mich eine große Sorge. Ich erinnere mich daran, wie ich hoffte und betete, diese Woche im Sommerlager würde ihm in seinem Schmerz ein wenig Luft verschaffen. Ich erinnere mich, wie ich ihn am Ende der Woche in der Hoffnung abholte, etwas Gutes zu erfahren oder ein Zeichen der Heilung an ihm zu entdecken. Ich redete unter vier Augen mit dem Mitarbeiter, der für die Jungs in Davids Hütte zuständig gewesen war, fragte ihn, wie David sich so machte, und was ich tun könnte, um ihm zu helfen. Ich suchte verzweifelt nach einem erlösenden Signal.

Im vergangenen Sommer fuhr ich hin und wieder samstags zum Lager, um David abzuholen, damit er schnell etwas Wäsche waschen und eine Mütze Schlaf nachholen konnte, bevor er am nächsten Tag wieder ins Lager fuhr. An einem dieser Samstage entdeckte ich ihn im Gespräch mit einigen Eltern. Ich sah die Sorgen und Fragen, die ihnen ins Gesicht geschrieben standen, und ich sah, wie sie bei David Trost und Rat suchten.

Da stand er nun und ging voller Selbstvertrauen und Mitgefühl auf ihre Anliegen ein. Der Kreis schließt sich, dachte ich.

Letzte Woche fragte der Leiter der Jugendarbeit unserer Gemeinde John, meinen Jüngsten, ob er sich nicht dem Lobpreisteam für die älteren Jugendlichen anschließen wolle; und das obwohl er erst in der neunten Klasse ist. Er besucht einen Jugendkreis in der Gemeinde, macht bei einer Schulsport-AG mit und übt jeden Tag Gitarre. Er hat einen sanften Geist, viel Humor und so viele Fähigkeiten, Interessen und Neugierde, dass ihm die Zukunft offen zu stehen scheint.

> Dies ist nicht die Familie, die ich mir ausgesucht hätte. Ich wünschte immer noch, dass wir zu sechst wären. Aber trotzdem ist es eine gute Familie. Meine Kinder fühlen sich ebenso gesegnet wie ich. Ich bin Zeuge eines Wunders.

Die Drei vertragen sich auch untereinander gut. Gott hat unsere Familie mit tiefen Banden zusammengeschweißt. Sind meine Erlebnisse als Vater und diese tiefe Verbindung untereinander eine Folge des Unfalls? Ich weiß es nicht. Dies ist nicht die Familie, die ich mir ausgesucht hätte. Ich wünschte immer noch, dass wir zu sechst wären und dass Oma uns hin und wieder einen Besuch abstatten würde. Aber trotzdem ist es eine gute Familie. Meine Kinder fühlen sich ebenso gesegnet wie ich. Ich bin Zeuge eines Wunders.

Die dritte Veränderung war die Entdeckung, dass unser Leben Teil einer größeren Geschichte ist. Was mir einst chaotisch und willkürlich erschien – wie ein Kartenspiel, das jemand in die Luft geworfen hat –, beginnt sich in die Handlung einer wunderbaren Geschichte zu verwandeln. Es ist noch nicht ganz klar, wie die Dinge ausgehen werden. Aber ich habe nun lange genug in dieser Geschichte gelebt, um zu wissen, dass sich da etwas ganz Außergewöhnliches entfaltet, wie ein Epos, bei dem selbst Homer auf seine Kosten käme.

Monica, unser erstes Kindermädchen, hat uns vor fünf Jahren verlassen und ist nach Kalifornien gezogen. Ihr Mann

Todd besuchte dort das *Fuller Seminary* in Pasadena. Nun ist er Pastor einer Gemeinde in der Gegend. Sie haben zwei Söhne. Wir telefonieren immer noch wöchentlich miteinander. Einmal im Jahr lasse ich die Kinder auf einen Besuch zu ihnen fliegen. Der Verlust, der Monica und Todd in mein Haus brachte, war auch der Anlass, der sie beide zusammenführte und aus dem ihre beiden Söhne hervorgingen. Dieser Verlust führte zu der außergewöhnlichen Beziehung, die uns mit ihnen verbindet. Todd möchte, dass meine Kinder im Sommer ein Praktikum in der Jugendarbeit seiner Gemeinde machen. So wächst unsere Beziehung zu ihnen weiter. Das ist eine Wendung in der Handlung, die nur Gott sich ausgedacht haben kann.

Nachdem Monica ausgezogen war, stellte ich eine andere Studentin als Kindermädchen ein. Andrea arbeitete vier Jahre bei uns. Sie lebt bis heute in Spokane und kommt öfters zu Besuch. Wieder hat uns der Verlust, der uns so vieles raubte, durch neue Freundschaften bereichert.

Ich werde niemals erfahren, wie die Dinge gelaufen wären, wenn es nicht zu diesem Unfall gekommen wäre – wie Lynda mit 54 wäre und Diana Jane mit 16; wie unsere Familie zu sechst funktioniert hätte; wo wir leben und was wir so treiben würden. Ich denke oft über diese Fragen nach, aber nicht zwanghaft oder verbittert. Da ist so eine Neugierde in mir, so als würde ich darüber spekulieren, was wohl gewesen wäre, wenn ich einen anderen Beruf gewählt hätte. Ich weiß nur, was geschehen ist und wie das Leben bis zum jetzigen Zeitpunkt verlaufen ist. Was ich sehe, ist gut, aber gut in einer Art und Weise, wie ich es mir nicht gewünscht, erhofft oder vorgestellt hatte.

William Cowper, ein Dichter und Verfasser von Kirchenliedern aus dem 18. Jahrhundert, hat manchmal Dinge geschrieben, die er nicht wirklich glauben konnte. Er litt unter einer schweren psychischen Erkrankung. Seine Mutter starb, als er sechs Jahre alt war, seine Klassenkameraden machten sich oft über ihn lustig und sein Vater hinderte ihn daran, die Frau zu heiraten, die er liebte. Als er am Ende seines Jurastudiums erfuhr, dass er sein Examen vor dem britischen Oberhaus abzulegen hatte, geriet er in Panik und versuchte, sich das Leben zu nehmen. Nachdem er Jahre in einer Irrenanstalt verbracht hatte, zog er zu einer christlichen Familie, die für ihn sorgte. Seine Geisteskrankheit plagte ihn auch weiterhin und oft verfiel er in eine tiefe Depression. Vielleicht konnte er gerade deshalb so ausgezeichnete Gedichte und Lieder schreiben. Die folgenden Zeilen stammen aus seinem wohl bekanntesten Choral, *God Moves in a Mysterious Way,* und zeigen seinen oft zerbrechlichen Glauben an die gütige Vorsehung Gottes:

> Richtet den Herrn nicht nach eurem törichten Geist,
> Sondern vertraut ihm um seiner Gnade willen.
> Hinter einem feindselig anmutenden Schicksal
> Verbirgt er sein freundliches Gesicht.
> Seine Früchte reifen schnell heran,
> Seine Absichten offenbaren sich Stunde um Stunde.
> Die Knospe mag einen bitteren Geschmack haben,
> Doch die Blüte wird einen süßen Duft verströmen.
> Blinder Unglaube führt in die Irre
> Und sucht umsonst nach einem Sinn in Gottes Wirken.
> Gott selbst legt seine Werke aus.
> Er selbst wird seine Wege offenbaren.

Ich hatte nicht die Macht, die Umstände zu bestimmen, die den Kurs unseres Lebens ändern sollten. Der Unfall ereignete sich einfach als eine zufällige – oder wie ich glaube, von Gottes Vorsehung bestimmte – Störung, die alles veränderte. Doch ich entdeckte schon bald nach dem Unfall, dass ich immer noch Einfluss darauf hatte zu entscheiden, wie mein Leben verlaufen sollte, so begrenzt diese Macht mir damals auch erschien. Ich hatte die Freiheit zu entscheiden, wie ich reagieren und ob ich Gott vertrauen würde oder nicht. Wie sich herausstellen sollte, war diese Einflussmöglichkeit größer, als ich erwartet hatte. Ich habe ein neues Leben gefunden, das zutiefst gut ist.

Das ist unsere Geschichte. Andere haben ihre eigene und dazu gehören auch die Menschen, von denen ich in diesem

Buch erzählt habe. Hin und wieder haben sich Leser erkundigt, was seit 1996 aus ihnen geworden ist. Meine Cousine Leanna starb nach einem langen und aufreibenden Kampf gegen den Krebs. Ihr Mann, ihre Kinder und Freunde, aber auch ich selbst, vermissen sie noch immer sehr. Sie hat eine große Lücke hinterlassen; das spüren wir alle. Aber sie starb mit Würde und mit Hoffnung. Der Beisetzungsgottesdienst war ein Zeugnis für ein weise geführtes Leben.

> *Ich hatte die Freiheit zu entscheiden, wie ich reagieren und ob ich Gott vertrauen würde oder nicht. Ich habe ein neues Leben gefunden, das zutiefst gut ist.*

Andy und Mary sind vor einigen Jahren nach Alaska gezogen. Andy ist Pastor, Mary engagiert sich ehrenamtlich und unterrichtet ihre beiden jüngsten Kinder. Eine Zeit lang wurde ihre Tochter Sarah von einer Behinderteneinrichtung in Seattle betreut. Dann nahmen Andy und Mary sie wieder zu sich nach Hause, doch das erwies sich als eine zu große Belastung für die gesamte Familie. Nun lebt sie in einem Heim ganz in der Nähe der Familie. Sie besuchen sie oft oder sie kommt auf einen Besuch zu ihnen. Sie spielt auch weiterhin eine wichtige Rolle innerhalb der Familie.

Sven engagiert sich in seiner Kirchengemeinde; er predigt auch in anderen Gemeinden, betreut viele Menschen seelsorgerlich und liest die Werke puritanischer Schriftsteller wie andere die Sportseite der Zeitung. Er ist überglücklich mit seiner zweiten Frau. Für eine Weile kam es zu einer Entfremdung mit seinem ältesten Sohn, der in Alkohol und Drogen abrutschte. Doch sein Sohn wurde von diesem zerstörerischen Lebensstil befreit und seitdem haben er und Sven sich wieder versöhnt. Ich sah seinen Sohn vor kurzem, als er gerade Urlaub vom Militärdienst hatte. In seinen Augen leuchtete ein Feuer, das von Glaube und Güte zeugte. Er entwickelt sich gut.

Gerade erhielt ich Weihnachtspost von Steve, der immer noch mit der neusten Computertechnologie herumexperimentiert und seinen Betrieb vom Rollstuhl aus führt.

Wie meine eigene Geschichte, so entfalten sich auch ihre Geschichten vor unseren Augen. Ich genieße gerade eine Phase der Ausgewogenheit und des Friedens. Ich sehe den Weg, den mein Leben genommen hat, als befände ich mich auf einer Passhöhe, von der aus ich erkennen kann, woher ich kam und wohin ich gehe. Das mag nicht immer so sein. Aber ich habe so ein Gefühl, dass Gott die Geschichte, die er angefangen hat, auch zu Ende schreiben wird. Es wird eine gute Geschichte sein. Der Unfall ist und bleibt eine grauenhafte Erfahrung, die uns und vielen anderen großen Schaden zugefügt hat. Er wird immer ein sehr schlimmes Kapitel bleiben. Aber das Ganze meines Lebens scheint ein sehr gutes Buch zu werden.

> *Ich sehe den Weg, den mein Leben genommen hat, als befände ich mich auf einer Passhöhe, von der aus ich erkennen kann, woher ich kam und wohin ich gehe.*

Anmerkungen

[1] Viktor Frankl, *Trotzdem Ja zum Leben sagen.* München: dtv, 1997; S. 118.

[2] Ebd., S. 107f.

[3] Ebd., S. 110.

[4] Nicholas Wolterstorff, *Lament for a Son;* 1987; S.96-97. Dt. Ausgabe unter dem Titel: *Klage um einen Sohn,* Göttingen: Vandenhoeck&Ruprecht, 1988.

[5] William Styron, Darkness Visible. *A Memoir of Madness.* 1990.

Der Autor

Gerald L. Sittser ist theologischer Dozent am Whitworth College. Er lebt mit seinen drei Kindern in Spokane, USA. Gerald Sittser ist Autor mehrerer Bücher. Im Brunnen Verlag ist von ihm bereits erschienen: *Du lässt mich Freiheit atmen. Wie Gottes Wille uns zu guten Entscheidungen führt.*

Sein Bericht über den tragischen Unfall, der sein Leben radikal veränderte, hat ein ungewöhnlich starkes Leserecho hervorgerufen.

Gerald Sittser

Du lässt mich Freiheit atmen

Wie Gottes Wille uns zu guten Entscheidungen führt

272 S., gebunden
ISBN 3-7655-1817-4

Glaube – authentisch – lebensnah – ansteckend

Wie sieht der Wille Gottes für mein Leben aus? Vielen erscheint es unmöglich, eine Antwort auf diese Frage zu finden. Was Gott will, ist schwer zu entziffern, und die Angst, möglicherweise seinen Willen zu verfehlen, kann uns lähmen und inaktiv machen. Dieses sehr persönlich geschriebene Buch fordert uns auf, gewohnte Denkgebäude und befrachtete Begriffe hinter uns zu lassen. Der Autor nimmt uns mit auf eine Reise, auf der wir eine überraschende Freiheit entdecken und zu neuer Zuversicht in unseren Entscheidungen finden.

BRUNNEN VERLAG GIESSEN
www.brunnen-verlag.de

John Eldredge

Ganz leise wirbst du um mein Herz

Wie Gott unsere Sehnsucht stillt

272 S., gebunden
ISBN 3-7655-1816-6

Unser Herz kann nicht allein von Fakten und Prinzipien leben. Es braucht Farben und Gefühle. Es braucht Schönheit, Leidenschaft und Geheimnis. Es braucht keine Programme, sondern Geschichten. Brent Curtis und John Eldredge erzählen die große Geschichte von der Sehnsucht unseres Herzens und von Gottes Weise, auf diese Sehnsucht zu antworten.

„Dieses Buch hat mich unglaublich berührt und getröstet. Es vermittelt eine Sicht von Gott als dem Liebhaber meiner Seele, die heilsam, wohltuend und zutiefst ermutigend ist. Es wurde mir von vielen Leuten empfohlen, und ich bin sehr froh, es gelesen zu haben. Ein richtiger Schatz."
Nina Dulleck

BRUNNEN VERLAG GIESSEN
www.brunnen-verlag.de